·······中国基础教育国家级教学成果文库······

栽会学数学之花，结善用数学之果

张思明团队中学数学建模23年的探索和实践

张思明　主编

北京师范大学出版集团
BEIJING NORMAL UNIVERSITY PUBLISHING GROUP
北京师范大学出版社

图书在版编目(CIP)数据

栽会学数学之花，结善用数学之果：张思明团队中学数学建模 23 年的探索和实践 / 张思明主编. —北京：北京师范大学出版社，2019.1

（中国基础教育国家级教学成果文库）

ISBN 978-7-303-23421-9

Ⅰ.①栽… Ⅱ.①张… Ⅲ.①中学数学课－教学研究 Ⅳ.①G633.602

中国版本图书馆 CIP 数据核字（2018）第 020840 号

营 销 中 心 电 话　010-58802181　58805532
北师大出版社职业教育与教师教育分社网　http://zjfs.bnup.com
电 子 信 箱　zhijiao@bnupg.com

出版发行：北京师范大学出版社　http://www.bnup.com
　　　　　北京市海淀区新街口外大街 19 号
　　　　　邮政编码：100875
印　　刷：三河市兴达印务有限公司
经　　销：全国新华书店
开　　本：710 mm×1000 mm　1/16
印　　张：19.5
字　　数：283 千字
版　　次：2019 年 1 月第 1 版
印　　次：2019 年 1 月第 1 次印刷
定　　价：49.00 元

策划编辑：路　娜　郭　翔　　　　责任编辑：马力敏
美术编辑：焦　丽　　　　　　　　装帧设计：焦　丽
责任校对：段立超　　　　　　　　责任印制：陈　涛

总　序

　　教育兴则国家兴，教育强则国家强。中共中央、国务院高度重视教育事业，始终将教育事业摆在优先发展的位置上。在中共十九大报告中，习近平总书记明确指出："优先发展教育事业。建设教育强国是中华民族伟大复兴的基础工程，必须把教育事业放在优先位置，深化教育改革，加快教育现代化，办好人民满意的教育。要全面贯彻党的教育方针，落实立德树人根本任务，发展素质教育，推进教育公平，培养德智体美全面发展的社会主义建设者和接班人。"2018 年 9 月 10 日，全国教育大会在北京召开，习近平总书记强调：在党的坚强领导下，全面贯彻党的教育方针，坚持马克思主义指导地位，坚持中国特色社会主义教育发展道路，坚持社会主义办学方向，立足基本国情，遵循教育规律，坚持改革创新，以凝聚人心、完善人格、开发人力、培育人才、造福人民为工作目标，培养德智体美劳全面发展的社会主义建设者和接班人，加快推进教育现代化、建设教育强国、办好人民满意的教育。

　　"两个一百年"奋斗目标的实现、中华民族伟大复兴中国梦的实现，归根到底靠教育，而基础教育则是实现伟大复兴中国梦、提高民族素质、促进人的全面发展的奠基工程。为此，要鼓励校长和教师创新教育思想、教育模式和教育方法，在实践中办出特色，教出风格。

　　近些年，基础教育领域教育教学成果斐然，涌现出了一大批有特色的学校、有个性的校长、有风格的教师。在此背景下，2014 年，教育部委托中国教育学会组织评选了首届"基础教育国家级教学成果奖"，共有 417 项成果获奖。这些获奖成果是改革开放以来我国基础教育改革创新的缩影，凝聚着几代教育工作者的智慧和心血。获奖者中有的是历史悠久、文化积淀深厚，至今仍然在实践中勃发着育人风采的名校；有的是建校时间短，在校长和教师的勠力同心、共同耕耘下创出佳绩的新学校；有的是办学理念先进、管理经验丰富、充满活力的校长；有的是师德高尚、业务精湛、热爱学生的教师。总结和推广他们的经验，是推动我国基础教育改革、提高基础教育质量、实现基础教育内涵式发展的重要动力，也是写好教育"奋进之笔"、实现教育现代化的重要保证。

为了宣传首届"基础教育国家级教学成果奖"的获奖成果，充分发挥优秀教学成果的示范、引领和借鉴作用，有效促进基础教育的教学改革与质量提升，教育部委托中国教育学会与北京师范大学出版社共同组织编写了"中国基础教育国家级教学成果文库"（以下简称"文库"）。"文库"围绕首届"基础教育国家级教学成果奖"中的特等奖、一等奖及部分二等奖进行组稿，将每一项教学成果转化为一部著作，深入挖掘优秀成果的创新教育理念与教育思想，系统展示教育教学模式和教育方法，着力呈现对教育突出热点问题和难点问题的工作思路、解决措施和实际效果。这套"文库"将成为宣传优秀教学成果、交流成功教改经验、促进基础教育教学质量提升的综合服务平台。

新时代呼唤更好的教育，人民群众期盼更好的教育。只有扎根中国大地，努力挖掘民族文化底蕴，不断吸收优秀文明成果，始终坚定本土教育自信，持续创生本土教育智慧，才能创造富有中国特色的教育理论和教育文明，推进教育教学改革实践探索；才能切实回应人民群众最现实的教育关切，增强人民群众的教育获得感；才能真正办好人民满意的教育，满足人民对美好生活的向往。人民满意的教育既是我们奋斗的目标，也是我们前进的动力。

钟秉林

2018 年 9 月

前　言

20 世纪末至今，数学及其应用发展得如火如荼，社会对公民的数学应用能力及创新能力等方面的要求不断提高，这些对数学教育提出了更多更新的要求，促使人们对数学教育的现状和功能进行深入的思考，促进了中学数学教育改革的进行。数学建模进入中学，正是在这种情况下实现的。

自 1993 年起，我们的团队从事中学数学建模的相关实践与探索已有 23 年[①]，这期间亲身经历并参与了数学建模在我国中学数学课程中从引进模仿、点滴渗透逐步发展到写进国家课程标准，并逐渐向一种新的课程形态发展的过程。

20 世纪 90 年代初期，国内一部分数学家和数学教育工作者，出于对数学和应用数学发展的关注、数学对人的发展的作用的再思考，提出要重视数学应用能力的培养，要关注如何通过数学培养人的理性精神、创新精神和实践能力。叶其孝教授等一批数学家摸索着首先在大学广泛开设数学建模课程，开展大学生数学建模竞赛活动，并把它看作"一场数学教学改革"。随之，数学建模的竞赛和教学活动也逐渐在一小部分中学展开了实践和探索。作为中学数学教师，我们团队的十几位青年老师，从 1993 年起参加了由数学家和师范大学数学教育专家发起的讨论班，开始探究和实践将数学建模引入中学的可行性。我们坚持进行了一系列的教学实践和探索，得到了一批阶段性的成果，包括得到了一批中学数学建模的成功案例，设立和发展了"北京市高中数学知识应用竞赛"，部分学校成功开设了数学建模选修课，中学生的数学建模成果在大学生数学建模竞赛、全国创新大赛等大赛上屡屡获奖等。2003 年，在反复的争论和考量后，数学建模被写进《普通高中数学课程标准(实验)》，成为高中数学正式的学习

[①]　编辑注：本书内容以作者交稿时间为准，截至 2016 年。

1

内容。课程标准要求在高中阶段至少为学生安排一次完整的数学建模活动，数学建模至此成为中学数学教学的一部分。所有的这些努力使得广大教师、数学教育研究者对数学建模的教育价值的认识和重视程度逐渐增加，也积累了一定的教学经验。

但是，通过我们与一线教师交流以及 2009 年所做的调查发现，很多教师对中学数学建模还存在不同的认识。比如，数学建模该不该教，能不能教？要不要考？数学建模是一种课程还是一种"小打小闹"的教学插件？数学建模的教育价值是什么，如何在教学中实现？中学数学建模教什么、怎么教？数学建模的资源到哪里去找？做数学建模是不是要求学生多掌握一些应用题的解法？数学建模对学生发展有用吗？课程标准中关于数学建模的安排可以应对社会对数学应用越来越高的要求吗？能充分发挥中学数学建模的教育功能吗？中学数学建模能够广泛有效地开展吗？中学数学建模可以成为一门独立的课程吗？我们团队正是基于要回答这些问题，并希望我们自己在课程标准的基础上走得更远一些，形成有特色的中学数学建模课程理论框架和有效的教学实践而继续展开研究的。本书是写给希望能开展数学建模或者希望提高数学建模教学水平的中学数学教师的，我们希望能提高中学数学教师对数学建模的认识，并帮助他们找到中学数学建模教与学的具体实施方法。

正是基于以上考虑，同时也为了将数学建模进入中学的背景和实践经验说得更清楚，本书做了如下的展开。

第一章、第二章主要是理论方面的研究。作者首先对数学建模进入中学的背景、数学建模的教育意义、数学建模的教育思想基础和数学建模教学在国内外的发展历程进行了简单介绍，希望读者能在这两章找到中学数学建模课程比较完整的来龙去脉，对数学建模课程在中学数学课程的地位有一个整体的了解；其次从实践的角度总结了中学数学建模对学生和教师发展的影响；最后在实践的基础上，初步建构了中学数学建模课程理论。

第三章是本书最重要的部分。项目组四个团队的负责老师介绍了各自实施数学建模课程的流程设计、操作过程和实践经验，重点内容是依托网络的"双课堂"数学建模的设计和实施过程。由此读者可以对数学建模的实施过程有相对具体的了解。

第四章是数学建模教与学的实践案例，希望能对开展数学建模课程的老师们有一定的启发和帮助。涉及课堂内的数学建模、课堂外的数学建模；建模起始课的设计、测量活动课的设计，包括中学数学常见的函数建模、几何建模、统计建模等。同时，本章对中学数学建模中的一些教学难点，如怎样给出过程性评价、怎样指导学生选题、怎样帮助学生完成小论文等，给出了解决的办法和建议。

第五章是团队实施中学数学建模项目的成果、问题和展望，旨在给即将开展中学数学建模实践的老师们一些信心和目标。

本书的主要作者有：

北京大学附属中学张思明(第一章、第二章，3.1、4.2、4.3、4.5、5.4)；

北京大学附属中学冯海君(3.2、5.1)，鲍敬谊(5.3)、赵春(4.3)；

北京市第十五中学凌艺国(3.4)；

北京第十九中学檀晋轩、沈建军、王肖华、高磊(3.5)；

北京经济技术开发区实验学校辛华(3.3、5.2)；

北京教育学院白永潇(4.1、4.4)。

我们的团队在从事中学数学建模学习、教学、研究中，得到了一大批教师、学生的支持和帮助。特别是数学界的许多大师，如叶其孝教授、杨守廉教授、王尚志教授、张饴慈教授、李延林教授、刘来福教授等，给了我们大量具体而难忘的指导和帮助，更给了我们战胜困难的办法和勇气。北京大学附属中学、北京市第十五中学、北京市第十九中学、北京经济技术开发区实验学校等项目实验学校数学组的不少教师都参加了我们的项目实验，做出了积极的贡献。这本书也凝聚着他们的智慧和汗水，在此一并表达我们由衷的感激之情。

由于编者水平所限，书中难免有不足之处，敬请各位同行和读者不吝赐教。

张思明

目　录

第一章

数学建模走进中学数学课程的背景与问题

1.1 数学应用的发展

数学起源于应用，其发展的每个阶段都与应用紧密相连，或者就像弗赖登塔尔（H. Freudenthal，1905—1990）曾在《作为教育任务的数学》一书中充满激情地讲道："倘使无用，数学就不存在了。"①在东方，以中国为代表，数学的作用主要在于解决实际问题，逐渐发展为机械化算法的倾向。中国古代有名的数学书籍《周髀算经》《九章算术》等，大都是以问题集的形式编写的，内容呈现形式就是解决一个个实际问题。这其实就出现了最初的数学建模。在西方，数学则很快超过了实际需要，展开了它的逻辑公理化的进程。这种超越有多远？从圆锥曲线的理论可见一斑，它们诞生后经过了两千年，到开普勒发现行星轨道是椭圆时，才得到应用。这其实也是数学的特点作用之一——寻求各种思维模式，以供使用者选择。

很难说在哪个时期，数学和其应用是完全分开的。古希腊天文学家托勒密（C. Ptolemaeus，约90—168）的"地心说"以及1300年后哥白尼（N. Copernicus，1473—1543）的"日心说"都是采用几何模型来研究天文学的。近代的伽利略（G. Galilei，1564—1642）将比率和三角形相似理论作为数学模型，并以之推导出著名的自由落体运动规律，从而开创了数学模型法在近代科学中应用的先河。这些例子都可以很充分地说明数学的应用。事实上，对数学发展的推动总是存在两种力量：一种是来自数学内部理论的需要，另一种是来自应用的需要。来自数学内部理论的需要在16世纪以前是数学发展的主要力量，这种情况在16世纪以后发生了变化。由于社会生产力的发展，技术的需要，数学的应用越来越广泛。19世纪初，数学在物理领域的应用强力推

---

① ［荷兰］弗赖登塔尔：《作为教育任务的数学》，上海，上海教育出版社，1995。

动了数学学科的发展，诞生了现代意义上的数学，如变分法和最小作用原理等。

从整体上来看，数学发展到现在，经历了四个高峰[①]：古希腊数学(公理化)、牛顿发明微积分(不严密的算法)、希尔伯特的形式主义(严密的公理化)、计算机时代的问题解决(纯粹数学与应用数学的新交融)。其中第四个时期从 20 世纪下半叶开始，以计算机信息技术的广泛应用为标志，数学渗入到自然科学和社会科学的各个领域中。时至今日，从社会学到经济学，从物理到生物……几乎每一个学科领域都有数学的身影。北京师范大学的数学家，曾任中国数学会教育工作专业委员会主任的严士健教授谈到数学应用的发展时说到，数学发展到今天，不但像历时三百多年的费尔马大定理的难题得到了解决，刻画和表达各种现象的数学方法也得到了空前发展，而且向各个自然学科和社会学科的渗透空前加强了。近几届的诺贝尔经济奖几乎都是数学的应用，甚至像以往很少应用数学的生物科学也开始大量应用比较高深的数学。另外，自第二次世界大战以来，针对技术、管理、工业、农业、经济等学科中的实际问题发展起来一批新的应用数学学科(如运筹科学、计算科学、信息科学、控制科学、系统科学、金融数学)。最近又有人提出材料、生物和多媒体中的数学是未来值得深入探索的三个领域。

此外，数学在现今社会的发展中有着更直接重要的作用，特别是随着近年来计算机的飞速发展，数学与计算机的结合，形成了"数学技术"，很多高技术产品主要是数学技术或者数学在其中起着直接重要的作用。1989 年，经济合作与发展组织(Organization for Economic Cooperation and Development，OECD)在其会员国中发起了一场关于科学、数学和技术教育正在发生怎样变化的大规模的调查。调查报告指出："全世界工业国家的决策者们愈来愈把这些(科学、数学和技术教育)领域看作是经济增长的关键。"王梓坤先生就指出，数学已经具有了技术的

---

① 张奠宙：《数学教育经纬(张奠宙自选集)》，南京，江苏教育出版社，2003。

品质：由于计算机的出现，今日数学已不仅是一门科学，还是一种普适性的技术，从航天到家庭，从宇宙到原子，从大型工程到工商管理，无一不受惠于数学技术。因而今日的数学兼有科学与技术的两种品质，这是其他学科所少有的。不仅如此，随着个人计算机的普及，数学技术也有由高技术向一般技术普及的趋势。这也正是信息社会和知识经济定量化、数字化发展的必然趋势。

1.2 社会对数学教育的要求

数学的典型特征之一——应用的广泛性，在今天比以往任何时候更有充足的体现。詹姆斯·格林姆（James G. Glimm）在《数学科学·技术·经济竞争力》一书中指出："数学的思考方式具有根本的重要性。简言之，数学为组织和构造知识提供方法，以至当用于技术时就能使科学家和工程师们生产出系统的、能复制的，并且是可以传播的知识，分析、设计、建模、模拟仿真及其具体实施就可能变成高效加结构良好的活动。"[①]因此"在经济竞争中数学科学是必不可少的，数学科学是一种关键性的、普遍的、能够实行的技术"。另外，随着计算机的普及和推广，不论高技术、日常经济、工作还是日常生活活动都(至少大部分)将逐步应用计算机处理，这其中常常涉及(或者可以归结成)或高或低、或深或浅的数学知识或问题。数学对社会发展、国家进步、个人生活的重要作用日益凸显。尽管如此，应用数学的意识和能力、创新意识和能力等却不是与生俱来的，而是需要通过教育培养的。

有些技术发达国家的经理、军事家和政治家未必比中国相应的人员的数学成绩好，但是在经营和管理方面对数学的应用是比较自觉的，一

---

① 转引自叶其孝：《数学建模教学活动与大学数学教育改革》，长沙，湖南教育出版社，2003。

且遇到有关实际问题时，就会自觉地想到去找数学帮忙。例如，他们肯投入大量的财力、物力以及时间，请数学家帮助解决生产和管理中的实际问题。他们的咨询公司或者开发部门都常常有数学家，像贝尔实验室里就有一批有相当造诣的数学家供职。华尔街的金融家就高价聘请了一批数学家，请他们帮助研究。虽然也知道还不能具体解决问题，但是他们仍然愿意出资来支持这种研究。

而在我国，这种应用数学的意识还比较薄弱，创新意识和能力也还远不及发达国家。就像我国现在使用的很多高科技产品并不是自己开发和制造的，如 CT 机、地质勘探的数据处理软件以至大规模集成电路等。在社会上，人们在面对各种先进的技术装备时，几乎认识不到数学在其中的作用，他们宁愿一再高价购买那些新版软件和新版技术，也没想过自己独立开发或改进。甚至在我国的国家高技术研究发展计划(863计划)中，对于数学如何发挥作用也没有安排。另外，我们的企业现代化管理的程度也有待提高，拍拍脑袋就做出的决策已经难以面对日益复杂的经济形势。数学及其应用的新发展需要我们能够在工作中让数学发挥作用，要求我们的工作人员或企业家能够使用更有力的数学工具分析不断变化的情况，做出准确恰当的决策。

对高科技核心技术未能掌握，缺乏创新动力，不仅常常使我们付出极大的经济代价，还有可能使国家面临严重的安全危机。另外，一些与国防军事有关的关键技术，可能会由于技术封锁而受制于人，或者在关键时刻措手不及而遭受重大损失。数学应用的范畴和深度已空前地扩展，因此充分发挥数学的作用必将大大加快社会现代化的进程，特别是使我国在国际竞争中可以处于有利的地位。

与发达国家在科技、数学应用等方面的差距，促使我们不断反思我们的公民在意识、能力上与他们有何差别，并进一步促使我们反思数学教育至少可以并应该培养公民如下几个方面的能力和素养：①应用数学的意识和能力；②发现问题和解决问题的能力；③创新意识和实践能力。

1.3　数学教育的现状和发展趋势

数学教育相对于社会发展要求的滞后直接导致了数学教育改革在世界范围内的蓬勃开展。国际数学教育界，对培养学生数学素养的重视日益增强，数学教育较发达的美国、英国、法国、日本等国家较早表现出对此的重视，各国数学教育的意识或者说指导思想具有很大的共性。这里以美国为例进行说明。

1980 年美国数学教师联合会给第四届国际数学教育大会提交了一份纲领性报告：《行动的议程——关于 80 年代中学数学的建议》。这份文件明确地指出，"问题解决是 80 年代学校数学的核心"（第一条）。"数学课程应当围绕问题解决来组织"，"数学教师应当创造一种使问题解决得以蓬勃发展的课堂环境"，"在问题解决方面的成绩如何，将是衡量数学教育成败的有效标准"。由此在世界范围内掀起了以数学问题解决为主题的一系列数学教育改革和研究的热潮。

全美数学教师理事会（National Council of Teachers of Mathematics）于 90 年代在《美国学校数学课程与评价标准》中将"作为解决问题的数学"当作其首要的标准贯穿始终，在整个基础教育中逐渐培养学生应用数学解决问题的能力。他们认为，解决问题是一种让学生体验到数学在他们周围世界中的力量和有用性的过程，使学生确立"需要懂得数学"的思想。

全美数学教师理事会在 2000 年《美国学校数学教育的原则和标准》中"问题解决"仍然是标准之一，认为 0～12 年级的学生应该能够做到以下几点。

(1)通过解决问题掌握新的数学知识。
(2)解决在数学和其他情境中出现的问题。

（3）采用各种恰当的策略解决问题。

（4）检验和反思问题解决的过程。①

正是受美国数学教育所掀起的"问题解决"的教育热潮的影响，2000 年 7 月，在第九届国际数学教育大会上，"信息技术"和"数学应用"成为国际数学教育改革的重点，各个国家力图将现代应用数学的对象、方法和价值反映到数学教育中来。数学应用和信息技术的使用已经逐渐成为各个国家数学基础教育的重要内容，一方面是要培养学生应用数学的意识和能力，另一方面可以培养学生的问题意识、创新意识和创新能力。

荷兰数学家、数学教育家弗赖登塔尔对数学教育的看法主要影响数学教育内容的选择、数学要学什么、怎么学等方面。

20 世纪上半叶，德国数学家克莱因（F. Klein，1849—1925）为数学教育做出了不朽的功绩。20 世纪下半叶，弗赖登塔尔开启了第四时期数学教育的先河，其观点影响了诸多数学教育的流派。目前我国基础数学教育的很多共识都源自弗赖登塔尔的观点。

在课程内容上——数学教育要让学生积累丰富的真实生活经验。数学教育要让学生认识到数学处处有用，学会用数学。

弗赖登塔尔认为，建立一个严密的数学体系只能是为了培养未来数学家，远远不可能成为普通数学教育的目标。事实上，学数学的学生必将属于社会，教数学的教室也不可能飘浮在半空中。从社会需要和现实的角度出发，我们需要教给学生充满联系的数学。这种联系不排除数学内部的联系，更多的应该是来自学生亲身经历的生活。丰富的、紧贴现实的联系除了为学生未来的社会生活做准备，还保证了学生一旦学会就会难以忘记。

弗赖登塔尔的这种观点，正是我们长期从事数学建模相关工作的指导思想之一。笔者的数学建模实践，主要是一种以生活中的数学问题为

---

① 全美数学教师理事会：《美国学校数学教育的原则和标准》，北京，人民教育出版社，2004。

中心的研究性学习，把数学和生活实际问题相结合，引导学生在"做"中学习数学，旨在让学生经历理解社会实际问题"数学化"的过程，为将来进入社会做准备，并体验数学知识的内在联系性，获得研究问题的方法和经验，将学习变为学生主动建构知识的过程。

在课程结构上——学科向综合化的方向发展。虽然学科教育仍将是未来课程结构的重要部分，但是，在以学习者为中心的课程结构中，学科教育是为提高人的整体素质服务的。这种教育目标必须结合知识的整体性来达成。弗赖登塔尔认为用数学组织一个领域是数学教育的必然趋势。在最初的教育中不分科训练是更佳的方法。围绕数学，吸收其他学科的题材，让学生学会用数学，是数学教育更有效的途径。

在数学建模的过程中，涉及的领域常常超出了数学学科范畴，事实上，应用数学所解决的问题，远不止数学内部的问题。对数学建模的学习，将培养学生解决问题的综合素质，这正是上述教育思想的体现。

在教与学的方式上——按照数学知识的来龙去脉教给学生数学。让学生经历知识发展的过程，并从中学习。弗赖登塔尔认为，传统的数学教育的很大一部分内容没有办法在现实生活中应用，涉及应用的部分，也是先学数学，再应用于现实问题，与数学知识发展的过程恰好相反。甚至很多人认为的数学应用只是将一般公式中的参数赋以特殊的数值。正是由于数学教育内容的不切实际，人们才对之报以怀疑的态度。

数学教育应该像算术教育一样，从需要它的地方出发。负数从杠杆出发，导数从速度、密度、加速度出发。学生应该学习将非数学或者不完全数学的内容数学化，一种说法就是将"现实情境"中的问题进行数学化，另一种提法就是"问题解决"，这里的问题是分层次的，问题应该来源于情境，学生需要学习从情境中发现问题，提出问题。

长期以来，我国的中学数学教育存在这样一个误区——"掐头去尾烧中段"，过分关注数学作为严谨科学的演绎性，为应付竞争激烈的升学考试，教师过于注重结论和解题的方法、技巧，过于注重数学的逻辑性，而没有看到作为创造性过程中的数学，没有看到数学的文化性。因此，数学学习就被简化为"大量的难题操练"，从而丧失了源和流。这样教育出来的学生在创造力和自主学习能力上都有所不足，而数学建模是一种重视过程的学习方式，其主要的教育价值就在于——激发学生的创造力，培养学生自主学习的能力。

上述几个方面简单介绍了目前我国数学教育的一些思想是如何受到弗赖登塔尔思想的影响的。正是这些思想，促使数学建模课程进入中学，使其教育价值受到越来越多的重视。在中学数学建模教学开展的过程中，学生要学习从现实情境中发现问题、提出问题和建立数学模型，一方面这正是知识的产生和发展过程，学生可以从中学习数学，另一方面可以学习数学是如何解决问题的，整个过程中常常会涉及社会、经济、物理、生物等各个领域，这点又反映了数学教育中学科综合化的要求。

与国际上数学教育发达的国家比较起来，我国中学数学教育对数学应用和计算机计算在数学中应用的重视比较晚，发展也远远不够。这种状况是有其历史渊源的。中华人民共和国成立之初，我国的数学教育受苏联的影响较多，那时苏联的数学观还处于数学发展的第三阶段，即希尔伯特形式主义阶段。在数学认识上与时代脱节造成了我们的数学教育在发展中的滞后。1996 年 7 月，第八届国际数学教育大会上，我国的参会代表张奠宙教授收集国外同仁对我国数学教育的看法如下：①中国数学课程内容和考试题目类型陈旧，与现实脱节；②与国际数学教育相比，我们差距最大的内容是"计算器和计算机的使用"。

但我国的数学基础教育也有自身的优势，主要是可以使学生获得较好的数学基本训练，特别是熟练的计算能力和逻辑的严密性。这可以从教育进展国际评估组织(International Assessment of Education Progress，IAEP)调查得到肯定，也可以从中国留学生在国外的考试成绩间接得到印证。这种成绩的获得主要是由于我国数学教育有注意数学的严格性、逻辑推理以及注意解题技巧的传统。在这个传统的影响下，广大的优秀教师不仅让学生做相当数量的习题，并且引导学生总结自己的思考过程，让学生更好地理解和掌握了数学。这样有利于培养学生的解题能力、毅力和习惯。这些做法是我国数学教育中的长处，应该在教学改革的过程中认真加以研究，一方面，使宝贵的经验在新的历史条件下发扬光大，发挥更大的作用；另一方面，要克服传统数学基础教育中的一些不足之处，以适应现今社会发展的要求。

1.4　数学建模与数学教育改革

我国中学的数学建模一开始是以数学知识应用竞赛的形式出现的，而后在教育较为发达地区的中学展开教学实践，积累一定的实践经验后写入《普通高中数学课程标准(实验)》，成为中学数学课程的一部分。

1.4.1　中学数学教学中的问题

作为一线教师，我们感到在目前的中学数学教学中存在一些不适应社会发展、对数学教育的要求、急需改进的问题，需要用一种新型的课程形式来推动解决问题的过程。简单地分析如下。

(1)教学去人性化。教师在教学中不重视教育对象——学生，过分关注讲了多少题，进行了多少练习和演算，布置了多少作业，进行了几次考试。教师的教学往往只做单边的考虑，不重视了解学生的一般需求，更无暇照顾学生个性的发展需要，缺乏多方互动交流，简单形象地说就是教师"目中无人"，没有认真到位地考虑学生的需要和个性的发展，对学生数学学习的情感态度与价值观等方面关注不够。

(2)教学重结果不重过程。我国的数学教育自中华人民共和国成立初开始学习苏联，"文化大革命"中片面地强调与生产生活相结合，使学生的数学基础薄弱，后又矫枉过正，使数学教育出现"掐头去尾烧中段"的状况。"掐头去尾"指在数学教育中不重视使学生懂得知识的来源和实际应用，不重视数学模型的建立和数学在实际生活中的应用。"烧中段"指数学教学只关注知识点的达成，技能的掌握。在教学环节的设计中，重题型、轻过程；重操控、轻变化；重预设、轻生成；重解题技巧，轻概念和应用；不注意数学思想方法的渗透，没有给学生充分的独立思考、归纳概括、反思调节学习过程以及进行数学交流的机会，关注数学的文化价值、理性精神不够等状况。"烧"形象地描述了学生在学习数学时所受炙热之苦。这样的基础数学教育教出来的学生不注意数学与自然科学、技术科学、社会科学以及人文科学的关系，不擅长应用数学，更毋论创新意识。

（3）数学教学内容与时代脱节，不利于培养学生应用数学的能力。传统的数学教育内容主要是纯粹的数学理论和计算，物理或力学的一些经典例子只是作为纯粹计算的例子，根本没有考虑帮助学生树立应用意识的问题。为了培养学生的应用意识，必须使学生学到必要的数学应用知识，受到必要的数学应用的实际训练，否则强调应用意识就会成为空洞的说教。在中学数学教学中，数学建模的初步训练被作为重要的教学内容之一。正是出于这种考虑，这将加强对学生在数学学习中的创造性训练，使培养学生的创新意识的工作提高到一个新的水平，使创新意识与应用意识的联系更加自然和直接。

（4）学生学习方式倾向于被动，知识视野不开阔，普遍缺乏主动探究的精神和自主学习的能力，对数学学习缺乏自信。清华大学冯克勤教授就提道："目前中小学教育的最大'功绩'是用成千上万个愚蠢的作业题让学生(不是全部)讨厌科学，不会提问题也不会思考。"在基础教育阶段，我们的教学应尊重学生，使学生学习得有兴趣、有自信，使学生敢于表达自己的观点，使学生的个性能够得到较为充分的发展，在这一点上现在已经有了基本共识，但教学实际的结果却不容乐观。

（5）教学评价形式单一，多数情况下用一纸考试的成绩代替评价。学生是发展中的人，差异是客观存在的，个性是丰富多彩的，而我们却习惯用一张卷子来为学生划出"优良中差"。近年来我们虽在评价方面做了一些新尝试，如档案袋、考试形式的变化等，但由于操作复杂，给教师增加了工作负担等，所以一直没有有实效的进展。

（6）数学教师的学术视野不开阔，专业发展路径狭窄。多数教师把提升专业素养的主要精力放在"解题"上，特别是"解高考题"上。还有一些教师认为提升专业素质只能靠提高学历层次，靠进修或留学，忽视解决教学现实问题的研究和探索对教师成长的价值。有专长、研究型的数学教师相对稀缺，比如，通过研究学生，研究学法，改进教法的高手；使用信息技术、网络技术有效提高教学效率的高手；打通各学科知识的联系，整体建构学生知识体系的高手(如孙维刚老师)……

我们数学教育中存在的种种问题，使我们在培养广大学生应用数学的意识和能力上存在先天不足。要使我们的数学教育适应时代的要求，实现我们对数学教育的设想，必须在现有数学教育的基础上进行改革。分清现行数学教学中的优、缺点，坚持并发扬优点，采取切实有效的措施克服缺点。这正是当今世界范围的数学教育改革的关键。

1.4.2　数学建模的教与学可以成为数学教学改革的突破口

针对数学教育中存在的问题，我们的改革要改什么？我国的数学基础教育在不断改进变革的过程中形成了一些共识。比如，数学教育要重视让学生认识数学的本质，应采取一定的教育手段使学生循着数学发展的历史轨迹，理解数学知识的逐渐形成的过程。又如，数学教育要培养学生的应用意识，要使学生积累真实的生活经验，让学生建立数学处处有用、可用的意识；教育要重视学生个性的发展，对不同的学生因材施教，使全体学生都得到充分的发展；数学教育要培养学生可持续发展的数学能力等。如何有效地实现这些要求？数学建模正是在这种背景下，为了解决数学教育的问题，逐步建立发展起来的一种课程形态。数学建模的内容进入研究生、大学、中学的教学内容也正反映了这样一种努力。

数学建模是联系数学与实际问题的桥梁，是数学在各个领域广泛应用的媒介，是数学科学技术转化的主要途径。数学建模在科学技术发展中的重要作用越来越受到数学界和工程界的普遍重视，已成为现代科技工作者必备的重要能力之一。

学习数学建模是培养学生应用意识和能力必不可少的内容。应用数学去解决各类实际问题时，建立数学模型是十分关键的一步，同时也是十分困难的一步。数学建模这种新型的课程形态，作为一种运用数学知识解决现实生活问题的活动，学生最直接的学习结果就是学会怎样应用数学。建立数学模型的过程，是把错综复杂的实际问题简化、抽象为合理的数学结构的过程。要通过调查、收集数据资料，观察和研究实际对象的固有特征和内在规律，抓住问题的主要矛盾，建立起反映实际问题的数量关系，然后利用数学的理论和方法去分析和解决问题。这个过程可以让学生提高分析问题和解决问题的能力，提高学习数学的兴趣和应用数学的意识与能力，使他们在以后的工作中能经常性地想到用数学去解决问题，提高尽量利用计算机软件及当代高新科技成果的意识，能将数学、计算机有机地结合起来去解决实际问题。同时也可以在数学建模的教学过程中，让学生体会数学发现的本质，感受数学文化和数学思想。

与其他数学类课程相比，数学建模具有难度可大可小、涉及面广、形式灵活等特点，数学建模的教学本身是一个不断探索、不断创新、不断完善和提高的过程。数学建模课程围绕问题展开，以学生为学习主体，以培养学生应用数学的意识和能力、培养学生的创新意识和能力为主要目的，改变了过去以教师为中心、以课堂讲授为主、以知识传授为主的传统教学模式。数学建模教学使学生的学习方式更加重视自主探究、实验、讨论交流、合作，教师利用一些事先设计好的问题启发、引导学生主动查阅文献资料和学习新知识，鼓励学生积极开展讨论和辩论，学生的创新能力在学习中得到充分的激发，自主学习的习惯和能力得以养成；数学建模教学对培养学生良好的情感态度与价值观有积极作用，可以培养学生团结协作的精神，形成一个生动活泼的教与学的环境和气氛；数学建模的学习是一种过程性的学习，可以培养学生从事科研工作的初步能力；数学建模教学在中学的开展对中学教师提出了新的发展要求，这些发展将使中学教师更加合乎时代的要求。

数学建模教学因为有上述特质，可以承载诸多数学教育改革要求的教育目标，所以成为中学数学内容的一部分，受到越来越多教育工作者的重视。

促使我们从事中学数学建模活动的初衷至今未变——改变学生的学习方式，激发学生的创造力，为国家培养更多的创新性人才。通过多年的实践与努力，作者对数学建模的教育价值有了更深刻的理解，对数学建模课程的教学内容选择、开展方式等有了比较丰富的实践经验。同时我们也清醒地看到从数学建模进入我国，到如今写入《普通高中数学课程标准(实验)》，数学建模作为一种课程形态离成熟尚有距离，为广大教师接受并真正进入课堂也还有一段路要走。

1.5 数学建模课程从大学走进中学的过程

1.5.1 数学建模课程在大学的开设情况

数学建模课程在大学开设的历史并不长，20 世纪 70 年代末 80 年代初，英国剑桥大学专门为研究生开设了数学建模课程，并创设了牛津大学与工业界研究合作的活动。与此同时，欧洲、美国等一些西方发达国家也开始把数学建模的内容正式列入研究生的课程中。近 30 年来，数学建模教学在一些西方国家，诸如美国、英国、荷兰、丹麦、澳大利亚等国的数学教育界迅速普及，并在国际数学教育大会中占有重要地位。1988 年召开的第六届国际数学教育大会就把"问题解决、建模和应用"列入大会七个主要研究的课题之一，认为"问题解决、建模和应用必须成为从中学到高中到大学——所有学生的数学课程的一部分"。

在 20 世纪 80 年代初，清华大学首先在应用数学系开设了数学模型课程，以后数学建模课程逐渐在普通院校理工科专业中得到普及。经过 30 多年的发展，现在绝大多数本科院校和许多专科学校都开设了各种形式的数学建模课程和讲座，为培养学生利用数学方法分析、解决实际问题的能力开辟了一条有效的途径。数学建模在大部分高校已经成为数学专业的必修课，其他工科、金融、社会学科的选修课程。

另外值得一提的是，与计算机技术相结合，数学建模课程在一些高校又发展出数学建模和实验，数学实验等课程。数学实验课程是数学建模与计算机技术的结合，最早于20世纪80年代末在美国的一些大学中以"数学实验室"的形式出现；在我国，1996年在教育部立项的"面向21世纪非数学专业数学教学体系和内容改革"的总体构想中，"数学实验"被列为"为非数学类专业学生开设的数学基础课"之一。

1.5.2 数学建模及其相关课程在国外中学发展的情况

与大学相比，中学生知识面较窄，同时要学习大量的基础知识，所学数学大部分为初等数学，可以看作是学习数学建模的初级阶段。很多国家较早地注意到了培养学生应用数学的意识和能力，在中学开设了类似"数学建模"、学习数学的应用的课程，将数学知识和现实生活中的问题融合起来进行学习，形成了各具特色的中学数学课程。这些课程大都包含如下一些共同特点。

(1)重视培养学生认识"有很多数学来自应用"这样的事实。
(2)设有一些初级的数学建模问题。
(3)重视培养学生应用数学包括数学建模所必需的一些能力，如发现提出问题的能力、自主探究的能力、数学阅读的能力。
(4)重视培养学生综合解决问题的能力。

下面我们选了一些数学教育发达的国家，分别介绍它们开设中学数学建模有关课程的情况。

1. 美国的"问题解决"

美国的数学教育一直在教育改革的风口浪尖上，其学校教育最早强调培养学生解决问题的能力，这从美国基础数学课程标准中就可以看出。

1989年全美数学教师理事会编写的《美国学校数学课程与评价标准》中，我们可以看到，其为1~12年级设立的13条数学课程标准中，

第一条即为"作为问题解决的数学",（在这里，"中学数学建模"包含在"问题解决"中）以 9～12 年级"作为问题解决的数学"的标准为例。

在 9～12 年级中，数学课程应该包含解决数学问题的方法的深化和扩充，以便全体学生能够——

（1）带着不断增加的自信，运用解题方法去探讨和理解数学内容。

（2）运用与数学解题相结合的策略，去解决来自数学内部与外部的问题。

（3）认识并能用公式表示，来自数学内部和外部的问题。

（4）把数学模型的程序，运用到来自客观世界的问题情境中。[①]

2000 年全美数学教师理事会编写的《美国学校数学教育的原则和标准》同样重视"问题解决"，具体内容在原有标准的基础上增加"检验和反思"一条。

学前期到 12 年级的数学教育应该使所有学生能够——

（1）通过解决问题掌握新的知识。

（2）解决在数学和其他情境中出现的问题。

（3）采用各种适当的方法和策略解决问题。

（4）检验和反思数学问题的解决过程。[②]

可以看出"问题解决"同时包括解决数学内部和外部的问题，而"数学建模"则偏重于数学外部问题的解决，可以看作问题解决的部分领域。通过标准我们也可以得出，这里所提的"问题解决"或"解决问题"在中学教学中都是包括两个方面的内容——通过"问题解决"来学习数学和通过

---

① 全美数学教师理事会：《美国学校数学课程与评价标准》，北京，人民教育出版社，1994。

② 全美数学教师理事会：《美国学校数学教育的原则和标准》，北京，人民教育出版社，2004。

问题解决来学习"问题解决"。作为"问题解决"一部分的"数学建模"也是如此。

作为问题解决的一种模式，数学建模更加突出对原始问题的分析、假设、抽象的数学加工过程；数学工具、方法、模型的选择和使用过程；模型的求解、验证、再分析、修改假设、再求解的迭代过程。它更完整地表现了学数学和用数学的关系。

与标准重视"通过问题解决来学习和学习问题解决"相对应，美国的数学课程形成了诸多模式，其中比较典型的有美国的大、中、小学正在积极倡导的"以项目为中心的学习"（Project-Based Learning）和"以问题为中心的学习"（Problem-Based Learning）。

"以项目为中心的学习"强调长期的、跨学科的、以学生为中心的学习活动，并结合现实世界中的问题与实践进行教学。这种形式的学习开始时一般都会在学生头脑中预先勾画出一个最终结果——作品或"人工制品"。由于各项目的范围和时间框架不同，因此最终结果的技术性和复杂性也不一样。"以问题为中心的学习"则是一种关注经验的学习，它围绕现实生活中的一些结构不明确的问题展开调查，并寻求解决方法。问题作为学习的最初动机和挑战，它结构不明确，没有简单、固定、唯一的正确答案，但它能激起学生探索、寻求解决方法的愿望，构建继续学习的需要和联系。它通常包括以下3个阶段：第一，提出问题或假设；第二，针对问题或假说进行观察或实验；第三，学生通过研究，分析，接受或拒绝先前的假设，从而获得问题的答案，具体的研究方法包括调查研究、实验研究、文献研究等。

这两种学习都是强调学生要研究一个具有多种解决方法、开放性答案的项目或问题，目的是让学生通过参与真实世界相关的学习任务来提高他们的数学能力，尤其是应用数学的能力。区别在于在"以问题为中心的学习"中更强调经验的学习，"以项目为中心的学习"更强调构成结果的学习。两种教学过程可分为以下5个部分。

（1）选择恰当的问题获得一定的想法。问题可以来自当前学生的活动、有争议的问题、学生的兴趣等方面。

（2）设计以问题为中心的学习经历。决定学生的角色、成果、问题的领域、问题陈述等内容。

（3）构建相应的教学方式。包括教学活动的设计、教师的指导、时间进程、问题展开的流程。

（4）指导关键的教学。包括接触问题、收集信息、提出和决定方法、展示结果。

（5）评价和指导评价阶段。包括问题完成的陈述、工作日志、实验、实地考察等内容。

美国教师理事会在 1991 年出版了《中学课程中的数学建模——课堂练习资料导引》一书，书中介绍了美国自 1975 年以来中学数学教学是如何强调问题解决和数学建模的，简要分析了问题解决和数学建模的关系，指出在中学发展数学建模活动的必要性和可能性。该书具体地给出了有教学实践背景的 22 个数学建模的课堂练习：野生动物群体数量调查、怎样把柱形容器装进最小空间、长途电话的费用、杂货店设置的问题、汽车站该设在何处、旅行地图、送邮件、住宅区的绿化问题、沙漠中的吉普车、广告时间和费用、灌溉问题、纸卷、权利大小问题、街道停车、垃圾处理问题、鹿群的管理、黄色交通灯、存款单问题、美国人口的增长、炮弹的弹道轨迹、食物链、什么样的杯子最好。最后还为教师提供了教学指南和部分问题的计算机程序。

此外，美国科学院下属的国家研究委员会在 1989 年发表的调查报告《关于未来数学教育的报告》中把数学建模进入中学列为数学教育改革最急需的项目。美国每年举行的大学生数学建模竞赛，都有中学生的代表队参加。1984 年专为高中学生数学建模设立了杂志"HIMAP"（*The High School Mathematics and its Application Project*），登载了许多中学数学建模的教学模块。另外，由于美国大学生数学建模竞赛的成功开展，美国数学及其应用联合会(The Consortium for Mathematics and its Application，COMAP)借鉴大学生数模竞赛的模式，结合中学生的特点，于 1999 年开始组织美国中学数学建模竞赛（High School Mathematical Contest in Modeling，HiMCM）。这是美国一项全国性的活动，竞赛得到了美国国家科学基金会、运筹和管理科学研究所、美国数学协会和全美数学教师理事会的资助。该项赛事最初是在每年的年初举行，从 2001 年起改为在每年的 11 月举行，因此 2001 年举行了两次，到 2004 年已举行了七次。参赛队一般在 300 个左右，除了美国以外，加拿大、中国和中国香港等国家与地区都参加了这项竞赛。

2. 英国的"课程整合"

英国的数学教育在重视培养学生应用数学能力的同时，强调"课程整合"思想，并在此思想的指导下，设置了相关中小学数学课程。

20 世纪 80 年代初，英国"学校数学教学调查委员会"向政府提交的《数学算数》报告中开始强调数学的应用，认为"数学只有在达到能被用于特定情况时才是有用的"。虽然在 20 世纪 80 年代末，以此报告为基础的教育改革最终受到了人们的批评，但重视数学应用这一点被保留了下来。

20 世纪 80 年代末，英国国家课程标准委员会认为数学教育中的主要问题是基础知识的教学和应用能力的培养之间存在相互脱节。因此，提出了有关加强数学应用能力培养的意见，并在英国数学课程文件和实践中，开始强调"课程整合"的意义。

2000 年 9 月起开始实施的新的国家课程标准，特别强调了发展学生的"探究"和"创新"技能，要求学校要研究数学和其他学科的关系，制订工作计划，通过课程整合工作，全面发展学生的数学素质。英国国家课程标准认为数学能力与许多一般能力应该协同发展，如合作、实验、分析、推理、观察、交流等。解决实际问题是一个综合性的思维活动，往往不只涉及数学的一招一式，还可能涉及其他知识与能力。在应用的过程中，课程综合应该根据学生年龄不同加以组织，在小学、中学两个阶段有不同的特点。在小学阶段，应重在兴趣；在中学阶段，应重在数学与其他学科的交叉与综合，并发展学生综合解决问题的能力。其数学课程整合的主要内容是：①从现实生活题材中引入数学；②加强数学和其他学科的联系；③打破传统格局和学科限制，允许在数学课中研究与数学有关的其他问题。

所谓"课程整合"，是数学应用的思想的延续和发展，要求数学课程设计要从数学应用广泛这一特点出发。数学应用具有多科性，数学可以解决生活中和其他学科中的问题。数学与物理、化学、生物、地理等自然学科有关，是学习这些学科的重要基础。人为地设置学科壁垒是不必要的。相反，数学可以从这些学科问题中找到应用的广阔途径，理解数学的丰富内涵，也可以从它们那里吸收丰富的教学营养。随着时代发展，数学也与语文、历史等社会与人文科学有关。国家数学课程要求，学校要研究数学和其他学科的关系，制订工作计划，通过课程综合工作，全面发展学生的数学素质。数学课程整合的一个很重要的方面是数学和信息技术的综合和交叉，信息技术可以被运用于数学教学中，并为学生的学习提供帮助。数学知识和计算机知识相互支持与补充。目前，英国中小学生大都掌握了简单的 LOGO 命令，并能利用 LOGO 命令作图制表等，从而把数学用到解决问题活动中。

目前英国的小学数学教材为小学生布置了适当的"探究作业"(Investigation Work)。例如，"在均匀分布钉子的板上用橡皮筋围一个图形，再围一些其他图形，看看能不能发现钉子的数目与图形的面积有什么关系?"希望让学生通过不断的观察、操作、实验、探索去发现规律。

在英国国家数学课程标准中，中学数学课程分成了几大块，明显地体现了注重应用这一特点。它将"运用和应用数学"单独列为一项成绩目标，贯穿于整个数学课程之中。"运用和应用数学"十分注意面对解决实际问题与日常生活中的问题，包括提出问题、设计任务、做出计划、收集信息、选用数学、运用策略、获得结论、检验和解释结果等环节，而不是局限在书本上现成的"问题"上。例如，为研究最好的储蓄方式(或地点)，就要去调查各家银行不同的存款形式、期限的利率等。在英国高年级的数学课程中，重视问题解决，特别是建立数学模型能力的培养。A 水平的数学不仅专门开设了"问题解决"作为必修单元，而且由于微积分、概率统计、力学的引入拓宽了数学建模的范围。例如，在"微积分入门"中优化问题(极大极小)的数学模型，在"微积分方法"中列微分方程来求解的数学模型，在"牛顿运动定律"单元的第一个课题中也是"数学模型"。至于选修单元，更是显著地研究两大系列(力学、概率)中的大量数学模型，注重应用还表现在加强数学与其他学科的联系，建立交叉课程等方面上。

总之，在英国中小学数学教育中，实践性特点是令人瞩目的。英国强调数学教学的主动性、综合性与实践性，因而英国学生的操作能力(包括计算机、计算器的应用能力)和应用知识能力比较强，这是值得我们学习的。除此之外，英国数学课程中培养综合计算能力的策略、不限定算法(认为方法是学生自己的事情)和计算器的广泛使用等都是重要的特点。

3. 日本的"课题学习"

受美国"问题解决"等因素的影响，日本教育界提出了"课题学习"(Problem Situation Learning)。"课题学习"的提法在 1984 年修订，并于 1989 年作为中学数学教学内容写进了"中学数学学习指导要领"(相当于中国的数学教学大纲)，自 1993 年 4 月开始在八、九年级中开始实施。日本的《现代学校数学学习指导要领》中指出："为了促进以学生为主体的学习，为了培养学生的数学观点和思考方法，要设置将各部分内容综合起来的和日常生活相联系的课题，进行课题学习，并要把这种课题学习放在教学计划的适当位置加以实施。"课题学习的具体要求是使学生通过自己发现问题、积极主动解决问题的活动，加深学生对数学思想方法的理解，促进学生思维的发展。设置"课题学习"更深层次的目的和意义是使学生获得对数学的正确看法，养成灵活应用数学的习惯。从培养学生的社会态度和价值观的角度来说，"课题学习"也有着十分深远的意义，如：

(1)让学生愉快学习数学，即从学生的立场出发，使所有的学生对数学感到亲切，不讨厌数学。

(2)培养独立性与自学的热情，即从社会全体的立场出发，使学生能有效地适应面临的社会生活。

（3）培养学生的数学观点和思考方法，以及让他们感到数学的好处，即从数学教育的立场出发，有利于掌握数学知识，提高思维能力等。

为了配置"课题学习"的实施，1993 年日本出版了 6 套初中数学教科书，共设置了 255 个课题。这些课题分布在初中数学的数式、图形、关系（包括函数和概率统计）、信息（包括数学史）几项内容之中，其中与数式有关的课题 79 个，与图形有关的课题 107 个，与关系有关的课题 44 个，与信息有关的课题 25 个。这些课题中与数学文化价值有关的有 42 个课题，与数学应用价值有关的有 34 个课题，与数学的模型化、一般化有关的有 47 个课题，与数学美、数学的优越性、趣味性有关的有 65 个课题，这说明课题的设置既要考虑到教学的需要又要考虑到教育的需要。为了使课题学习的内容更加丰富，大阪教育大学松宫哲夫先生还提出了 CRM(Composite Real Mathematics)型课题学习，特别重视课题的现实性，积极主张从现实世界中的问题情境出发进行课题学习。他们提出了"湖水中的数学""高层建筑中的数学""田径场中的数学""交通安全中的数学""铁路运输中的数学"等课题，并结合中学生数学水平的实际，开展了实践研究，收到了良好的效果。实现 CRM 型课题学习的过程大致如图 1-1 所示。①

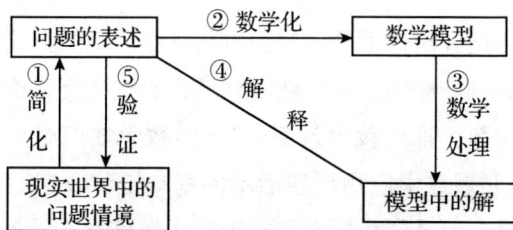

图 1-1　CRM 型课题学习流程图

从图中我们可以看出，日本数学课程中的数学课题学习是通过学生

① 李淑文，张守波：《日本中学数学教材中的"课题学习"》，数学通报，2004(6)。

综合数学知识，或者综合数学知识与其他知识来解决一个研究问题。

1.5.3　数学建模竞赛在国内中学的发展情况

受国际数学教育发展趋势和社会需求的影响，我国中学数学酝酿并进行着一系列的改革，改革的主要目的是要把中学生学的数学与我们周围的现实世界(包括生产、科研)适当联系起来，使学生既能了解数学的用处，达到学以致用的目的，同时也是为了进一步激起广大中学生学习数学的热情，更生动活泼地掌握数学的思想和方法(包括数学的理论思维)。数学建模进入中学正是我国数学教育改革下的产物。

我国中学的数学建模一开始是以数学知识应用竞赛的形式出现的，而后在教育较为发达地区的中学展开教学实践，积累一定的实践经验后写入普通高中数学课程标准，成为中学数学课程的一部分，即将在更大范围内开展。

上海市从 1991 年以来，已组织了多届"金桥杯"中学生数学知识应用竞赛(习惯称为"中学数学建模竞赛")。在此影响下，北京市在 1994 年组织了第一届"方正杯"中学生数学知识应用竞赛，有 2000 多人参加竞赛。从 1997 年开始，由北京数学会等五家单位组织，把"高中数学知识应用竞赛"作为正式的科普活动，定期开展，到现在已经举办了十九届。

姜伯驹院士把开展这项数学知识应用竞赛活动的目的明确为：呼唤应用意识，培养创新能力，宣传数学建模，影响社会舆论，建设改革队伍，积累教改资料，推动教育改革。"开展数学知识应用竞赛，推动数学教育改革"是开展数学应用竞赛活动的基本定位。这不是一个为了竞赛而竞赛的活动，而是作为探索和推动数学教育改革，在学科中实施素质教育的一项教育改革的实验。

北京高中数学知识应用竞赛分初赛和决赛两个阶段。初赛是开卷的，在一个星期五的 16:00 将试卷发给学生，答卷地点不限，可以参考任何资料，可以使用任何计算工具(包括计算机、计算器、各种数学软件)。学生可以独立完成，也可以与他人讨论，要求学生在考卷上注明讨论的情况。决赛分两部分。决赛的第一部分是让学生完成一篇数学应用的小论文，即让学生观察社会、自然和生活，发现问题，提出问题，运用自己学过的数学和其他知识，把问题变成一个数学问题，然后解决这一问题，写成一篇论文，论文成绩作为总成绩的一部分，并单独设立优秀论文奖。决赛的第二部分是闭卷答题，在150分钟内在指定地点每个人独立完成问卷中的问题，答卷时可以使用计算器等计算工具。数学知识应用竞赛题与传统的数学应用题命题原则有显著的区别，主要表现在以下几个方面。

(1)关注来自生活、社会、自然的各种问题，背景尽可能广泛，部分问题体现出时代性，能与当前社会关注的热点问题相联系。

(2)涉及的数学知识，不超出高二学生的掌握范围。不在知识方面增加学生的负担，不搞针对性的层层培训。

(3)知识综合性强。要做好这些问题，需要的不仅仅是数学，还需要其他的知识，如物理、化学、生物等，其他的知识并不深，多属于常识。知识的综合能力是我们学生走向社会面对纷繁复杂的现实世界所需要的一种基本的能力，从小(至少从中学做起)就应使学生受到一定的锻炼，这对他们的发展是很有好处的。目前很多学校组织学生通过社会调查来了解社会也是一个综合运用知识的锻炼，只是"数学知识应用科技活动"的学科味道更重一些。

(4)部分问题具有开放性和创新性。

(5)逐步与教育部制定的新课程标准、新教材接轨。

中学数学建模竞赛的开展培养出一批优秀的学生，他们的进一步发展得到了广泛的关注。这些学生具有传统教育培养不出的特质，比如说自主学习能力强，对问题敏感，能够主动对所发现的问题进行探索，有团队意识和合作精神，能多方面利用资源、有创造性地解决问题的想法和能力，对解决跨学科的问题有优势，应用计算机、相应数学软件以及互联网的能力强等。这些特质正是当代社会所要求的创新型人才的特质，也是我们传统教育的弱点所在。中学数学建模竞赛的开展，展示了数学建模在培养学生方面的特殊作用，对数学建模课程进入中学起到了积极的推动作用。

1.5.4 数学建模进入中学课堂

数学建模进入国内中学数学教育界的视野，并逐步成为中学数学学习内容的一部分，这经历了 20 年的时间，也是中学数学教育界探索如何培养学生应用意识和能力的历程。

从 1992 年到 1996 年，北京数学会组织了"中学数学建模"讨论班。严士健、叶其孝、赵祯、杨守廉、王尚志、刘来福等教授先后参与主持了讨论和授课，王江慈、张思明等 20 多位北京市青年教师参加了讨论班。经过大家研讨形成一批教学素材，后期在北京师范大学的"数学学校"中进行了教学建模案例实践。

对数学应用的重视最初的体现是，20 世纪 80 年代末 90 年代初，张奠宙等一批数学教育家和数学家等呼吁，要在高考题中出点应用题，认为我国数学教育的短处就在于对数学应用重视不够，出一些有意义的"应用题"，甚至"情境题""开放题"，会对提高学生的数学好奇心有益。1993 年原国家教委基础教育课程研究中心召开了两次"数学课程改革研讨会"，严士健教授等参加会议，并在会议发言中特别强调了"数学教学应联系实际""要重视从实际问题中建立数学模型，解决数学问题，从而解决实际问题这个全过程"。在 1993 年全国数学高考题中，便出现了灯光照明、抽查次品、计算水池造价等应用题。从 1995 年起，在我国高考试题中，逐年加大了对数学应用能力的考察力度。那一道第一次出现的考察数学应用能力的大题(解答题)——关于"淡水鱼养殖"问题至今让人记忆犹新，并传为佳话。以后的高考题也基本将考察应用题这一点延续了下来，比如 2009 年宁夏高考题便考察了高空测量、工厂生产安排等问题。

仅有应用题是远远不够的，虽然应用题多源于生活，但与实际问题相比，实际问题的不确定性、模糊性、涉及范围的广泛性，没有标准答案，需要反复修正等特点是其不具备的。为了更好地培养数学应用的能力，以及其他社会需求的能力，出现了"研究性学习""课题学习""数学建模"教学方式。这三种提法关注的侧重点不一样，但在中学的教学内容和方式上很大程度是一致的，我们将其发展历程视为是一体的。

中国的"研究性学习""课题学习"在很多地方借鉴了美国的"以项目为中心的学习"和"以问题为中心的学习"这两种教学模式的经验。

研究性学习提出的时间相对较早。中学数学研究性学习是指中学生在数学教师或相关教师的指导下，从数学问题及其他学科或实践生活中出现的问题中选择并确定研究性课题，运用类似于数学学科的科学研究方法去获取和应用数学知识，从而在掌握数学知识的同时，体验、理解、掌握和应用数学学科的研究方法，培养科学精神，发展科研能力的一种学习方式。

从定义可以看出，研究性学习涉及的问题可以来自数学本身，也可来自其他学科和实践生活，这其中对来自非数学领域问题的研究和解决的过程，基本可以看作是对"数学建模"的学习。研究性学习的范围和功能，与美国中学数学所提的"问题解决"基本一样，与之相适应的开展形式主要有两种，一是数学课堂中的研究性学习，主要指用研究性学习的方式促使学生进行数学知识技能的学习和数学问题解决。二是数学课外的研究性学习，包括数学研究性作业，如一些探究性、拓展性问题的研究作业、数学小作文、调查报告等；还有数学课题研究，指从数学知识内部或生活中自主选取课题，合作或自主完成。

我国的学术界及广大一线教师对研究性学习这一新的学习方式进行了大量的研究，使其在理论上更加成熟，在实践上也积累了十分丰富的经验，最初，有部分中学借鉴国外数学教育的经验，尝试开设了专门的数学建模的选修课，并取得了一些成绩。如周小山、严先元所著的《新课程的教学设计思路与教学模式》，上海市七宝中学开展的研究性学习等。

北京大学附属中学早在 1993 年，采用了叶其孝引进的美国建模教材，组织部分同学在课外活动的时间开始开展数学建模活动。1997 年已经有了正式的选修课，并积累了一批案例资源作为教学之用。从1994年开始，有200余名学生在北京市高中数学知识应用竞赛中获奖，6人参加大学生数学建模竞赛获奖，3名学生参加了美国的"英特尔创新大赛"，出版了一些数学建模方面的书籍，为高中数学课程标准中数学建模内容的制订，提供了经验和案例。

1998年，叶其孝主编的《中学数学建模》一书由湖南教育出版社出版。杨守廉、王尚志、李延林、张思明等人参与该书的写作。这是当时面向中学的第一本数学建模的参考书。

1999年9月，张思明的教学成果"中学数学建模与'导学探索'教学模式"被北京市人民政府授予"北京市首届基础教育教学成果奖"一等奖。

2002年11月，姜伯驹教授任名誉主编，王尚志教授主编的《北京高中数学知识应用竞赛试题及解析》一书由东北师范大学出版社出版。

2003年7月，王尚志、李延林教授主编的《中学生研究性学习案例——中学生数学建模论文选编》由东北师范大学出版社出版。该书在2005年2月被教育部评为"2004年全国教师教育优秀课程资源"。

2003年4月，经过反复讨论和争论，由于严士健、王尚志教授等一批数学家的支持和认同，数学建模终于被写进由教育部制定的《普通高中数学课程标准（实验）》，成为高中数学正式的学习内容，要求在高中阶段至少为学生安排一次完整的数学建模活动。

2004年9月，张思明及团队的教学成果《数学课题学习的实践与探索》被北京市人民政府授予"北京市第二届基础教育教学成果奖"一等奖。该书在2005年2月被教育部评为"2004年全国教师教育优秀课程资源"。

2006年8月，中央广播电视大学音像出版社为我们团队出版了17集专题片《数学建模走进中学课堂》，系统介绍了我们开展数学建模活动的理念、经验、课堂实录、学生的答辩交流等情况。

2007年、2008年、2009年我们承接了全国部分地区的"数学新课程的网上培训"课程，全国有近20个省、市、自治区的2万名教师参加了培训，数学建模成了培训内容之一。

2008 年 10 月—2012 年 8 月，首都师范大学基础教育课程中心和"张思明工作室"参加了北京市重点课题——北京市教育学会组织的"深化教学方式改革与信息技术的科学应用"项目，组织实施了该项目的重要组成部分——"数学建模"的内容。我们在四所中学（北京大学附属中学、北京市第十五中学、北京市第十九中学和北京经济技术开发区实验学校）实施了依托网络、真实课堂和虚拟课堂结合的中学数学建模课程，在探索中学数学建模教学的可操作模式方面取得了有价值的实验结果。20 多名教师，800 多名学生参与了实验，取得了丰硕的成果。2012 年该成果获北京市第四届基础教育教学成果一等奖，2014 年在全国首届基础教育教学成果的评选中获得一等奖。

上述数学建模实践成果的取得，为数学建模课程的完善以及教学的成熟开展奠定了坚实的实践基础。

第二章

中学数学建模课程的
概述和理论建构

2.1 数学建模的内涵及教育价值

为了使表达不发生歧义，这里先对涉及的相关名词加以界定。数学建模(Mathematical Modeling)是建立数学模型并用它解决问题这一过程的简称，有代表的定义如下。

(1)普通高中数学课程标准中认为，数学建模是运用数学思想、方法和知识解决实际问题的过程，已经成为不同层次数学教育的重要内容和基本内容。[①]

(2)叶其孝在《数学建模教学活动与大学数学教育改革》一书中认为，数学建模就是应用建立数学模型来解决各种实际问题的方法，也就是通过对实际问题的抽象、简化，确定变量和参数，并应用某些"规律"建立起变量、参数间的确定的数学问题(也可称为一个数学模型)，求解该数学问题，解释、验证所得到的解，从而确定能否用于解决实际问题的多次循环、不断深化的过程。[②]

两种定义的区别在于课程标准对数学建模的定义没有强调建立特定的解决问题的数学模型。数学建模的过程中当然会运用数学思想、方法和知识解决实际问题，但仅仅如此很难称得上是"数学建模"。处理很多事情时，比如法律和组织上的问题，常常会用到分类讨论的思想、转化的思想、类比的思想，而并没有建立数学模型，这就不能说是进行了数学建模。这里所谈(实际上，同大部分人认为的一样)的数学建模，其过程是要建立具体的数学模型的。

[①] 中华人民共和国教育部：《普通高中数学课程标准(实验)》，北京，人民教育出版社，2003。

[②] 叶其孝：《数学建模教学活动与大学数学教育改革》，长沙，湖南教育出版社，2003。

什么是数学模型？根据徐利治先生在《数学方法论选讲》一书中所谈到，所谓"数学模型"是一个含义很广的概念，粗略地讲，数学模型是指参照某种事物系统的特征或数量相依关系，采用形式化数学语言，概括地或近似地表达出来的一个数学结构。广义地说，一切数学概念、数学理论体系、数学公式、数学方程以及由之构成的算法系统都可以称为数学模型；狭义的解释，只有那些反映特定问题或特定的具体事物系统的数学关系结构才叫数学模型。[①]

本文所谈到的数学建模，其过程一定是建立了一定的数学结构。

另外，我们所谈的数学建模主要侧重于解决非数学领域内的问题。这类问题往往来自日常生活、经济、工程、医学等其他领域，呈现"原胚"状态，需要分析、假设、抽象等加工，才能找出其隐含的数学关系结构。

一般地，数学建模的过程可用图 2-1 的框图表示。[②]

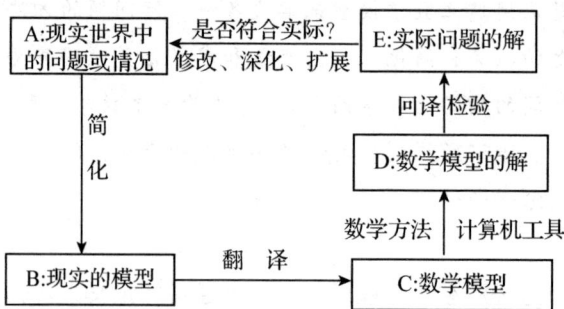

图 2-1

这里的"中学数学建模"有以下两重含义。

一是按数学意义上的理解——在中学中做的数学建模。主要指基于中学范围内的数学知识所进行的建模活动，同其他数学建模一样，它仍以现实世界的具体问题为解决对象，但要求运用的数学知识在中学生的认知水平内，专业知识不能要求太高，并且要有一定的趣味性

---

① 徐利治：《数学方法论选讲》，15～16 页，武汉，华中工学院出版社，1988。

② 张思明，白永潇：《数学课题学习的实践与探索》，北京，高等教育出版社，2003。

和教学价值。

二是按课程意义理解，它是本文要展开讨论的，一种要在中学中实施的特殊的课程形态。它是一种以"问题引领、操作实践"为特征的活动型课程。学生要通过经历建模特有的过程，真实地解决一个实际问题，由此积累做数学、学数学、用数学的经验，提升对数学及其价值的认识。其设置目的是希望通过教师对数学建模有目标、有层次的教与学的设计和指导，改变学生的学习过程和学习方式，实现激发学生自主思考，促进学生合作交流，提高学生学习兴趣，发展学生创新精神，培养学生应用意识和应用数学的能力，最终使学生提升适应现代社会要求的可持续发展的素养。

第一章的论述说明了，社会发展对数学应用的需要，使得数学建模必然要进入中学课程。教育理论的发展为中学数学建模进入课程提供了理论基础，世界各国数学教育界有关数学建模教学的实践工作，以及我们在中学开展数学建模的实践，为中学数学建模课程的完善和教学的开展提供了坚实的实践基础。

中学数学建模的教与学，将转变学生的学习方式(从传统的被动接受学习转变为以自主、合作、探究为特征的新型学习方式)变成了具体的、可操作的教学实践。在数学建模的实践中，通过问题课程的设计和流程引导，引导和组织学生真正体验独立思考、分工合作、交流讨论、寻求帮助的学习过程，更重视调动学生主动参与的积极性，努力为学生自主有效的学习和发展搭建平台。通过我们的教学设计让学生真实体验如何学习，帮助学生建立主动学习的习惯，引导学生从自己生活的世界中发现问题、提出问题，还可以通过网络学习等形式，帮助学生学会如何查找、利用信息，如何积极、主动寻求帮助，如何自主学习和合作学习等。

中学数学建模可以改变数学教师单纯讲授的教学方式，打开了教师专业发展的新领域。对于建模的很多知识内容，中学数学教师并不熟悉，没有知识储备和教学经验，我们力求通过数学建模课程的实施，帮助部分教师学会学习，学会查找、开发活的资源，实现自我发展，探索新的以"学、做在先"为特征的教学方式；另外，作为数学教与学的新形式，教师在指导模式、评价模式、资源筛选扩充模式等方面都大有作为。

通过中学数学建模的教与学培养学生的创新精神和实践能力，不但可能而且可行。数学建模是一个非常好的载体，是中学数学学习的一种新的方式，它为学生提供了自主学习的空间。它在运用数学思想、方法和知识解决实际问题的过程中，让学生体验数学在解决实际问题中的价值和作用，体验数学与日常生活和其他学科的联系，体验综合运用知识和方法解决实际问题的过程，增强了应用意识。在建模过程中，表现出的问题的多样，问题解决方法的不同，问题解决过程和结果的丰富，无疑是对参与者创造力的一种激发、挑战、考验和有效的锻炼。我们通过对北京市开展数学建模活动 23 年的成果分析，会更坚信这一点。

2.2 中学数学建模的课程要素

本课题所展开工作的目的之一，是希望探索出有中国特色的中学数学建模课程体系框架，为完善中学数学建模课程尽一份力，以促进数学建模的进一步推广。同时能为中学教师开展数学建模教学提供具体的指导工作，为教师展现如何通过教师对数学建模教学有目标、有层次的教与学的设计、开展和指导，影响学生的学习过程，改变学生传统的学习方式，实现激发学生自主思考，促进学生合作交流，提高学生学习兴趣，发展学生创新精神，培养学生应用意识和应用数学的能力，最终实现开设数学建模课程的教育目的。

我们的团队进行了大量的中学数学建模教学的相关实践，在实践中总结了不同时期的建模教学设计的实况、几种典型的教学模式、典型内容的案例；归纳了中学数学建模中如何展开教学指导、如何把握教学难度的问题；反思了数学建模的教育价值——对学生学习的影响，对教师教学的影响，对评价的影响，对学生发展的影响，对教师发展的影响，对教学资源发展的影响；并在全国高中数学教师新课程培训时对广大的一线教师进行了相关的问卷调查，分析中学数学建模课程中存在的问题，以把握实践的方向。

基于上述工作，我们对中学数学建模课程的理论建构提出了自己的看法，并对数学建模在中学的进一步发展进行了展望和初步的实践。相关的主要结果如下。

2.2.1　中学数学建模是一种具有其规定性的课程形态

中学数学建模课程是在教师引导下，学生自主进行的综合性学习活动，是基于学生的经验，密切联系学生自身生活实际、学习实际，体现对数学知识的综合应用的实践性课程。它以"问题引领、操作实践"为特征，包含数学建模的典型过程(提出问题和假设、建立数学模型、运用数学方法和计算工具求解，给予结果解释或赋予实际意义，判断结果是否符合实际要求，是否需要修订假设和模型、进入新的求解循环)，分为"选题、开题、做题、结题"四个典型环节。

2.2.2　中学数学建模课程的性质

它是一种经验性课程。作为一种课程形态，中学数学建模打破数学知识内部严密的知识体系和技能体系的界限，强调以学生的经验、学习实际和社会需要的问题为核心，以问题求解的需要为导向，对学生学过的数学学科内部和跨学科的知识、工具、方法、资源进行整合应用的课程，以有效地培养和发展学生解决问题的能力、探究精神和综合实践能力。

它是一种实践性课程。作为一种课程形态，中学数学建模尤其注重学生学习方式的转变，试图改变学生那种单一的以知识授受为基本方式、以知识结果的获得为直接目的的学习活动。提倡多样化、个性化、有时代特征的学习和实践，如网络搜索、问卷调查、计算机仿真实验、现场观察、合作探究等，强调"做数学、学数学、用数学"。因而，中学数学建模比其他任何数学课程都更强调学生对实际的活动过程的亲历和体验。

它是一种"问题引领"、向学生生活领域延伸的课程。作为一种课程形态，它的突出特征是围绕着一个学生能够提出、发现、解决、理解、拓展的问题或问题串展开的过程。因而，中学数学建模比其他任何数学课程都更强调"问题引领、问题意识和问题解决，强调数学的应用价值、数学与生活的联系。中学数学建模强调超越教材、课堂和学校的局限，在活动时空上向自然环境、学生的生活领域和社会活动领域延伸，加强学生所学的数学知识与自然、社会、生活的联系。

2.2.3　中学数学建模课程的目标、特点和核心理念

通过教师对数学建模有目标、有层次的教与学的设计、开展和指导，影响学生的学习过程，改变学生传统的学习方式，引导学生主动、自主地做数学、学数学、用数学，实现激发学生自主思考，促进学生合作交流，提高学生学习兴趣，发展学生创新精神，培养学生应用意识和应用数学的能力，最终使学生提升适应现代社会要求的可持续发展的素养。

中学数学建模课程首先是突出表现了数学学科的特点——应用的广泛性、理性精神和文化内涵，其次强调学生的自主性和实践性。课程本身的开放性和活动性也是其重要特点。

中学数学建模课程的核心理念主要有：

(1)做数学、学数学、用数学。

(2)数学学习要联系生活，要积累数学活动经验。

(3)给学生体现数学的"源"与"流"的学习过程。

(4)让学生动起来。

(5)"问题"和"问题意识"是关键。

2.3　数学建模的早期渗透——义务教育阶段的数学"综合与实践"

20 世纪末 21 世纪初，国际上一些有远见的科学家本着对未来的责任感，根据他们自身的科学实践经验，和教育界共同倡导了一项名为"Hands-on Inquiry Based Learning"的科学改革计划，旨在提高幼儿园和小学的科学教育水平，培育科学的思维方式和生活方式。

2001 年，教育部和科学技术协会共同倡导和推动了这项有重大意义的科学教育改革在中国开展，取名"做中学"(Learning by Doing)，即在幼儿园和小学中进行的基于动手做的探究式学习和教育(Hands On Inquiry Based Learning and Teaching)，此举对促进我国幼儿园、小学科学教育发展，实现素质教育的目标有着重要的推动作用。

在"做中学"科学教育中，让儿童亲自参与对物体和自然现象的发现(自然科学)，让他们通过观察与实验接触现实，以获得重要的科学概念和科学概念之间的联系：学会探究的技能；促进语言和表达能力的发展；保护孩子的好奇心和激发学习科学的主动性；激发想象力，扩展思维；改善合作和交往能力。

无论是数学建模还是科学教育的"做中学"，在不同地区、不同学段、不同层面上已经展开了很多实验，取得了很好的经验。

《义务教育数学课程标准(2011 年版)》中，将原来的"双基"增加到"四基"，增加了"基本数学活动经验和基本数学思想"。基本活动经验是指学生亲自或间接经历了活动过程而获得的经验。另外，《义务教育数学课程标准(2011 年版)》中在"数与代数"的内容中提出了"要初步形成模型思想"，对"综合与实践" 部分内容加以明确并提供了具体课例。上述变化正是课程标准对培养学生数学应用能力的举措。相比数学建模，综合与实践部分是学习数学建模的最初阶段，因此包含的内容更加基本、广泛。《义务教育数学课程标准(2011 年版)》特别提出了"模型思想""综合与实践"的内容。

1. 模型思想

《义务教育数学课程标准(2011 年版)》提出在"数与代数"的教学中，应帮助学生建立数感和符号意识，发展运算能力和推理能力，初步形成模型思想。模型思想的建立是帮助学生体会和理解数学与外部世界联系的基本途径。建立和求解模型的过程包括：从现实生活或具体情境中抽象出数学问题，用数学符号建立方程、不等式、函数等表示数学问题中的数量关系和变化规律，求出结果，并讨论结果的意义。这些内容的学习有助于学生初步形成模型思想，提高学习数学的兴趣和应用意识。

2. "综合与实践"部分与修订前相比变化

首先是目的和内涵进一步明确，统一了名称，给出了明确的定义："综合与实践"，是一类以问题为载体，让学生主动参与的学习活动，是帮助学生积累数学活动经验、培养学生应用意识与创新意识的重要途径。针对问题情境，学生综合所学的知识和生活经验，独立思考或与他人合作，经历发现问题和提出问题、分析问题和解决问题的全过程，感悟数学各部分内容之间、数学与生活实际之间、数学与其他学科之间的联系，加深对所学数学内容的理解。同时明确要求"综合与实践"应当保证每学期至少一次。三个学段"综合与实践"的要求和教学目标有了差异。

2.3.1　对综合与实践提出的目标和要求

通过综合与实践的教学，学生应该能获得适应社会生活和进一步发展所必需的数学基本活动经验；体会数学知识之间、数学与其他学科之间、数学与生活之间的联系，运用数学的思维方式进行思考，增强发现和提出问题的能力、分析和解决问题的能力；了解数学的价值，提高学习数学的兴趣，增强学好数学的信心，养成良好的学习习惯，具有初步的创新意识和科学态度。

具体阐述为：参与综合与实践活动，积累综合运用数学知识、技能和方法等解决简单问题的数学活动经验；在综合与实践活动中，发展合情推理与演绎推理能力，清晰地表达自己的想法；初步培养学生从数学的角度发现问题和提出问题，综合运用数学知识解决简单的实际问题，增强应用意识，提高实践能力；获得分析问题和解决问题的一些基本方法，体验解决问题方法的多样性，发展创新意识；学会与他人合作交流；积极参与数学活动，对数学有好奇心和求知欲；在数学学习过程中，体验获得成功的乐趣，锻炼克服困难的意志，建立自信心；体会数学的特点，了解数学的价值。

三个学段对数学"综合与实践"提出了不同的要求，具体如下。

在第一学段，通过综合与实践学生应能：

(1)能在教师的指导下，从日常生活中发现和提出简单的数学问题，并尝试解决。

(2)了解分析问题和解决问题的一些基本方法，知道同一个问题可以有不同的解决方法。

(3)体验与他人合作交流解决问题的过程。

(4)尝试回顾解决问题的过程。

(5)对身边与数学有关的事物有好奇心，能参与数学活动。

(6)在他人帮助下，感受数学活动中的成功，能尝试克服困难。

(7)了解数学可以描述生活中的一些现象，感受数学与生活有密切联系。

(8)能倾听别人的意见，尝试对别人的想法提出建议，知道应该尊重客观事实。

在第二学段，通过综合与实践学生应能：

(1)尝试从日常生活中发现并提出简单的数学问题，并运用一些知识加以解决。

(2)能探索分析和解决简单问题的有效方法，了解解决问题方法的多样性。

(3)经历与他人合作解决问题的过程，尝试解释自己的思考过程。

(4)能回顾解决问题的过程，初步判断结果的合理性。

(5)愿意了解社会生活中与数学相关的信息，主动参与数学学习活动。

(6)在他人的鼓励和引导下，体验克服困难、解决问题的过程，相信自己能够学好数学。

(7)在运用数学知识和方法解决问题的过程中，认识数学的价值。

(8)初步养成乐于思考、勇于质疑、言必有据等良好品质。

在第三学段，通过综合与实践学生应能：

(1)初步学会在具体的情境中从数学的角度发现问题和提出问题，并综合运用数学知识和方法等解决简单的实际问题，增强应用意识，提高实践能力。

(2)经历从不同角度寻求分析问题和解决问题的方法的过程，体验解决问题方法的多样性，掌握分析问题和解决问题的一些基本方法。

(3)在与他人合作和交流过程中，能较好地理解他人的思考方法和结论。

(4)能针对他人所提的问题进行反思，初步形成评价与反思的意识。

(5)积极参与数学活动，对数学有好奇心和求知欲。

(6)感受成功的快乐，体验独自克服困难、解决数学问题的过程，有克服困难的勇气，具备学好数学的信心。

(7)在运用数学表述和解决问题的过程中，认识数学具有抽象、严谨和应用广泛的特点，体会数学的价值。

(8)敢于发表自己的想法、勇于质疑、敢于创新，养成认真勤奋、独立思考、合作交流等学习习惯，形成严谨求实的科学态度。

2.3.2　综合与实践的教学关注点

和中学数学建模的要求一样，在综合与实践教学过程中，也要特别关注以下三个方面：①问题，即综合与实践要解决的问题一定要明确。在第一学段，可由教师给出问题，学生尝试解决，在第二学段，应鼓励学生自己尝试发现和提出简单情境中的问题，在第三学段，学生要初步学会在具体的情境中从数学的角度发现问题和提出问题。②过程，在综合与实践活动中，关注学生经历活动的整个过程是非常重要的，在活动过程中学生会有丰富的表现，可以据此判断学生的应用意识与创新意识等。③综合，在综合与实践中，综合是不容忽视的一个主要方面，这里的综合是指学生的综合发展、学科间的联系、数学内部知识的综合。

1. 综合与实践有助于培养学生的模型思想

模型思想的建立是学生体会和理解数学与外部世界联系的基本途径。建立和求解模型的过程包括：从现实生活或具体情境中抽象出数学问题，用数学符号建立方程、不等式、函数等表示数学问题中的数量关系和变化规律，求出结果，并讨论结果的意义。

2. 综合与实践是培养学生应用意识很好的载体

在义务教育阶段中，应用意识有两个方面的含义：一方面，有意识利用数学的概念、原理和方法解释现实世界中的现象，解决现实世界中的问题；另一方面，认识到现实生活中蕴涵着大量与数量和图形有关的问题，这些问题可以抽象成数学问题，用数学方法予以解决。

3. 综合与实践有助于培养学生的创新意识

学生自己发现和提出问题是创新的基础；独立思考、学会思考是创新的核心；归纳概括得到猜想和规律，并加以验证，是创新的重要方法。在综合与实践中，为学生自己发现和提出问题、独立思考、归纳猜想等提供了更大的空间。

2.3.3 综合与实践的教学环节分析

在义务教育阶段中，作为数学建模的前期渗透，开展综合与实践学习活动，包括和数学建模过程基本一致的四个教学环节。

问题引领——由教师或学生提出一个有价值的、学生可以实际参与的问题或问题串。

探求解径——在教师引导下，让学生通过分析、讲解、观察、讨论进一步明确题意，知晓相关数学知识或模型，提出比较合理、可行、有效地解决问题的思路或方案。

实践操作——学生们通过自主探究、合作学习、实验操作、观察分享、推证演算等实际操作环节，真实具体地解决问题。

交流评价——在教师的组织下，学生将自己或小组的解题的结果、求解过程的说明、求解过程中的学习体会和发现等报告或介绍给大家，使大家能分享成果和收获。同时可以方便教师和学生通过报告的过程展示，了解学生在解题过程中的思考、能力和作用、学习态度和水平，最终通过自评、互评，给出评价。

下面就这四个环节做进一步的说明。

1. 问题引领

"综合与实践"是一类以问题为载体、以学生自主参与为主的学习活动。在学习活动中，活动组织和设计的核心是"问题"或"问题串"。寻找好的问题，把求解问题的过程设计成学生便于理解、参与的形式，这是"综合与实践"教学设计的首要工作。

作为综合与实践载体的"问题"主要有以下两类。

(1)综合运用学过的数学知识和方法解决未曾遇到过的数学内部的问题。

(2)综合运用学过的数学知识和方法解决生活实践和其他学科中的问题。

如何选择好的"综合与实践"的问题？

作为综合与实践载体的"问题"来源可以有多种途径，可以利用现有的资源，如教材、教学参考书、专业网站，由教师选择、设计、提供，还可以利用动态的生成性的资源，如学生在学习过程中、生活过程中提出的问题，学生解决已有问题后提出的发展性问题等。教师要特别注意积累生成性的问题资源，它更有利于调动学生的学习积极性和参与度，提升综合与实践的学习活动的效果。

我们选择"综合与实践"的研究小课题或问题时应注意以下几点。

(1)所选问题应有研究价值和现实可行性，要考虑学生的年龄特征、知识水平和实际能力。特别是在第一学段，不要选择很难搞懂题意的问题，它会使综合与实践的效果大打折扣。

(2)有可能时，要能结合学生的生活实际和学生们关注的兴趣点。

(3)问题的求解过程要有利于学生理解数学，有利于学生综合利用所学知识，有利于学生个性和不同特长的发挥，有利于培养学生的合作精神和创新意识。

(4)通过问题的求解过程，可以给教师和学生一个学习和体验做"研究"的过程，帮助学生积累数学活动经验，也帮助教师在实施过程中观察发现学生的"闪光点"和问题，使综合与实践的评价可操作并有据可依。

2. 探求解径

确定了综合与实践的研究问题之后，不要忙着指挥学生立即做题。还有一个重要的环节是在教师的引导下，让学生通过分析、讲解、观察、讨论进一步明确题意，知晓相关数学知识或模型，提出比较合理、可行、有效地解决问题的思路或方案。磨刀不误砍柴工，准备的过程也是一个重要的方法学习、交流和渗透解决问题策略的过程。

这个环节的主要任务有以下几点。

(1)在教师的引导下，认真读题，师生一起分析、讲解、表达对题意的理解。

（2）在教师的引导下，分析与问题相关的背景知识、相关方法、数学模型或数学工具。哪些学过，哪些需要复习，哪些需要新学？

（3）在教师的引导下，师生、生生互相启发，互相发问，互相补充，提出一些比较合理、可行、有效地解决问题的思路或方案。

（4）明确求解的目标和结果的要求。

3. 实践操作

在这个阶段中，学生们要按照前面给出的解决问题的方案，具体地通过自主探究、合作学习、实验操作、观察分享、推证演算等实际操作环节，真实具体地解决问题。在这个阶段中，教师要努力注意观察学生的表现，及时帮助有困难的学生和学生小组，鼓励学生思考和创新，记录学生的真实解决问题的过程，发现其中的问题和生成性的课程资源（如学生的困难点、解题的问题、突破难点的方法、学生之间思维碰撞的火花等），进而落实课程目标的要求。

4. 交流评价

在学生通过自己的努力，基本上解决了预设的问题之后，综合与实践活动并没有结束，简单的教师评分常常会激励学生发展的动力和机会，我们应该充分利用这个机会。首先，我们应该给学生一个表达、展示、交流的机会，在教师的组织下，让学生将自己或小组的解题的结果、求解过程的说明、求解过程中的学习体会和发现等报告或介绍给大家，使大家能分享成果和收获。同时可以方便教师和学生通过报告的过程展示，了解学生在解题过程中的思考、能力和作用、学习态度和水平，最终通过自评、互评，给出评价。

第三章

开展中学数学建模的
几种主要模式

3.1 "双课堂"数学建模概述

近年来，国外数学建模向中学渗透得很快，每届国际数学教育大会都有专题讨论和报告，而在我国，中学数学建模教学才刚刚起步。高中数学新课程标准已经要求把数学建模作为每一个学生必须参与的学习内容，但实施中遇到了许多困难，主要是教师的观念落后、学生没有自主学习的体验、学习实践的资源匮乏等。北京市的"双课堂项目"就是解决这些困难的尝试和实践。

"双课堂"数学建模是北京市"深化教学方式改革与信息技术的科学应用"项目数学学科子项目的重要组成部分，是北京市对中学数学建模模式进一步推广前的一次实践，同时也是为了探索较为成熟的中学数学建模课程理论和实践经验而开展的。本节将首先介绍"双课堂"数学建模模式的产生背景及特点，然后再对"双课堂"数学建模课程的定位、内容选择、教学内容设计、教学程序实施，建模中过程性评价的设计和实施做具体的介绍，试图给将要开展中学数学建模的教师展示如何"教"的过程。

3.1.1 "双课堂"数学建模产生的背景

2007 年，北京市启动了普通高中新课程改革的实验。北京市基础教育课程改革领导小组，在整体规划的基础上，将涉及课程改革全局的重点难点工作设计成了 16 个重点研究项目，组织力量以项目推进的方式集中攻关。其中"深化教学方式改革与信息技术的科学应用"项目是16 个重点研究项目之一，主要特征为"借助于网络的虚拟教室"和"现实课堂"整合的教学模式(又称"双课堂"整合型教学模式，以下简称"双课堂"模式)，该项目由北京市教育学会牵头，有语文、历史、地理、音乐、数学学科参加实验。建模是数学学科子项目之一。

"双课堂"模式是教学方式上的一次新的尝试，原本是为了解决高中课程"选修模块"的教学困难而发起的。作为新课程最具特色和不可缺乏的组成部分——高中课程"选修模块"的教与学面临很多困难，主要有教师资源不足、教学组织困难等，直接导致了很多学校选修课程开设的困难。为此，北京市教育学会组建了由高端专家、学科专家和教学专家构成的三结合项目专家组来破解这一难题。项目专家组认真研究、总结了北京市信息化与教学结合的实践与经验（这些实践包括：2003年的"空中课堂"，2005年的"网上优质教育资源共享"，2006年的"信息化与学科（高中语文）教学优化"等），确认信息化工具的使用必定能够成为高中新课改的助推器，必定会在教学方式转变的过程中促进师生共同的发展。为此，北京市教育学会把高中新课程"选修模块"问题的解决着眼于网络资源的开发与实施，目标明确定位为："深化教学方式改革与信息技术的科学应用"，实施途径是"虚拟教室"与现实课堂的整合教学，简称"双课堂"模式。

2009年4月14日，由实践项目的组织者协同北京市教育委员会及教育部有关司局举办了"信息化与课堂教学方式改革"汇报交流会议，对第一期的工作做了总结，达成了以下共识。

(1)"双课堂"模式在不同学科中的相应实验，有助于学生自主、合作、探究学习方式的形成，有助于教师教学观念和教学方式的变革，实现营造和谐的教学环境，构建多元教学共同体的目标。

(2)"双课堂"模式利用数字化技术的存储功能和网络的交互功能，开发、存储丰富的选修课程资源，突破了新课程实验中课程资源不足的局限，为学生选择自己感兴趣的、适合个人学习发展的课程提供了可能性，能真正实现选修课程的选择性。

(3)"双课堂"模式利用网络的独特功能，突破时间和空间的限制，可以实现学生跨班级、跨年级、跨校、跨区域选课，一定程度上解决了校间、区域间发展不均衡问题，建立了优质教育资源的共享机制，为个体学生平等、自由地选课学习提供可能性，同时也解决了因校舍条件限制所带来的"走班制"难题和选修课课程管理的难题。

（4）"双课堂"模式利用网络学习平台的独特功能，完整地记录和呈现学生的学习过程，为突破学生学习的过程性评价的难题提供了可能，有助于完善学生学习评价系统，促进综合素质评价的有效实施。

上述共识，说明了"双课堂"模式的实践工作对于"信息技术的科学应用和高中教学改革"有着奠基性和开创性的意义。

数学项目是北京市高中新课程"双课堂"项目的重要组成部分。数学项目组自 2008 年 10 月起，选择"数学建模"和"矩阵与变换"两个专题，先后进行了 23 次课程的设计和教学实施的研讨会，并选择了 6 所实验学校进行了第一轮具体实验。在本轮试验中，以北京大学附属中学附中为首的四所学校(北京大学附属中学、北京市第十五中学、北京市第十九中学、北京经济技术开发区实验学校)参与了数学建模的实验。到 2011 年 6 月进行了两轮实验。具体有关"数学建模"部分的实验内容，将在下文加以详细的阐述。

3.1.2 "双课堂"的特点

"双课堂"的教学模式契合了新课程所倡导的教与学的方式，是新课程理念实现的一条有效途径，其实践模式在很大程度上实现了在现有学校格局不变的情况下，资源共享，解决了很多学校教学力量、教学资源不足以至于开不出选修课的客观困难，其主要特点如下。

1. "双课堂"保持了现有的班级教学形式

"双课堂"结合"虚拟教室"与现实课堂，其"虚拟教室"是凭借网络开发出来的教学专用工具，主要功能包括：为师生分学科提供可选择的选修模块资源；为师生提供彰显个性化学习的合作探究空间；师生利用这一空间进行学习的结果，整合生成新的供师生共享的教学资源；学生在"虚拟课堂"的学习过程可得到同步完整、准确的记录。

"虚拟教室"不同于一般网络平台的主要特点在于保持了学校教学格局和教学秩序正常运转的班级教学形式，便于与现实课堂举行有效的对接，从而实现有效的教学管理。"虚拟教室"与现实课堂互补整合，可使自主、合作、探究的学习过程形成完整链条，从而全面提高教学质量，推进素质教育；其对学习过程的记录又为学生的过程化评价提供了依据。

"双课堂课程"借助其特有的教学开展方式，努力解决从选修向必修延伸中的实际困难。通过"双课堂结合、问题引领、自主学习在先"的教学实验，探索影响学生改变学习方式、提高教学效率的可行性和实效性，落实新课程的核心理念。

2. "双课堂"促进了教育资源的优化配置

"双课堂"的整合在一定程度上实现了优质课程资源的多维、多向的交流与共享。在保持学校教学格局和教学秩序正常运转的同时，学生选修课的学习突破了课时、教室、校园围墙和地域的时空限制，分属不同区域、不同发展水平学校的学生实现了跨班级、跨年级、跨学校、跨区域的选课，一定程度上实现了教育公平。

另外，上述的教学形式促使多主体参与课程建设和学习共同体的组织特征在"双课堂"初现端倪。由于有了借助网络所开展的"虚拟教室与现实课堂整合"的操作模式，课程资源共享机制初步建立了起来。借助网络，教育资源不再是高中示范校向普通完全中学、农村学校单向地输出所谓"优质资源"，在双课堂的选修课教学实验中，所有专家、教师、学生甚至家长可以共同参与建设课程，这些变化都向我们显露一种具有开放性、生成性的新的课程形态和课程文化，对于今后进一步研究和开发高中选修课程，甚至必修课程都有重要的启迪作用。

3. "双课堂"对教与学的影响

"双课堂"的教学模式将形成不同于传统课堂的教与学的关系。"双课堂"致力于为全体学生提供多样化、可选择的学习内容，倡导积极主动、勇于探索的学习方式；通过双课堂的平台，整合信息技术与数学课程，提高教学效率和学生在学习活动中的参与程度；努力建立更有效合理、科学的评价体系；发展学生自主的学习能力和创新精神。

在这种模式下，学生呈现出最本真的学习状态，可以直接反对，可以拒绝发言，甚至可以中途退席。它能更大程度上实现自主合作的学习，学习主要依靠自己，学习的自由度大大增加，教师更大程度上成为学生学习的指导者、帮助者，是学生学习的伙伴。在双课堂的教学中，教师们开始从学生需求和兴趣出发设计教学过程，开始把尊重和满足学生的学习需要作为教学活动设计的起点，开始"放手"让学生自主、合作、探究地去学习，开始注意抓住时机，及时指导，精心推动学生自主、合作、探究的学习。在教学过程中，教师的角色由"决定者""评判者"转向"帮助者""指导者"，从"重结果"变成"重过程"。这种教学模式，将直接影响到教师的教学观念和教学方式，给教师带来一种全新的教学体验。

3. 1. 3 高中"双课堂"数学建模课程的目标和理念

"双课堂"(虚拟教室和现实课堂结合)开发选修模块资源的构想和语文、地理等学科的成功实践给我们带来了很大启发。在北京市教育学会"8530 计划"的领导和指导下，我们于 2008 年 10 月开始了高中数学建模"双课堂"课程的设计和实践，试图基于网络找到中学数学建模可操作的教与学的形式，解决前面提到的困难，真正实践新课程的目标。为此，我们设计高中数学建模"双课堂"课程的定位如下。

1. 努力实践数学新课程中的以下几条核心理念

努力为全体学生提供多样化、可选择的学习内容；倡导积极主动、勇于探索的学习方式；发展学生的数学应用意识；注重信息技术与数学课程的整合；努力建立合理、科学的评价体系。

2. 努力解决数学建模进入高中数学课程中的实际困难

探索通过两种课堂的结合，实施数学建模教学活动的可能，积累在较大范围内开展建模教与学的经验，落实课程标准中对数学建模的要求。

3. 作为一种基于网络的数学课程探索在一些关键点上能有所突破

(1)为师生提供较为丰富的学习资源。要充分利用数学建模过程生成的大量生动具体的教学、学习资源，形成校本教研的课题和新的资源包，为课程今后的发展蓄能。

(2)帮助教师探索新的教学和学习的方式，引导和组织学生学会独立思考、分工合作、交流讨论、寻求帮助，成为学生的合作伙伴和参谋。努力为师生双方的发展搭建平台。

(3)在数学建模活动中，鼓励学生使用计算机、计算器等工具。在实际教学过程中，探索人机结合、人网结合的有效途径。

(4)作为数学的活动课，探索有效的操作模式、学习模式、指导模式、评价模式、资源筛选扩充模式等。通过课程的引导，帮助学生建立良好的学习习惯，主动学习，引导学生提出问题，特别要鼓励学生从自己生活的世界中发现问题、提出问题。

(5)作为可视的成果，教师应指导学生完成数学建模报告。报告中应包括问题提出的背景、问题解决方案的设计、问题解决的过程、合作过程、结果的评价以及参考文献等。

(6)作为评价改革的试验探索，要借助网络完成过程评价、生生评价，在个性展示、扬长、创新等方面争取有所突破。

经过多次讨论，我们确定了如下中学数学建模"双课堂"课程的核心操作理念：问题引领、先学后做、化教为助、组间碰撞、网上交互、实课解惑、资源累加、共同发展。

其中，"问题引领"是指数学建模"双课堂"课程是围绕问题开展的，让学生在发现问题、分析问题、解决问题等过程中学习。"先学后做"从教师的角度来说是指数学建模课程中有很多不为教师熟知的知识，需要教师经过学习才能开展教学。从学生的角度来说，数学建模要解决的问题需要学生独立摄入大量课本上没有的信息和知识，才能更深刻地理解问题，进而建立模型，解决问题。"化教为助"是指在我们的数学建模课程中，教师在传统的教学中以教为主的定位改变了，变为学生学习的辅助者、指导者、引领者。"组间碰撞"是指在数学建模学习中，学生将以小组的方式开展学习，小组之间将在不断交流中提升。"网上交互"是指师生将通过网络密切保持联系与交流。"实课解惑"是指教师将在现实课堂中解决一些典型有代表性的学生困惑。"资源累加"是指我们将不断积累资源为以后的教学所用。"共同发展"是指在数学建模"双课堂"的实践中，我们追求教师和学生共同发展。在中学数学建模"双课堂"课程中，我们始终围绕上述操作理念开展实践。

3.1.4 高中"双课堂"数学建模课程的内容设计总框图

高中数学建模"双课堂"课程分为常规课程和拓展课程，如图 3-1 所示。

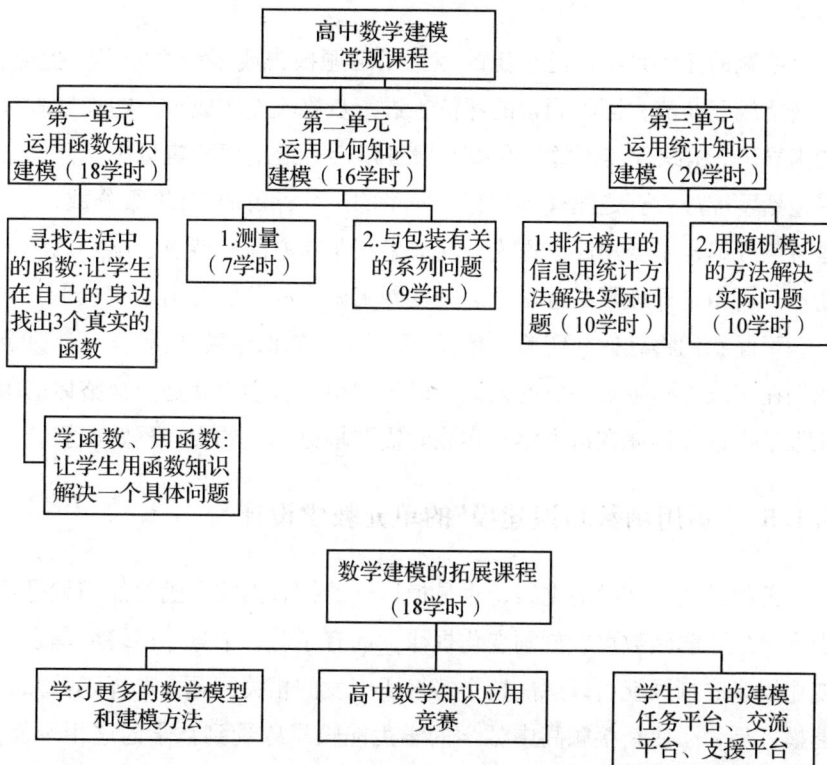

图 3-1 "双课堂"课程分为常规课程和拓展课程

常规课程共有 3 个建模单元，每一个建模单元模块基本由四个环节组成，分别是选题、开题、做题、结题。

选题的任务是学习阅读资料包里的相关文献，梳理知识，形成问题，在小组里交流，最后形成小组集体打算做的小课题。

开题的任务是经过小组内外的学习讨论，对于后面要做的工作有一定的认识，对可能的结果有一定的估计。初步梳理出解决本组提出问题的想法，或技术路线，或初步的实施方案，最后形成一个开题报告。

做题的任务是全组分工合作，按前面设计的实施方案真实寻求结果的过程，可以集体多次讨论、网上求助、进一步学习、反复查找相关资料、选择合适的工具、实施测算、撰写报告等，最后形成一系列的成果，如表示结果的数据公式、文字报告，软件、照片或视频、实物模型等。

结题的任务是将自己小组的成果用结题报告或小论文的形式提交，在网上相互交流，回收同学的评价，进一步修改充实成果。在指导教师的指导下，组织现实课堂的交流汇报答辩会，给出评价意见等。评价结果包括两部分：一是建模过程完成质量的定性评价成绩(等级分数)；二是特色成绩，主要用评语方式表现成果在某些方面的特点、出彩点、创新点。可由指导教师结合学生之间在网上做出的评价给出。

下面我们将具体介绍第一单元"运用函数知识建模"的教学设计以及我们在实践过程中对评价的设计。以下的单元教学设计是一个整体的单元教学设计，具体在每个学校实施时需要根据本校的安排再做调整。

3.1.5 "运用函数知识建模"的单元教学设计

函数是高中数学的主线，也是模块一的核心内容。函数建模就是要引导学生了解函数可以刻画变化规律，而有了对一个具体情境所蕴含的变化规律的刻画就可以解决这个情境所引发的相关问题。选择函数知识建模，是为了使新接触高中数学的学生能较早感受到数学的应用价值，从而能较早影响学生学数学的方式。

这个单元可分为以下四个环节。

第一环节：阅读、选题(4 学时)

【目标及任务】

1. 通过阅读网上给出的函数建模包中的文章，加深对函数的理解。

2. 能够独立找到几个真实的函数。

3. 组成合作小组，明确分工，确定成员任务。

4. 各小组评价他组的工作，并选定一个本组数学建模的问题。

5. 积累阅读理解、发现提出、选择确定研究问题的经验。

【具体步骤和学习要求】

内容及学时	学习活动	相关要求	学生作业
真实课堂 （1学时）	介绍什么是数学建模，它的特点、要求、作用	请前几届的学生介绍他们的成果和感受，明确方向，提高信心	无
网上阅读学习 （1学时）	阅读课程提供的函数相关资料	能够识别各种函数，加深对函数的认识	作业1-1
发现函数 （0.5学时）	每一个学生独立寻找三个"真实的函数"	说明在哪里发现的函数，它们是什么类别的函数	作业1-2
网上网下结合的小组交流 （1学时）	1. 成立学习小组 2. 网上提交小组成果 3. 交流评价 4. 自我评价	1. 根据兴趣结成3人课题组，并确定课题组的组长和各自的职责 2. 小组讨论，选择本小组最具代表性的函数作为本组最终成果，说明选择的过程和结果，网上提交 3. 选择1~2份其他小组的作业，独立发表自己的评论 4. 对自己的学习过程和成果进行总结和评价，提交报告 评价的要点： (1)过程完整，每一个过程的报告均有 (2)结果科学(真是函数关系)、完整(类别的判定正确)，能够涉及比较重要的类别 (3)有自己的创意(找到比较新奇的函数关系，函数关系的表现有特色或创意等)且对自己和别人的评价比较准确到位	作业1-3 作业1-4 作业1-5

续表

内容及学时	学习活动	相关要求	学生作业
确定选题 （0.5 学时）	最终选定本组用函数模型试图解决的问题	组内成员共同研究，从所提供的一批问题中选择要解决的问题，或者自己确定其他要解决的问题	

作业 1-1：我学习函数相关资料的收获。

姓名	
主题	学习函数相关资料的收获
我对函数的认识、对几类函数性质的归纳整理	
我提出的问题	

作业 1-2：我找到的"函数"。

姓名	
主题	我在真实情境中找到的函数
第一个是：	寻找过程，类别说明，它为什么是函数关系？
第二个是：	寻找过程，类别说明，它为什么是函数关系？
第三个是：	寻找过程，类别说明，它为什么是函数关系？

作业 1-3：我们组的成果——我们找到的三个"函数"。

我们组的成员	
主题	我们组最有代表性的成果
第一个是：	寻找过程，类别说明，它为什么是函数关系？
第二个是：	寻找过程，类别说明，它为什么是函数关系？
第三个是：	寻找过程，类别说明，它为什么是函数关系？
说明为什么要选这三个？	选择或加工的依据、想法是什么？

作业 1-4：看至少两组别人的成果，独立给出你的网上评论。

作业 1-5：我的评价报告。

姓名	
主题	我的评价报告
我对自己的成果的评价是：	优点，还可以发展哪些方面？
我认为最好的结果是：	好在什么地方？
我找出的函数有可能用在其他什么地方？	给出你的猜想？
我打算用函数模型解决的问题是(交小组讨论最后确定小组的课题)：	

【给教师的操作建议】

1. 建议第一节课要在真实课堂中通过具体的案例，如"七桥问题"等向学生介绍什么是数学建模，它的特点、要求、作用。最好请前届的学生介绍一个具体的参加建模活动并取得成果的全过程，并介绍他们参加建模活动的感受，使学生明确方向，提高信心。

2. 在"阅读发现"环节，建议依据学生的基础，提出阅读建议(如你读的某一实际问题的条件是什么？要解决的问题是什么？有哪些量？它们之间有什么依赖关系？条件取舍的理由是什么？运用了哪些数学知识解决了这一问题？如果是你解决这一问题，你是否有其他的解决办法？等。希望以此激励同学们通过阅读发现可以继续研究或探索或改进的问题)。

3. 在"小组交流"环节中，可以安排网上交流，也可以根据实际情况深入小组进行实践指导。鼓励学生在交流中谈自己对函数的理解、认识、应用；谈目前遇到的困难等。教师根据具体问题做适度的、策略性的指点，特别注意不能代替学生思考。

4. 引导学生之间相互评价。教师依据学生交流的问题，提出评价要素(如问题陈述、选择问题求解的策略、问题解决的方法、得到的结论等)。

5. 教师对学生选择题目的可操作性要做出评价，若学生难以驾驭，应及时引导做适当的调整。

第二环节：开题、报告(3 学时)

【目标及任务】

1. 通过对问题及问题解决思路的梳理，使学生明确所选择的问题是函数模型。

2. 通过开题，能够说明本组研究所借鉴之处和突破点。

3. 完成并提交开题报告，并通过小组间开展的相互评价，修改完善开题报告。

4. 积累学习讨论、观察思考、设计解决问题方案的经验。

【具体步骤和学习要求】

内容及学时	学习活动	相关要求	学生作业
设计方案 （2 学时）	1. 组内成员深入讨论，共同设计课题方案 2. 撰写开题报告	1. 开题报告中应包括以下几个方面 (1) 选择此问题的原因及意义 (2) 小组分工 (3) 解决问题的可行性分析 (4) 解决问题的思路和步骤 (5) 可能会出现问题的预测及解决办法 (6) 预期的结果 (7) 参考文献 2. 撰写开题报告	作业 2-1 （开题报告）
真实课堂 交流开题 （1 学时）	提交报告，交流展示，修改报告	1. 提交并在全班做开题报告（5～10 分钟） 2. 就其他同学的提问答辩 3. 观察学习别的组的开题报告，参与网上讨论，给予评价反馈，提供帮助或接受帮助 4. 吸纳教师或他人对开题报告提出的建议，修改后再次提交	再次提交修改后的开题报告

作业 2-1：我们组的开题报告。

组及成员	
成员分工	
我们试图用函数解决的问题	
选择此问题的原因及意义	
问题可行性分析	
解决问题的思路和步骤	
可以会出现问题的预测及解决办法	
预期结果	
参考文献	
网上求助情况	

【给教师的操作建议】

1. 开题论证环节可以安排一次真实的课堂活动或利用课余时间，以小组为单位，每组介绍主要环节(选择的题目、文献检索、要解决的问题、可能用到的数学知识、没有想清楚的问题等)。教师及倾听的各组学生均可以提出评价建议。

2. 教师组织部分学生审阅学生提交的开题报告，帮助判断所选问题的"可做性"和步骤的"可行性"，对方案提出修改建议。

3. 建议用一节"真实课堂"交流开题报告，现场点评学生的报告，帮助学生迈好第一步。在这一过程中不轻易否定学生的开题，不刻意挑学生的毛病，可以提出思考问题和进一步的阅读建议，容许学生做进一步的调整和修改。

4. 这是学生第一次自己选择一个课题研究，教师鼓励、容错的态度是第一位的，要引导学生在互相学习、发问质疑的过程中，推进生生评价，实现自我发现问题，自我完善开题报告。

第三环节：建模、解模(8 学时)

【目标及任务】

1. 经历数学建模的过程，实际解决一个问题，形成结题报告。

2. 体验分工合作共同解决一个问题的过程，学会必要时交流与求助。

3. 积累分工合作、选择工具、挖掘信息、应用数学解决实际问题的经验。

【具体步骤和学习要求】

内容及学时	学习活动	相关要求	学生作业
网上网下合作学习完成建模过程（8 学时）	1. 按照开题设计中的思路和步骤，小组成员分工合作，共同完成建模的过程，初步形成结题报告 2. 网上提交电子版的成果	1. 注意留存过程中的相关数据、图片等资料，并做好全过程的记录，尤其是遇到问题如何改进的方法 2. 小组成员要发挥各自特长，充分展示个人的创造，提高合作效率 3. 遇到困难和问题，本着先组内讨论解决的原则，无法解决时将问题上传，寻求教师及他人的帮助	作业 3-1（结题报告）

作业 3-1：我们组的结题报告。

组及成员	
我们要解决的问题概述	
我们解决问题的思路	
前期的学习和资料工作	
分析求解的主要过程（数学模型），使用的工具	
我们得到的结果和对结果的分析	
小组成员的分工和主要贡献，工作的感受	
得到的帮助和致谢	
主要参考文献	

【给教师的操作建议】

1. 教师应通过网络了解学生对数据处理的方法，对有困难的学生给予及时的点拨或是恰当的指导，解答学生提出的问题。对于那些教师也不能回答的问题，例如，涉及其他学科的知识，教师应努力向其他学科的同行请教，给学生一些求教的建议或将结果转告学生。

2. 在学生的建模实施过程中，教师可以适时安排一次面授课程，给予方法和资源方面的帮助，集中解决学生遇到的困难。(不做硬性要求，根据实际情况而定)

3. 建议用一节"真实课堂"交流工作进展、困难问题、对策等，现场点评，帮助学生解决过程中的困难。

4. 这段任务是学生容易产生困难和动摇的时期，教师要通过网络及时帮助鼓励学生，给学生一些具体的指导和帮助。必要时可以加长这个过程的时间。

第四环节：结题、交流(3 学时)

【目标及任务】

1. 将完成的建模成果(小论文)在班级中讲解交流。

2. 通过自评和互评，让学生明白好的数学建模成果应具备的几个特点。学会欣赏他人的建模成果。

3. 积累总结反思，提炼成果，表述交流，相互评价的经验。

4. 教师结合学生互评给出定量的学习成绩和评语。

【具体步骤和学习要求】

内容及学时	学习活动	相关要求	学生作业
上网提交结果，并完成互评(1 学时)	学习别人的成果，在网上发表自己的评论	要认真阅读学习他人的成果，注意评价的正确和深入	作业 4-1
"真实课堂"的结题报告并交流总结(2 学时)	在结题总结会上，学生之间进行交流，并对自己和本小组的工作进行总结和自我评价	评价的要点是：过程的完整性，每一个过程的报告均有；对自己和别人的评价比较准确到位	作业 4-2

作业 4-1：至少看两组别人的成果，给出你的网上评论。

作业 4-2：我的评价报告。

姓名	
主题	我的评价报告
我对自己的成果的评价是：	优点是： 还可以发展和改进的地方是：
我认为其他同学的好的结果（论文）是：	
我发现或提出的新问题是：	

【给教师的操作建议】

1. 教师应组织一次"真实课堂"的成果展示报告会，对建模成果进行总结和交流。

2. 每组报告的时间要有一定的限制，对报告的内容教师要提出建议(如怎样发现和确定题目的、研究的过程、研究的成果、介绍合作经历及体会等)。目的是让更多的学生通过他人的报告而受到一种自主学习的教育、一种培养数学知识应用意识和创新意识的教育。同时也受到来自同龄人的启迪和鼓舞，认识到学习数学知识是有用的；树立自己也可以写论文，自己也可以发现身边的数学问题并应用已有的数学知识和方法去解决实际问题的观念和信心；进一步培养学习数学的兴趣，并由此悟出学然后知不足的道理，从而激发更强烈的求知欲望，更加刻苦主动学习数学知识的热情，积累运用数学知识解决实际问题的经验。

3. 教师对成果进行整理，给出成绩(包括恰当的、客观的、富有激励性的评价)。同时建议将优秀成果做成下一轮学习的资源。

3.2　北京大学附属中学的实施模式

随着教育教学改革的不断深入，教师和学生完全有机会成为课程的创造者和主体，来共同参与课程开发的过程(如本次数学建模选修模块的教学活动)。教学不再只是课程传递和执行的过程，而是课程创新与开发的过程。教学过程因此成为课程内容持续生成与转化的过程。在这个过程中，师生双方相互沟通、相互启发、相互补充，分享彼此的思考、经验和知识，交流彼此的情感、体验与观念，丰富教学内容，求得新的发现，从而达成共识、共享、共进，实现教学相长和共同发展。

网络平台是实施有效交流的很好的平台，它使参与讨论者(应注意的是这些参与者不只是本组教师，还有学生、家长等教育活动中的相关人员)在活动中有了更多的话语权。在网络环境下，不但能做到人人参与，各抒己见，畅所欲言，表达自己真实的感受，交流密度高，交互面广，而且还突破了时空限制，让参与者有充分思考的时间，所发表的观点有见解、质量高，很重要的一点是还能克服面对面交流的诸多弊端。相较于传统的教研活动方式，参与者更多了几分自由的感觉。同时网络教研的进行不仅是一种集体学习、集体反思的校本教研，还是所有教师都参与共同交流、共同分享的一种崭新的学习方式。学校硬件设施的不断完善，使这种方式的交流越发便捷，另外教研组对"信息技术作用于讨论"已做了一些有益的尝试。

上述通过搭建交流平台促进教师个体发展的构想，应通过各种机会不断加以实施，才不会出现纸上谈兵似的空想。也正是基于这种考虑，我们实施了市教委关于"数学建模选修课程网络实施"这样一个课题。

我校关于"数学建模选修课程网络实施"已经开展了两轮，针对两轮实施的总体过程均按以下流程展开。

学生数学建模活动是在作业指导下，通过辅导教师的帮助完成的，四个单元作业的作用主要是将各种关系(学生与学生、学生与辅导教师、学生与家长、辅导教师与家长等)联系起来，进而形成教育的合力。基于这个设计，下面对作业进行的设计构想加以说明。活动实施阶段的操作说明如图 3-2 所示。

3.2.1 双课堂数学建模实施一——启动和预热

这一部分的内容，对于以前没有接触过数学建模或者基础薄弱的学

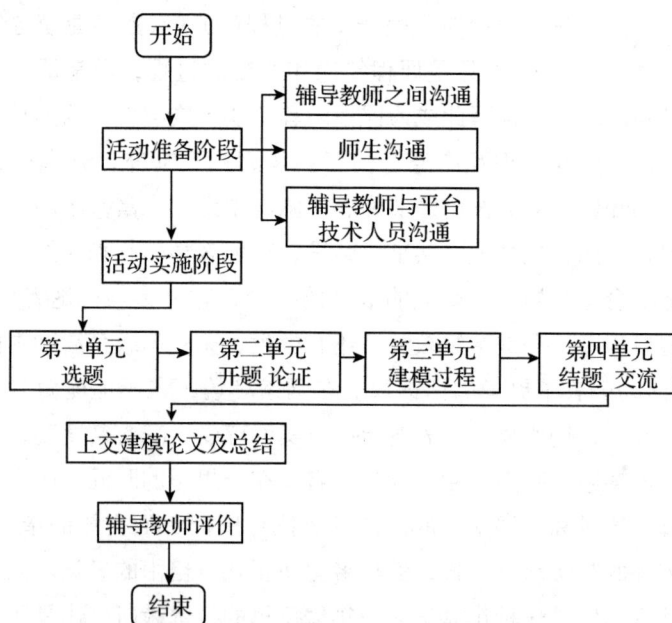

图 3-2 数学建模选修课程网络实施流程图

生来说，是不可或缺的，只有经过预热阶段的学习，学生对数学建模才会有基本的了解，才能顺利进入数学建模的正式阶段。对于已经很熟悉数学建模或者学习能力较强的学生来说，教师可以据情况减少或者跳过这一阶段，直接进入下一阶段的学习。北京大学附属中学高一年级的全体学生均参与了这个课程，启动会安排了一次年级大会，请张俊强老师介绍了数学建模的基本情况、学习意义、学习要求、往届学生的成果，并做了一个动员。全体学生在网络平台完成注册、组班后，马上投入到网上学习中，可见往届生的成果对学生们的激励作用比较大。

3.2.2 双课堂数学建模实施二——从网上学习到完成选题

第二阶段首先进行了网上学习，目的是让学生了解函数建模的方法，给学生一个直观的最终目标——每一个学生小组完成一个数学建模的小论文。为此我们为学生准备了两类学习资源：一类是结合教材的阅读材料介绍各类函数的简单应用，还有一类是往届学生在北京市数学知识应用竞赛中的函数应用方向的获奖论文。这一阶段的学习，对学生的数学阅读能力是一个挑战，对于基础较好的学生，教师的教学介入不多，但需要密切关注学生阅读的效果。对于基础较差的学生，教师采取了各种方法，比如增加组织学生讨论的次数；将资料修改得更有趣，以吸引学生的注意；及时关注学生的情绪，及时鼓励；降低作业难度等措施来保证学生学习的继续。图 3-3 是我们提供给初学函数建模学生的部分资源目录。

My Documents\北京市双课堂项目\数学建模的资源包\函数建模的资源包	
名称	大小
实际问题与反比例函数	248 KB
二次函数的有趣性质及其应用	27 KB
二次函数的又一个有趣性质	29 KB
分段函数出现在正方形被扫过之后	1,313 KB
函数的应用一课案例	185 KB
换个角度看复利计息公式	27 KB
教你如何学习初等函数	683 KB
利用反比例函数的性质解题	247 KB
利用自定义函数求解一个与方程根有关的问题	41 KB
连续的本息计算公式及其应用	16 KB
我国居民储蓄函数模型的建立与分析	76 KB
一次函数的实际应用	211 KB
一种简捷而又有趣的绘制函数图像的方法	48 KB
怎样解实际问题中的函数图像选择题	217 KB
函数的来历	239 KB
例谈函数的应用问题	63 KB
图文并茂的一次函数题	323 KB
从图像想情景	45 KB
分段函数	77 KB
函数探究	16 KB
刹车距离	71 KB
田径场上起跑线的设置	17 KB
研究性课题	21 KB
应用习题	241 KB
怎样选择广告上的优惠计划	35 KB
指数函数引入2	42 KB
指数函数引入	22 KB

图 3-3 部分资源目录

学生可以对提供材料的全部或部分进行学习，学习之后可以发表自己的评论。本阶段网上学习的目标是引导学生自己用函数的眼光看世界，结合作业从生活中寻找的三个实际函数，分小组讨论，提出最有代表性的成果。在学生提交开题报告的作业之前，北京大学附属中学的李宁老师为学生增设了一个类似读后感的作业 2-0，来考查在上一个阶段学生自己阅读学习优秀建模论文的情况。类似的作业可以让教师了解学生的学习理解程度，发现学生学习的诸多问题和闪光点。下面举一组学生的有关作业 2-0 完成的例子，未分析作业 2-0 设计的思路和学生完成的情况。

作业 2-0：学习往届生的小论文，谈认识和收获，找问题。

组长姓名	李禹琦
1. 成员分工	本次作业完成过程中的分工情况： 　　于金莉：认真阅读过论文，完成此报告中的第五部分"论文的启示与感受"； 　　吴馨如：认真阅读论文后，经过全组讨论商榷，完成此报告的第六部分"论文内容 问题延拓"； 　　李禹琦：组内分工，并在阅读论文、与组员商讨后完成第二、三、四部分。
2. 主题	《如何使风筝飞得更高》读后感
3. 文章结构（含关键词）	关键词：风筝，流体力学，扬力，上下表面风速，能量守恒，驱动力。 一、问题介绍 二、背景资料——风筝为什么能飞起来 (1)风筝的升空；(2)流体力学公式；(3)风速，风具有的"风力"。 三、猜想影响因素 四、模型建立 1. 问题分析 2. 模型假设 3. 模型建立 第一步：推导总压力、扬力与风速、角度的关系； 第二步：推导上下表面的风速； 第三步：代入上下表面的风速，计算扬力； 第四步：讨论风筝高度与风筝倾斜角度的关系； 第五步：讨论风筝高度与风筝质量的关系。 4. 模型检验 五、问题的结论 六、反思与问题的引申（结论的再应用）

续表

4. 论文被选理由	
4-1 论文题目	如何使风筝飞得更高
4-2 论文结构	本篇论文开头处有十分清晰的文章结构，使阅读者在初看之下就有比较清晰的对于此论文的认识，为之后的学习与研究提供了明确方向。 在建立模型的过程中先分析再假设，最后才确定模型，体现了其严谨的科学研究态度，也清晰地展示了他们个人的探究思路。
4-3 被选理由	问题提出过程(数学工具选择、可行性分析)：在我看来，论文的数学工具选择上大量采用图示的方法向阅读者展示了风筝的受力情况，与物理学科相结合，达到融会贯通。且大部分图示均为作者使用绘图工具画的，体现了作者的独立自主。论文还巧妙地运用许多物理公式，用正反比的思想解答问题。风筝是生活中常见的娱乐用品，因为作者充分考虑了放风筝时的各种影响因素(风筝的表面积、风力和放飞角度)，所以可行性大大加强。在问题解决过程(含数据收集、数据整理、工具运用等)中，作者在论文中大量使用设未知数的方法，使公式看上去更加简明，也在探究正反比方面奠定了基础。作者熟练运用几何画板工具绘图，将函数图像清晰而准确地呈现在读者面前，避免了手绘的误差。在数据整理中，作者巧妙地忽略了风筝线的重力，以达到计算简便的目的。而且风筝线重力确实对实验结果影响不大，这很大程度地启示我们可以通过忽略一些细枝末节来使操作和计算更加简便。这着实是明智之举。 结论得出等方面论述：结论叙述简明，并且做了很大程度的延伸。
5. 论文的启示与感受	这篇论文给我的启示与感受：春天春风袅袅，碧空如洗，寒气渐消。这时，如果抬头观望，常常会看到两三只色彩鲜艳的风筝，在湛蓝的天空中飘荡。放风筝对于我们来说是司空见惯的事，然而作者却从这里切入，思考怎样才能使它飞得更高。他从角度和风筝的质量等方面做了极其细致的探究，最后得出了比较全面的答案。而我们对于生活中藏着的数学问题有多少是视而不见？又有多少是仔细地思考了？其实运用数学知识的我们可以发现很多规律，找到更好的方法去做一些事，从而提高生活的质量，所以要善于发现问题，做个有心的人。

	学习了这篇论文，我觉得作者的研究问题的方法也很值得我们学习，先是问题介绍，背景资料，然后猜想影响因素、模型建立问题的结论、反思与问题的引申。运用了大量实验数据和查阅的资料，并且运用了画图研究、公式推导等方法，深入且有理有据。尤其是反思与问题的引申，对于生活中其他问题也用得到的结论给予解释，使人读完学到很多东西。要做好一篇论文，就应该有作者这样的钻研精神，不怕困难。以上就是我得到的启示和感受。
6. 论文内容问题延拓	欣赏完有关《如何使风筝飞得更高》的论文，概述此文内容如下： 1. 首先由风筝是我国的文化瑰宝写起，然后引出问题：如何使风筝飞得更高？ 2. 通过查资料，作者了解到 (1)风筝之所以能飞起来的原理：风的推力即扬力； (2)流体力学公式静压能与动能的转化公式； (3)风力(由风速引起)。 3. 进而猜想到风筝飞行的高度或许与风筝与地的倾角及风筝质量有关 4. 作者通过对问题的分析，设出相应物理量，开始探究 第一步：做出受力分析 第二步：根据贝努利方程推导总压力、扬力与风速、角度的关系 第三步：推导上下表面的风速 第四步：代入上下表面的风速，计算扬力 第五步：讨论风筝高度与风筝倾斜角度的关系 第六步：讨论风筝高度与风筝质量的关系，并画出图像，对图像分析后得出结论 5. 作者通过自己放风筝实验，并记录数据，严谨分析，结果与结论基本吻合，但也有少量局限性，如风速的稳定及风筝必为菱形等 6. 阐述结论 (1)风筝与水平线夹角为 $45°$； (上下 $10°$ 波动，视风筝具体类型而定)同类型风筝越大(质量越大)，所能达到的最大高度越大，质量太小的风筝根本飞不起来。 (2)流体中倾斜物体的受力情况。

	7. 进行反思
	发现以上公式在多方面有应用，并且初步解决了一些生活中的问题，如飞机起飞问题、鲨鱼袭击问题、游泳问题、滑行伞问题、赛车车盘问题。
	8. 完结本篇内容，列出参考文献等
	欣赏后，关于问题的拓展：这个问题还可不可以更加深入地研究以解决现在社会中人们最关心的问题？比如，航天航空方面等。

　　可以看出，作业 2-0 的第一项可以帮助学生对任务进行分工合作，第三、四项可以培养学生的阅读技巧，第五、六项考查学生对阅读内容的思考。通过学生的作业，我们也可以发现，学生的学习潜力和思考的深广度、创新度大大超出了教师的想象。对于基础较好的学生，我们留给他们更大的自由学习的空间，但教师不应放任不管，而应对他们思考的大方向做一些指点和启发。综合上面教学实施情况的分析，可以看出：

　　(1)网络平台增加了学生学习的自由度，为学生深入学习提供了机会。一是寻找真实情景中的函数，在常规教学中也有，但是受时间的限制，学生没有时间深入思考，而网络平台的学习时间比较宽裕，学生只要在规定的时间内提交即可；二是学生也可以进行大范围的交流，正因为这种大范围的交流，不同思想的碰撞，学生的思维开阔了，认识加深了。

　　(2)针对这种学习方式，教师进行指导的方式也要随之改变。依托网络促使学生进行数学建模的学习是一种探索学习模式，这种模式有四个基本要素，即问题、资料、提示和反馈。将这四个要素组织和衔接好，便能在网络这个平台上达到良好的教学效果。实施这种模式，学生容易产生挫折感，若挫折感过强，就会影响到学生的学习，为此要有敏感的反馈系统，以便及时给予学生帮助。对于基础较好的学生，引导学生自主学习的动力应该是"挑战"，为此我们给他们提供了往届学生的一些获奖论文，一是让学生借鉴学习，二是激发学生的好胜心。

3.2.3 双课堂数学建模实施三——开题与开题报告会

在这个阶段中，经过学习和小组讨论，完成了一系列的作业后，学生进入课题准备期，以组为单位确定自己的研究小课题，并做出开题报告，然后分班交流，举行开题报告会——每个组通过大屏幕的幻灯片形式，用5分钟介绍自己的选题、选题意义、可行性分析、解决问题的思路或技术路线，然后听众可以提问，报告者答辩。

通过前面的学习，加上自己的思考，学生确定了自己数学建模的主题，并了解数学建模应该怎么做，自己的建模论文应该往哪方面去做。以北京大学附属中学为例，高一年级的开题课，11个班的学生均参与其中。学生所分小组数为122组，每组课题准备期间，每位学生需完成网上作业8个，网上参与其他组课题讨论时间约两个星期。学生课题的内容涉及非常广泛，包括球类、田径运动、商场销售、商品营销、个人消费、银行存贷款利率、股票、期货、交通、标的物测量、文学及生活中各种事物数量等。

以下是部分学生的选题：

- "银行窗口优化问题"陈乐组
- "确定篮球鞋的优劣综合指数"张博洋组
- "股票价值定量分析"邓啸然组
- "汽车尾气排放研究"刘鞣子组
- "电脑键盘字母优化排列"朱晨冉组
- "北京公共交通出行问题"王子豪组
- "跳绳中的数学问题"孟翰组
- "每天天安门升国旗的时间与日期的函数关系"李烁组
- "地震中报道死亡人数随时间变化的规律"高胤翔组
- "预测中国人口峰值到来时间"叶麦组
- "汉字使用频率的决定因素与汉字的函数关系"陈翀尧组
- "衣服成本、原价、件数、总利润、降价等与利润之间的关系"沈达组

- "电信手机新套餐收费问题"卢迪组
- "关于篮球投篮角度与命中率关系的探讨"宋畅组
- "黄金期货投资分析"王恺峥组
- "手机价格随时间变化的函数研究"越光组
- "贺岁片票房趋势"陆祎组
- "自行车脚踏板旋转次数与行程的关系探究"陈莹娇组
- "银行利息计算问题"曹正旺组
- "走出脚下的怪圈"吕岚松组
- "扔实心球问题"张宇白组
- "最好的洗衣方案"李硕组
- "怎样投篮命中率更高"龚梓博组
- "饮料罐的优化设计"陈兆初组
- "太阳光通过南面窗子投下的光影面积与一天中时刻的关系"王雪韵组
- "神州行与动感地带 哪个更适合你"叶世清组
- "跑步与边际效应递减原理"沈斯成组
- "汽车侧滑的最佳入弯初速度"郭鸿涛组
- "飞机投弹问题"李亮组
- "灯的个数、角度、瓦数、距离与其可照亮的面积的关系"陈南组
- "西瓜价格的变动研究及其未来价格的预测"王青南组
- "热水壶烧水温度与用电量的函数关系"倪增涛组
- "竖直立在天空的烟花每一闪烁火焰颗粒的配重问题"沈怡辰组
- "台球中的数学分析"刘业鸿组
- "近地面空气温度与柏油马路温度的关系"檀望舒组
- "水温变化问题初探"王仲舒组
- "由墨水扩散所想到的"王述宇组
- "燃气灶旋钮旋转角度与使用的燃气量的关系"杨丽强组

......

丰富的选题说明选题前阶段,学生已经能够自觉以"数学视角"观察

社会生活，并能以所学知识努力解释其中的客观规律。从这一点看，该课程的一个重要的教学目的初步已得到了实现。开题课现场，小组成员配合默契，分工明确，小组之间提问题及建议踊跃积极。团队协作的精神和能力清晰可见。从知识内容上看，学生能尽量运用所学知识规划课题，甚至自学相关知识力图更准确地把握课题，这样的典型现象在许多小组中都有出现。同时还有一种社会现象——家长幕后支持，有些比较具有专业性的选题是学生与家长合作的结晶。充分利用社会资源的能力在这些孩子身上初步得以体现。互联网上信息收集成为必需手段，这是每个小组开题报告中反映的一个共性，甚至一些小组直接从网上搜索新内容，学习领会后再确定本组课题，互联网已成为知识高效运用、检验和生成的场所，对学生获取知识有很好的补充作用。

在这个阶段具体的教学实施中，也存在一些问题如下：全员参与数学建模的学生，学科能力差异较大，其中不乏所定课题远超过自身能力的小组。合理协调自身知识能力和解决问题的目标，这对于不少刚刚参与数学建模的学生都有难度，这个问题常常需要教师在指导学生确定课题时，要帮助学生做出相应的调整。

(1)从开题课上看，有一些学生小组的课题，在相关变量数据采集之前，就想当然地确定了解决问题所用的函数类型。这是一种典型的对教科书上的函数真实生成过程的误解，需要通过函数建模课的学习体验，帮助学生纠正这种错误观念。

(2)在不少学生小组的选题中，问题涉及的变量有多个，并且其中某两个变量之间不是简单的函数关系(如学生试图找出看电视时间和学习成绩的关系)，可能只是一种相关关系。在小组之间的讨论中，有些学生不自觉地质疑了这类问题。现实生活中的变量的变化受多种因素的影响，多个变量两两之间有某种相关性也是普遍的。由于刚上高中的学生对变量之间的函数关系和变量之间的相关关系不能很好地区分，于是，课题组的教师经讨论决定放宽函数建模的概念界定，不去刻意指出学生在函数建模过程中出现的非函数关系的错误，让学生先做后反思，从而提高对函数关系的认识。同时也提供一些诸如线性回归分析、变量的相关分析等统计学基本方法的学习材料，在学生做课题期间予以补充和指导。帮助学生用一些非函数的方法解决变量之间的关系问题。

3.2.4 双课堂数学建模实施四——做题与网上交流互助

大部分在学校参加建模的学生开始利用假期做题。做题期间，我们主要是利用平台提供的几个交流工具：公告、讨论区、专线快车，互相之间展开交流；在校期间，教师还会利用课下时间与学生讨论，解决学生提出的一些问题，同时将教师发现的问题，与学生进行及时的沟通。

图 3-4 为北京大学附属中学冯海君老师讨论区与学生交流和作业公告。教师通过浏览学生平台上提出的问题，上交作业中的问题，有针对性地给不同的小组提供相关的资源，通过这样的方法，帮助小组成员解决了困难，更好地推进了问题的研究。

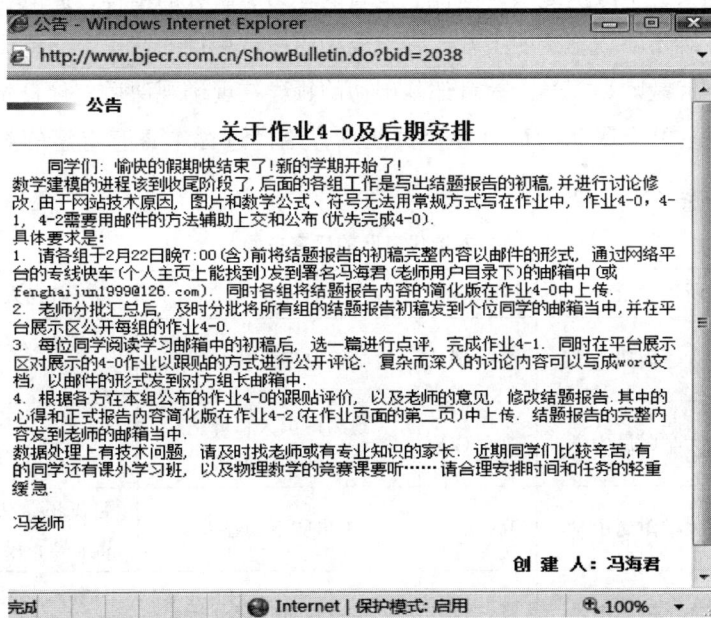

图 3-4

3.2.5 双课堂数学建模实施五——结题与交流报告会

2009 年 4 月 14 日，双课堂数学建模第一阶段的教学实践基本结束，北京市组织了一次双课堂项目汇报会，数学项目组在会上组织了参加实验的 4 所学校的集体结题汇报会。参与双课堂数学建模实验的各校在各自结题的基础上选出了 15 个代表队，在北京第八十中学的网络教室做现场结题答辩课。汇报会梗概如下：参与学校有北京大学附属中学、北京市第十五中学、北京市第十九中学、北京经济技术开发区实验学校。首先由主持教师北京大学附属中学的赵春老师对数学建模的初期工作进行了总结，然后 15 个代表队带着他们的论文开始答辩。在答辩会现场，学生从容、自信地与在场的领导、专家对话，学生之间的交流也高潮迭起——相互学习，相互鼓励，相互质疑，相互提改进建议，有错误大胆承认，不怕揭短，真诚热情，每一组学生的报告都有掌声迎送。特别是两所基础相对弱一点的学校，学生精神状态更好，他们的题目和结果并不深奥复杂，但他们执着的学习、研究的精神，团队合作的精神，胜不骄败不馁的态度，答辩成功后击掌相拥的情景，感动了现场的领导、教师和同学。教育部基础司的领导在现场观课后，称赞学生的选题关注社会民生，很有社会责任感，建模过程本身有丰富的教育价值。15 个入选代表队的研究主题如下表。

入选代表队的研究主题

所属学校	年级、班	研究主题	研究人
北京大学附属中学	高一(9)	电脑键盘字母优化排列	朱晨冉、姜迪、倪喃、海吉雅
北京大学附属中学	高一(2)	预测中国人口峰值到来时间	叶麦
北京大学附属中学	高一(7)	走出脚下的怪圈	吕岚松、马滢、蒙至旻、梁智博
北京大学附属中学	高一(1)	黄金期货投资分析	王恺峥、孙国超、宋世瀚、沈剑飞

续表

所属学校	年级、班	研究主题	研究人
北京大学附属中学	高一(11)	北京市区道路交通流量随时间变化规律的研究	沈帝文、郭瑞廷、崔晓燕、吕泊宁
北京大学附属中学	高一(4)	水温变化问题初探	王仲舒、常亮、谷雨、刘蔚祺、赵欣韬
北京大学附属中学	高一(4)	竖直立在天空的烟花每一闪烁火焰颗粒的配重问题	沈怡辰、陈煦洋、徐可馨、马汉琪、陈柯洋
北京市第十五中学	高一(1)	探究地铁各四门排列人数	徐法慈、袁博
北京市第十五中学	高一(1)	纸牌承重与倾角关系	高思洋、张榕
北京市第十五中学	高一(1)	近视眼镜镜片边缘厚度与其度数的关系	孙婕宇、李尚
北京市第十五中学	高一(1)	探究地铁各车门排列人数	徐法慈、袁博
北京市第十九中学	高二(3)	怎样蒸出的米饭最好吃——与水量、时间的关系	谷一盈、厚美伊、赵梦雅、李想
北京市第十九中学	高二(7)	如何确定家用车的经济时速	王紫东、郑彦捷、魏昕
北京经济技术开发区实验学校	高一	探究手机上网资费问题(不分析漫游收费的情况)	黄华、李芊羽、刘煜
北京经济技术开发区实验学校	高一	保温瓶中的奥秘	王冬浩、翟阳、吴忧、马迪

从这些小论文中可以看到:虽然它们不尽完美,甚至还有错误,但它真实地表现了学生们的思考和创造。特别是两所基础相对弱一点的学校,学生们也能独立完成他们的研究,自信从容地向教师、同学、记者、教育部的领导报告自己的研究成果。当他们从过去的"学困生",到能用自己学过的知识解决一个个实际问题,这中间的成长和变化使指导教师欣喜不已。当他们答辩成功的时候,击掌相拥的动人情景,感动了在场的所有的人。更可喜的是,这些同学而后又成了

班里的数学学习的骨干、小带头人。建模学习给了他们从未有过的兴趣和成功体验。

3.3 北京经济技术开发区实验学校的实施模式

2008 年 12 月至 2010 年 6 月，北京经济技术开发区实验学校部分高一学生参加了北京市高中新课程"选修模块"中"双课堂"数学建模的学习，这是教师、学生第一次参加网络数学建模课程的学习，可以说每位同学和教师都面临着一份新的挑战，一个自我成长的机会。

2008 年至 2010 年期间，北京经济技术开发区实验学校高中生面向全国招生，其中还有不少体育特长生，学生的数学基础较薄弱，学习兴趣相对较低，学习主动性差，存在较明显的惰性心理。我们希望通过数学建模双课程的学习，提高学生的学习兴趣，加强学生对非智力因素的自我调控，如积极的自我概念、坚强的意志、健康的情感态度、良好的学习习惯、合作精神等，所以，如何有针对性地发挥建模活动中教师的指导作用，促进学生主动地、自主地学习，从而在一定程度上改善学生普遍存在的惰性心理，这是教师面临的一项研究课题。

建模过程一度非常艰难，几乎半途而废。关键时刻，我调整了自身心态：积极接纳学生的消极情绪，坚信学生会有所改变，并结合心理咨询技能，通过游戏对学生进行团体心理辅导等多方位积极暗示，使学生的学习态度发生了转变，并认真完成了学习任务。此间，师生收获颇多：学生不仅体会到成功的喜悦，提高了数学学习兴趣，更加强了数学学习的信心和对自己的信心，感受到自主学习的意义，锻炼了自己的意志；教师也转变了教学理念，改进了教学方式、心态，体会到无条件接纳学生的重要性。更重要的是：建模精神如细雨，无声无息地渗透到今后的日常教学工作中，其长期效应得以体现，师生的数学学习方式及效果发生了令人欣慰的变化。

数学建模双课程学习一共分为五个阶段。

阶段一：前期准备阶段。

阶段二：阅读发现阶段(阅读课程提供的函数相关资料，寻找真实函数，学生之间进行交流评论及总结，提交报告)。

阶段三：开题论证阶段(小组成员确定所研究的课题，深入讨论，设计方案)。

阶段四：建模阶段(按照开题设计的思路和步骤，分工合作，完成建模过程，形成结题报告)。

阶段五：汇报阶段(提交结题报告，在本校及北京市进行交流汇报)。

3.3.1　阶段一：前期准备阶段——初揭数学建模的神秘面纱

当决定参加网络双课堂"数学建模"活动时，不仅仅是学生，作为教师的我心里更多的也是忐忑、不自信：我们能做吗？我们能做好吗？说实话，此时压力的确不小，数学建模对我、对学生而言充满了神秘感和不确定性。此时，打破神秘感，树立师生信心是当务之急。心理学研究表示，降低压力的方法之一是了解压力源，增强可控性，以达到减轻压力的作用。为此，我采取了以下四个步骤。

步骤1：教师从多角度了解中学生数学建模的内容、现状，减轻陌生感。

本次活动前，北京师范大学附属中学、北京市第十五中学等学校已经在数学建模活动中取得了丰富的经验与成果，这些宝贵的经验集成了一套光盘《数学建模走进中学课堂》，我认真学习了其中的课堂教学：如张思明老师的建模入门、测量、打包等；与此同时，课题组提供了丰富的建模资料与清晰明了的网络课程设计，给了老师们很大的帮助。

步骤2：指导学生了解建模内容，树立学生信心。

学习后，我心里开始有底了。我在所学光盘中精选了一张光盘《张思明老师的数学建模课堂教学(一)入门》，指导学生学习。目的是使学生初步了解什么是数学建模，知道数学建模的重要意义，激发其应用数学的兴趣。具体内容包括：①什么是数学建模？②数学建模的重要意义。③具体实例：七桥问题(连通图一笔画问题)、分油问题(状态转移)，学生对具体实例兴趣浓厚，不少学生在课间自发对分油问题进行探索，从其讨论过程来看，思维由无序化(随便写，易遗漏或重复)逐渐向有序化(将大桶、大瓶、小瓶的斤数坐标化)转变，学生的主动性得以体现。学生此时对数学建模的认识尚在初步，需实践，对自己能否顺利进行数学建模仍有担忧，但很感兴趣，建模活动报名人数占总人数的65%。

步骤3：从身边最熟悉的事物入手，明确活动的内容及步骤。此时，学生对数学建模活动有着浓厚的兴趣，但没有清晰的目标，不知道下一步该做什么，怎么做。焦点解决短期心理咨询技能指出：当来访者没有清晰目标时，引导其观察最想关心的事物，可促使其形成目标。我想，学生最关心的问题应该是他们身边最熟悉的事物，如果发现生活中司空见惯的事物中居然藏着数学道理，而这道理应用于生活中能起到神奇的作用，势必会对学生起到很好的引领作用。我请教了张思明老师，张老师推荐了案例"烧开水"，该案例从实际情境(燃气节约用气)，提出问题(旋钮在什么位置时烧一壶水的燃气用量最少?)，建立数学模型(设计方案、收集实验数据、拟合函数、求最小用气量、检验分析)等方面总结出建模过程如图3-5所示的框图。

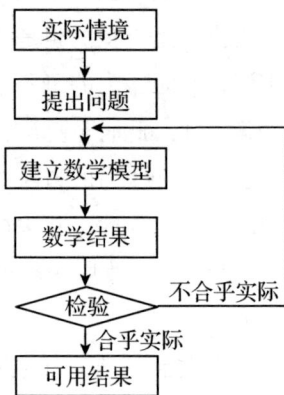

图 3-5

小小煤气灶，作用却不小。此案例果然对学生大有帮助，孩子们明白，用数学的眼光看问题，用数学思想、方法、知识解决实际问题的过程叫做数学建模，建模的内容来源于生活，我们可以先做一些小的、简单的建模例子。

步骤4：指导学生熟悉网络平台的使用。经过前三个步骤，师生对参与本活动有了一定的信心。在此基础上，指导学生登录北京市高中新课程选修网，熟悉平台操作，明确网络学习、讨论的流程，各小组在讨论区发帖回帖，就"烧开水"问题进一步探讨，再次体会建模的关键步骤。在本阶段中，学生熟悉了平台的操作，有两组学生能主动在组长带动下，认真学习资料"烧开水"并积极在论坛讨论，其他组开始不能进入状态，在老师的提醒下，才能开始学习并讨论。比如李旺同学，还想出一些改进方法(下表是网络作业摘选)。

学生的作业记录表

> 我们征集到了一种快速烧开水的方法：先在壶中注入少量的水，大约为壶本身容量的 1/5，盖严盖后先把它烧开，然后再给壶中加满水，直到烧开。采用这种方法烧开水可能比直接烧开满壶的水要快。
>
> 如果我们先烧少量的水，水的温度会迅速升高，就可以尽量减少这种热损失，再把壶灌满，这样整壶水的基础温度变高，再进行对流时，散失的热量就会相对减少，所以热效率更高，水也就烧开得更快了。

3.3.2　阶段二：阅读发现阶段——战胜网络学习的困难

我们原计划在寒假期间完成阅读发现阶段：本阶段课程组为学生提供了 18 篇阅读资料，资料的内容丰富且有针对性，从不同角度尽可能多地涉及学生生活中经常接触到的数学建模案例，其中有不少资料还巧妙地渗入函数知识体系的复习，可以说，这些资料的阅读会在很大程度上帮助学生进一步加深对数学建模的认识，提高学生独立建模的信心。阅读后，让学生在生活中寻找真实函数，小组内部进行交流评论及总结，提交报告。

与预期设想不同，寒假的网络学习是整个建模过程中最艰难的。此间，学生的问题暴露很多，集中表现在两个方面：一是阅读资料感到困难，不想读。二是学生的惰性心理太强，寒假在家，很少有人能主动学习，网络阅读很难进行，而这一点也是最大的困难，甚至使我也差点丧失信心，半途而废。

针对学生存在的问题，我采取了以下四个措施。

措施 1：精心挑选了 10 个资源，并对资源进行改编，将原有资源改编为生动的 PPT 版。最初，我按原定计划下发了作业 1-1，学生提交的作业质量不佳，明显看出大部分学生并没有阅读相关资料就草草了写几句评论。通过电话联系，有学生反映资料较多，不知道该看哪几篇，随便打开一看，觉得没意思，本来就懒得看，干脆不看了。学生不爱读资料，怎么办？好的资料就如同营养丰富的佳肴，可是学生不吃，这其中的营养又如何吸收？根据教育学理论，加强教学内容及形式的生动性、趣味性、直观性，可使学生对之产生热情，引发学生学习兴趣。而多媒体适用于将抽象的信息具体化，枯燥的信息生动化，声音、图片、视频等多种媒体的综合呈现，更有利于全方位地呈现信息的多元特征和多维特性。于是，我尝试着将原有资源改编为 PPT 版学习资源，利用多媒体的优势，使信息的呈现尽可能形象、直观、具体、丰富，充分调动学生感官，使学生全方位感受信息。

例如，资源"富兰克林的遗嘱"的改编：在生成资源"富兰克林的遗嘱"时，首先在内容上进行了改变：我对原 Word 资料的背景介绍进行了改写，增加了与资源有关的人物介绍和照片，目的是拓展学生的知识面，加强数学与其他学科的联系。叙述的口吻采用第一人称"我"，这样可增添学生的亲切感；句子："是我很疯狂吗？呵呵，看完我的遗嘱，你们再下结论吧……"是为了制造悬念，激发学生的好奇心。PPT 的最后一张思考题，我添加了一个内容：杰米的合同，是为了让学生对指数效应有更深刻的认识。其次，在形式也进行了改变：将 Word 版变成PPT 版，在 PPT 版中加入了一些小动画，如会发光的灯泡，是为了配合最后一张的思考题，提醒大家认真思考。至于 PPT 中是否加入音乐，我经过了认真、慎重的思考，此时，一份"关于高中生音乐活动的调研报告"促使我最终下定了决心，加入音乐。

2008 年 9 月，我和中国音乐学院的张鸿懿教授一起对北京经济技术开发区实验学校和北京大学附属中学的 74 名高中生进行了音乐活动调查，调查结果表明：54％的高中生认为听音乐可以帮助自己学习，使精力更加集中，让自己在放松的环境中更好的学习，可以激发想象，增强记忆力，激励自己的学习兴趣等；26％的高中生认为音乐对自身学习的作用无法确定，时而干扰，时而又有助于提高学习效率，如果是带歌词的音乐干扰会大，而轻缓的轻音乐会有促进作用；只有20％的学生认为学习的时候，音乐会干扰自己。所以，在选择背景音乐时，我选择了轻缓的轻音乐。而且学生可以自己选择是否选用音乐。

图 3-6 为改编的 PPT "富兰克林的遗嘱"的内容。

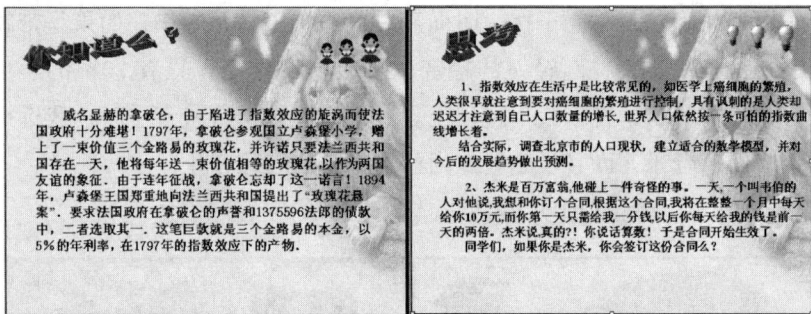

图 3-6

在后续的学习中，PPT 版的数学学习资料得到了我所在学校学生的欢迎，学生普遍反映："好看，好听，能让自己看下去了。"部分学生经过认真阅读后，能较深入地思考，并有所感悟。

下面是黄华同学写的感受。

学生的作业记录表

请进入课程学习第一单元阅读学习，点击浏览资源，学习"一元一次函数""一元二次函数""富兰克林的遗嘱"，写出你的学习体会。	一元一次函数：看了老师的资料，我想起了以前做的关于这种利润的题，都是求利益的最大化！在这个关于报纸的题中，x 代表每天进的报纸数，而 y 代表的是利润，我想起了他的办法，就是用每天的利润，乘 30 天，但是得出的解析式不对：$30\left\{(0.3-0.2)x+\left(x-\dfrac{650}{30}\right)\times 0.05\right\}$。这个定义域是根据每天的卖报纸的量来确定的！ 一元二次函数：这个问题也是关于利益最大化的，想起以前做过的这种利润的题好像都是一元二次函数的。这个问题中的"有投资价值"，我的理解就是在短时间内虽然不能有利润，但是长时间的话是比相同的时间利润大！ 富兰克林的遗嘱：这是关于指数函数的。记得以前看一个电影，里面的一个放射物质的图像就是这个指数函数。以前老师说什么按指数倍数增长，现在知道是什么意思了。

措施 2：对阅读内容及需完成的任务提出更为明确的要求。

寒假初始，我按原定计划下发了作业 1-1，学生提交的作业质量不佳，明显看出并没有阅读相关资料就草草写了几句评论。针对学生这一状况，我增加了 4 个更简单、具体的作业。

作业 1：请走访出租车司机，判断如何根据不同的距离选择划算的打车方式？目的是让学生通过简单的数学建模过程，加强应用数学的意识，提高学习兴趣。

作业 2：阅读《论莎剧的真正作者》，给出自己的评价。目的是通过学习其他同学的建模过程，进一步了解建模流程，增强信心。

作业 3：请进入课程学习第一单元阅读学习，点击浏览资源，学习"一元一次函数""一元二次函数""富兰克林的遗嘱"，写出你的学习体会。

作业 4：请进入课程学习第一单元阅读学习，点击浏览资源，学习"函数与卖鸡蛋的问题""话费中的数学""有关交通的数学模型"，写出你的学习体会。

其中后两个作业是针对学生不主动、不认真阅读资源而制订的。因为课程的资源较多，所以我精选出其中六个相对难度较低、针对性较强的资源，有了具体的、较少的学习内容，学生更容易去做。

下面是翟阳同学写的感受。

学生的作业记录表

请进入课程学习第一单元阅读学习，点击浏览资源，学习"函数与卖鸡蛋的问题""话费中的数学""有关交通的数学模型"，写出你的学习体会。	通过阅读"函数与卖鸡蛋的问题"等，又对函数有了更新一层的认识，函数它不只是片面地帮我们做出数学题，还可以让我们的生活变得方便。通过学习，我觉得只要我们每一个人都在生活中细心地发现问题，思考问题，就可以对我们的学习有帮助。我也要努力发现身边的东西，争取选择一个很好的数学建模题材！

措施3：通过飞信、QQ等网络工具加强师生、生生之间的沟通，尤其是加强与各小组组长的联系。大部分学生都非常熟悉网络交流软件，如QQ和飞信，故而，我们也可以利用这些工具进行沟通。李旺同学主动在QQ里建立了数学建模讨论群，让大部分同学都加入其中，我也被邀请为管理员。通过QQ的语音和群聊功能，师生、生生之间有了一个讨论交流的平台。平时只要在家，我就会挂上QQ，方便与学生及时沟通，因为对我们的学生而言，及时的鼓励和适当的帮助是必不可少的，否则，一旦错过某一时机，学生的学习劲头就可能会受到影响。实践发现，部分学生能在QQ上进行交流，我们也运用群聊功能开展了两次讨论会。但也出现一些问题：大多数学生不是利用讨论群讨论建模活动，而是聊与活动无关的话题。另外，在群聊讨论时，有的小组成员无法进入，只能看到信息，无法听到发言，也造成了一定的不便。

措施4：调整教师自身心态，尽可能降低因学生的学习惰性对教师产生的消极影响。

资料整理了，也采取了各种措施，试图促使学生能主动完成本阶段任务，但实际情况，却很出乎我的预料。寒假初始，包括组长在内的26位同学，只有一位同学能主动阅读资料，完成作业，于是我先与组长联系，通过组长发动学生学习，但收效甚微。在此情况下，我逐一给每一位学生打电话，反复询问并鼓励，此时，只有4人能认真完成作业，其他22人很少进行网络学习。当我问到这22人是否还参加时，大都是言语上要参加，却没有实际行动。甚至，当我打电话给学生时，有的根本不接，发短信也不回。此时，我的情绪开始波动起来，感到很难坚持下来，常常需要反复说服自己不要打退堂鼓，但内心的不满、失望、怨气却逐渐增多。

所幸，一件突发事情彻底转变了我的心态：

一天，我与四位同学约好晚上8:00在QQ群讨论，但等到快9:00，只有一位同学露了一面，一人请假，包括组长在内的其余两人却毫无音信，而组长是我平时很信任欣赏的孩子，此时，我的愤怒达到了"极大值"，怒气冲冲地编好短信准备兴师问罪："你知道吗？我都等你快1小时了！上午约好的时间为什么不守时？我很生气！"就在即将按出发送键的一霎间，我停了下来。我问自己："你这是怎么了？"渐渐冷静下来，我才意识到自己行当的不妥：我在迁怒于人！这样做于事无补！

联想到寒假前对学生进行的集体网络培训，当时有五位女同学没有来，我打电话联系，她们说忘了，我真诚地表示能理解她们上午刚刚期末考试结束，想放松的心情，同时也强调了为什么在下午培训的原因，无论她们是否能回来参加，老师都能理解。我的态度让孩子们很不好意思，也很感动，她们竟然打车快速地赶了回来！想到这里，我把短信删了，重新写了一个："孩子，老师和同学没等到你，是不是有什么事情耽搁了？你都好吧？老师有些不放心……"短信发出没多久，组长回信了，向老师同学道歉，说明了原因，并且提出，第二天由自己组织小组讨论，请老师放心。第二天，他果然带领小组很好地进行了讨论。

组长在网络发帖与同学们的讨论如下。

学生的讨论记录表

> 对不起，各位，昨天我失约了，真对不起，我做深刻检讨。
>
> 我找到的三个函数为：
>
> (1)过年的时候，我发现放鞭炮的时间与燃放鞭炮的时间存在函数关系。通过观察，我发现从 11:00 开始，燃放鞭炮逐渐增多，11:40 左右一直到 1:30 到达一个顶峰，之后又慢慢变少，这是一个分段函数！
>
> (2)做作业的时候，我发现我的耐心随着时间的变化也发生着变化，刚开始的时候很有耐心，随着时间的增长，逐渐失去耐心，直至达到最小值，而后耐心又开始逐渐增加！我感觉这是一个二次函数关系！
>
> (3)最近中国移动的 GPRS 套餐发生了改变，以我订的 10 元的套餐为例，包月浏览为 30 M，超出部分 0.01 元/KB。这是一个分段函数，一次函数与正比例函数相结合。

这件事情给我的触动很大，也使我意识到：

第一，基础薄弱学校的教师在带领学生活动时，要做好充分的心理准备，这些孩子们在学习上常常没有良好的习惯，学习主动性相对要差很多。其中不少学生在学习中经历过多次失败，导致在学习上习得性无助。他们有时还固执己见，不能吸收别人的意见和建议，并以消极的方式重复不断地对待学习问题。教师要让这些学生感到温暖和关爱，要尽量采取柔和的、暗示的方法，使他们在自觉或不自觉中逐渐改掉不良习惯。

第二，我们常常说要尊重学生，那么，真正的尊重是什么？尊重意味着把学生看作是有价值、情感和独立人格的人；意味着接纳一个人的优点和缺点，而不是仅仅接受光明面，排斥其消极面；意味着接纳一个价值观和自己不同甚至差距很大的学生，并与之平等交流；意味着以礼待人，不嘲笑，不动怒，不惩罚。真正爱学生、尊重学生，就要理解学生现状，无条件地接纳学生：不仅要接纳优点(去发现)，更要接纳缺点(去理解)。无条件地接纳，受益者不仅是学生，还有教师本身，在这个过程中他们都拥有了快乐的心情和平和的心态。

第三，教师要做好自身的心理调适。教师也是人，在平时的工作中难免会有消极情绪，这很正常，关键是找到协调心态的良好方式。这件事情后，我的心态有了很大转变，虽然还会遇到各种各样的问题，但我会及时察觉自己的状态，郁闷时，就去游泳或跑步。简单重复的运动会让自己很快心平气和，同时思考解决方法，往往运动后，办法找到了，心情也好了。

第四，良好的心态也会传递给学生。当我能接纳学生的消极情绪后，师生的交流就更贴心了，我也不再像以往那样急躁，而是让自己尽可能先带动一小部分学生，这些学生的进步也给了我很大的信心。例如，马靖葳同学，在作业提交后，我发现他思考不够，于是建议他重新修改，结果他在家长的鼓励下，用了3小时的时间认真完成了作业，据其家长反映，本次的活动极大提高了孩子的积极性，孩子对家长说，现在开始对数学有兴趣了，有信心了，这与他在平时数学课堂的表现形成了鲜明对比。

当时，我这样给马靖葳同学点评作业。

学生的作业点评表

> 马靖葳同学，这是你第二次提交本作业，你不仅考虑了打车的路程，也考虑到市内市外、交通路口等因素，你的认真态度让老师非常欣慰，真好！也许，你还可以进一步把它建成一个数学模型，比如，假如白天不堵车的情况下，能不能设打车距离为 x，出租车车费为 y，找出 x，y 之间的函数关系式？
>
> 老师知道，你一定可以的！你的作业也给了老师信心，谢谢你，孩子！

作业得分：95 分

3.3.3　阶段三：开题论证阶段——学生发生了令人欣慰的变化

经过寒假的网络学习和讨论，开学后，进入到开题论证阶段。开题论证阶段需要各小组成员确定所研究的课题，深入讨论，设计方案。通过寒假的学习，我意识到提高学生学习积极性，培养良好的学习态度和学习习惯是当务之急，于是我采取了三个措施，希望能调整学生的学习状态。

措施 1：与学生坦诚交流。

开学后，首先我与学生进行了沟通，谈到自己在寒假期间心态的变化和对同学们的希望，表达了自己对同学们的理解及不会放弃的态度。教师以"真正的我"出现，一方面，为学生提供了一个安全自由的氛围，能让他们切实感到自己被接纳，被爱护；另一方面，教师的真诚坦白也为学生提供了一个良好的榜样，学生可以因此而受到鼓励，以真实的自我和教师交流，坦然表露自己的喜怒哀乐，也可能因而发现和认识真正的自我。看得出，此举让学生颇有触动。

措施 2：尊重学生选择，重新调整参与人员。

我学习并考取了国家二级心理咨询师，所学心理咨询中强调：不替来访者决定他应该怎样做，而只让他了解更多、看到更多的可能性。我想，对学生也一样，强扭的瓜不甜，我应该允许学生中途退出，应该尊重学生的选择。我向学生宣布，他们可以自己选择继续参加建模活动或者退出建模活动。

26 名同学中有 15 位同学坚持参加建模活动，并且在主动性上有了较明显改变，剩下 11 位同学退出了建模活动，其中有 2 位学生因出国退出，1 位同学因参加游泳训练无时间参加，而其他 8 位认为自己不可能完成，选择了退出。不过，值得欣慰的是，坚持下来的同学在进入开题论证阶段时积极性有了较大的改变，而退出的学生在数学课的学习中有了较明显的改变，课堂主动性有了很明显的改变，这与寒假建模活动中师生的交流是分不开的。

措施 3：根据学生出现的问题，我利用心理课，增加了三次团体心理辅导，目的是让学生体会到合作、信任、坚持的重要性。

1. "背坐起立"游戏

学生两人一组，席地而坐，背靠背，然后同时依靠背部及双腿力量，慢慢站起。在游戏中，学生体会到团队工作中合作的重要性，也纷纷就此提出自己的看法。比如，合作前的沟通、约定；合作中的共同用力，劲往一处使，要用心去体会别人的感受，这一过程中每个成员都不可缺失；合作后的总结和反思。在这个游戏中，学生们还明白要对其他小组进行观察学习，发现其优点并运用于自己的小组，等等。

2. "后仰支撑"游戏

学生两人一组，同向而立，前面的人向后倾倒，后面的同学全力支撑。学生体会到信任与被信任的重要性，体会到合作中要信任同伴，而当自己得到同伴的信任时，也要全力付出，值得他人信赖。

3. "举手仪式"游戏

全体学生按体操队形站立，将双手向前伸直，与肩平齐，身体不准晃动，坚持 10 分钟。目的是让学生体验坚持所需要的耐心和毅力，培养学生的意志力。大部分孩子虽然很累，但坚持了下来，尤其是李旺同学，坚持了 20 分钟，受到大家的一致称赞。活动后，学生纷纷谈到自己在坚持的过程中遇到的困难及克服的方法，并体会到坚持下来后的欣喜心情。

与此同时，因为学生中大部分住校，所以我们灵活调整了学习地点，变家中电脑学习为学校机房统一学习，学习时间一般为下午4：30到5：30，这一阶段是下午放学后、晚饭前的时段。虽然时间统一，但在学习过程中，仍然是学生自主学习，独立完成作业。作业提交后，可以得到老师的及时点评，存在的问题也可以及时得以解决。令人欣慰的是，这一阶段，学生的进步非常明显，很快完成阅读发现阶段，进入开题论证阶段：小组成员确定所研究的课题，深入讨论，设计方案，数学建模的合作精神在此得以体现。各小组分别确定了建模方向，例如：

(1)保温瓶中的奥秘(王冬浩组)；

(2)购物打折问题(马靖葳组)；

(3)烧开水实验(张亚男组)；

(4)手机上网套餐(黄华组)；

……

3.3.4　阶段四：建模阶段——通力合作做出结果

开题论证阶段后，同学们按照开题报告的思路和步骤，分工合作，完成建模过程，形成结题报告。本次建模载体主要是函数建模，该阶段中同学们熟悉了建模过程，明白函数建模过程其实是一个自然的过程。先是在生活中发现，有了初期设想后，设计研究步骤，在具体实施过程中，通过出现的问题及时调整方案。获得数据后，能结合散点图或折线图，对数据进行初次分析，判断所拟合函数类型，能利用所选函数的特征确定所需数据的个数，从中得到拟合函数的解析式，并用剩下的点去检验拟合度的好坏。通过对拟合函数的性质探索，得出结论后回归生活并检验。

在对函数进行研究时，学生们不仅复习应用了函数的性质，还学着使用几何画板、大数计算器等工具。

建模活动改变了学生的学习方式，促进了学生的自主学习和合作意识；活动中学生参与的任务有很大的选择性和灵活性，每位同学都能根据自己的实际情况找到适合自己的角色：数学基础差的学生负责数据测量的任务，数学基础好的学生负责对数据的处理、分析任务，语文功底较好的学生负责写作，有美术特长的学生负责设计 PPT。在整个建模过程中，学生们会感受到自己的作用，这种感受会促使他们继续参与到整个活动中。

3.3.5　阶段五：汇报阶段——收获、分享、评价的季节

完成了结题报告后，同学们进入汇报阶段，并在师生之间、生生之间进行交流和评价。共有 7 组同学在学校进行了汇报，这 7 组分别为：

（1）手机上网套餐；

（2）生活中灯泡耗电量研究；

（3）烧开水实验；

（4）短暂停车多久才能使熄火省油；

（5）商场打折问题；

（6）男女生身高随年龄的变化；

（7）保温瓶中的奥秘。

本次建模给了学生亲身实践的机会，也增长他们做研究的经验。

黄华组感言：通过这次数学建模，我们真的学到很多，这并不是应付的说辞。我们有过不耐烦，比如刚开始，因为我们都没有接触过建模，所以不知道该从何开始，不知道该怎么写开题报告；我们也有过放弃的念头，比如因为我们同学相互间住得很远，而且有住校生和走读生，时间上不好协调，很多小组活动都不能进行；我们也有过抱怨，比如这个活动占用了我们很多课余时间；但是我们更多的是喜悦，比如大家协调时间，利用空余时间在一起，认真地收集数据，整理数据，慢慢看着我们的成果完成，我们都很高兴。我们想说的是，这次建模最后的结果并不重要，重要的是给了我们一次亲身实践，更重要的是让我们深深体会到坚持就是胜利！

同时，建模活动给了学生展示自我的机会。

有一件事对我触动很大：当孩子们得知，他们中的两个小组将有机会与北京大学附属中学、北京市第十五中学、北京市第十九中学的同学们一起参加北京市第八十中学的汇报展示时，都非常开心，他们很认真地进行了结题讨论和 PPT 的制作，没有完成前面作业的同学也都逐一完成，盼望能选中自己所在的小组。在汇报前，被选中的两组同学拿着秒表，卡着时间，一字一句、一遍遍地排练着直至晚上 9 点。第二天，孩子们的汇报得到与会领导老师的称赞，圆满完成，孩子们会心地笑了。

由此我想到，其实，我们这些孩子们可能更需要一个展示的平台，他们渴望得到他人的认可，渴望成功感的获得，当这样一个机会来临时，孩子们的积极性居然如此神奇般地被调动起来。在 2010 年北京市双课堂"数学建模"实验校数学建模成果评奖中，翟阳、王冬浩、吴忧、马迪四位同学获二等奖，黄华、李芊羽、刘煜三位同学获鼓励奖。

3.4 北京市第十五中学的数学建模实施模式

北京市第十五中学在"两个发展"的办学理念指导下，从 1997 年至今在学生中开展数学知识应用与建模活动。参与该项活动的教师与学生，学到了许多在课堂和学校内学不到的东西。在实践中，他们更容易学会交流，学会选择，学会判断，学会做事，学会合作，学会做人。更重要的是通过亲自参与这种研究式的学习过程，折射出教学方式和学习方式的变化，开辟了教与学的一个有效途径，取得了丰硕的成果。

从这十几年的数学知识应用于建模的实践中，我们总结出了五种教学模式，经历了三个阶段。

3.4.1 五种数学建模教学模式

数学知识应用与建模的课堂教学形式多样、风格特点各异，但是大体可以划分为五种模式，即"切入式""专题式""调查报告式""论文研读式"和"微型科研式"。

1. 切入式

这是将数学知识应用切入整个教学过程中的局部环节上的教学模式，它不一定包含问题解决的全过程。

"切入式"教学模式的程序框图如图 3-7 所示。

图 3-7

(1)功能目标。通过结合课堂教学内容引入数学应用的实例，达到引起学生的兴趣，了解有关数学知识在生产、生活中的用处，解决数学知识是有用的这样一个认识问题的目的。通过应用问题的求解，使学生初步掌握用数学知识解应用题的方法，培养学生数学知识应用的能力。

(2)教学程序和师生角色。在新知识、新概念、新定理的教学起始阶段，介绍具有实际背景的应用例题，由于教学的重点是数学新知识，对引用的应用问题只是由教师提出问题并做介绍，以吸引学生的注意，激发学生的好奇心、求知欲望和探索欲望，往往不对它求解。因此学生应该在教师的引导下，经过讨论，完成将问题数学化的过程，对一些典型的例题还应完成问题的求解过程。在教学的局部环节上切入数学知识应用的教学模式，教师提供史料、实例和应用例题，为学生创设应用的情境。

(3)评价。一般情况下，切入式教学模式中的应用问题，都是经过人为加工的问题，问题的条件清楚准确，不多不少，所用数学知识单一明确，原始问题数学化的过程简单明了，结论唯一确定而且很少需要思考是否合乎实际。这些应用例题只是简单的特殊的建模问题。它不能充分展示数学建模的典型过程，也不能体现建模的创造性和开放性。它所实现的功能更多地表现在巩固数学知识的目的之上。因此，切入式教学模式，还不能很好地实现数学知识应用与建模教学所要达到的教学目的，它在培养学生的应用意识与实践能力上的作用是有限的。

2. 专题式

这是在学完一章或几章知识后，或在教学过程中遇到学生知识网络的交汇处，或是在期中期末、高考复习期间，用一至几课时，集中进行数学知识应用问题解决的教学模式。

"专题式"教学模式程序框图如图 3-8 所示。

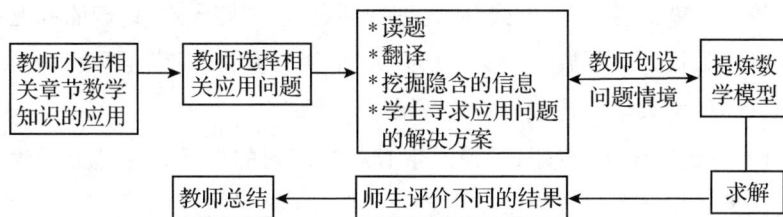

图 3-8

(1)功能目标。通过集中时间、集中问题进行数学知识应用的教学活动，使学生的思维在整个教学过程中处在"应用"的环境里，达到加强学生应用所学的数学知识来观察、分析发生在身边的事物和现象的目的。通过应用开放性问题的讨论和求解，巩固所学数学知识，在应用中获得数学的体验，使学生较好地体会数学知识应用的方法，培养学生的创新精神，以及应用数学知识解决实际问题的能力。由于时间集中、问题集中，使教师与学生、学生与学生之间的交流讨论有了时间的保证，从而培养学生的合作精神。时间集中、问题集中也为现代教育技术的使用创造了条件，通过计算器、计算机的运用，达到培养学生进行数学实验能力的目的。

(2)教学程序和师生角色。专题式教学模式所要达到的教学目标有复习总结的性质。因此，首先教师应对有关教学知识做简明的小结，对解数学应用问题的程序做必要的讲解，并点明本节课或这几节课所要解决的问题。根据教学的需要，精选问题是上好"专题式"数学应用课的前提。选题的原则可以从数学知识出发，精选例题，确定教学重点。例如，函数知识的应用、数列知识的应用等，也可以从应用的领域出发，精选例题，确定教学重点。

例如，测量应用问题、金融经济应用问题等。题量的多少则由课时的多少和问题的开放程度确定，少则一道题，多则 4～5 道题不等。专题式教学模式课堂教学所处理的对象应是一些相对复杂的应用问题，表现为条件纷杂，从中抽象出纯数学问题比较困难，或者所需数学知识较多，求解困难，或者抽象出的数学问题，即数学模型多样，求解方式也多样等。也就是说，"专题式"所处理的问题应比"切入式"处理的问题有较大难度和较大的开放性。实现从以教师"讲"为主向以学生"做"为主的过渡，体现学数学就是做数学的数学学习观。

(3)评价。由于"专题式"模式带有总结复习的性质，课堂上学生的主要任务是用已有的数学知识去解决教师所提供的实际应用题。但是，例题大多所表现出来的被加工过的特点和强调"应用"的特点，使实际问题的背景分析和实际问题的数学化过程成为教学的重点。虽然也需建立数学模型，但不能充分展示数学建模的典型过程，这样的建模是不完备的。这种不完备性使数学建模的创造性和开放性得不到充分的体现。因此，在培养学生的应用意识、创新精神、实践能力等方面，"专题式"的功能虽然比"切入式"增强了很多，但仍有其局限性。

3. 调查报告式

这是一种课堂教学与课外活动相结合的新的教学模式，是课外调查研究、课内交流的教学模式。

"调查报告式"教学模式框图如图 3-9 所示。

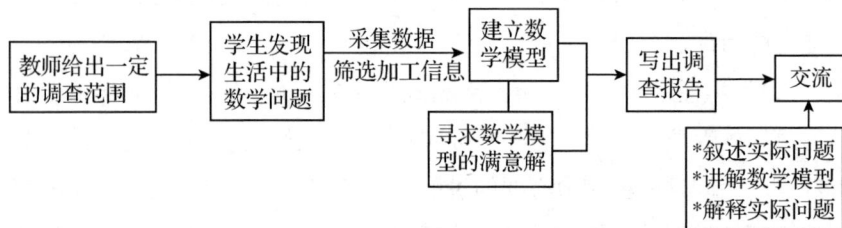

图 3-9

(1)功能目标。学生通过课外的社会调查，采集信息，发现问题的过程，学习如何数学地观察世界，数学地思考，增强应用所学数学知识解决实际问题的意识，培养学生的问题意识和发现问题的能力。因为问题本身是学生自己提出的，信息数据是学生自己采集的，在对所采集的信息进行加工筛选和整理后提出建模方案，并对数学模型进行讨论和求解。在求解过程中，学生会发现自己在数学知识的掌握上所存在的欠缺和不足，从而促使学生去复习和更深入地学习数学知识。突破原有学校的封闭状态，把学生置于一种动态、开放、主动、多元的学习环境中，为学生提供了更多获取知识的方法和渠道，也培养了学生关注社会、关注生活的社会责任感和主人翁意识以及社交能力。

(2)教学程序和师生角色。首先，教师应向全体学生讲明社会调查的目的和对象：了解某一部分数学知识在生产、生活中的应用，或在某个领域里用到了哪些数学知识。例如，货物堆放的不同方法和数量的计算；建筑物的屋顶所成各种二面角的测量和计算；高中学生的身高与体重的调查以及它们之间的关系的探讨等。

其次，要求学生以小组为单位制订调查提纲，分工合作，采集数据，分析、提炼、加工转化得到教学模型，集体讨论完成问题的求解，并写成调查报告。教师可以参与和学生一起去做调查工作，也可以放手让学生自主地完成这一工作。

显然，在调查研究式教学过程中，教师是整个活动的组织和指挥者，同时也是学生调查与建模的合作者，而学生的社会调查、提出问题、建模并求解则是完全主动地进行。学生已不再是被动地学习。他们不只是知识的接受者，而是问题的提出者和解决者，是认知结构的主动建构者。在用数学做数学中学数学，学生是数学知识的探索者和实践者，他们对课堂教学目标的实现负有重要的责任，而责任感将转化为学生积极探究问题的内动力。

(3)评价。如前所述调查研究教学模式，学生解决的是真正意义上的实际问题，比较完整地体现了数学知识应用与建模的全过程。它比切入式和专题式在培养学生应用意识和创新精神、实践能力方面有较强的功能，但是，由于学生调查研究的主题内容和范围是教师布置的，学生的工作必须围绕这个主题进行，学生的一切工作都是为了实现教师的教学意图，这就给学生的思维空间规定了一个框框，使这种模式的开放性和它的教育功能受到了局限，再加上时间的限制，有时会出现对问题的研究不深刻、结论不理想的结果。与专题式相同，调查研究式只适用于教学的一定阶段。例如，在某一章、某一部分知识学完之后，或在期中、期末复习总结时进行。

4. 论文研读式

论文研读式教学模式是由教师精选论文，学生课下阅读，课上学生主持开展讨论研究，通过集体研究讨论他人的优秀建模论文来学习数学应用与建模的教学模式。

"论文研读式"教学程序的框图如图 3-10 所示。

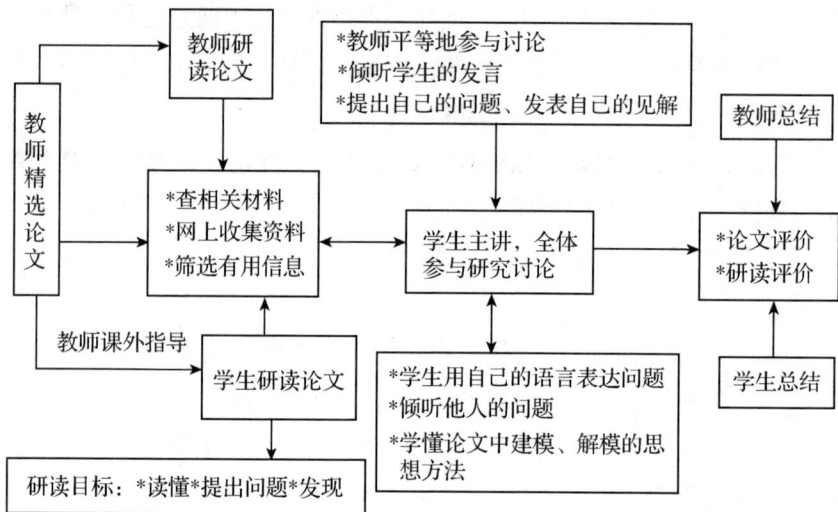

图 3-10

(1)功能目标。论文研读式教学模式要求每位学生按照教师的要求事先认真阅读选定的建模论文，通过习读培养学生自主学习的能力，尤其使学生感受到学习数学科学论文与学习其他文章的区别，受到一次学习数学科学论文的锻炼，为学生终身学习，在习惯和方法方面奠定基础。通过个人习读，集体研究讨论，争取分别在以下不同层面上读懂原作：①搞清楚该论文研究的是一个什么问题，问题的背景是什么？搞清楚论文的结构和内容大意；②搞清楚该论文数学建模的方法和步骤，求解的策略和手段以及得到的结论；③体会论文作者建模的思想和方法；④提出自己对这个论题以及建模的思想方法的见解。虽然学习他人的数学模型不同于自己建模，但是对于培养学生自主学习的能力以及从研究他人建模的思想和方法中，学习如何建模无疑具有积极的意义。由于选用的论文都是中学生的建模论文，研读者与作者的知识水平、思维风格更接近，因此这种教学模式，可以用较少的时间、通过较好的论题，达到实现一个群体数学应用与建模能力快速提高的目的。读懂一篇文章和能用自己的语言讲解一篇文章并让别人能听懂自己的讲解是有天壤之别的。

论文研读的教学方式与通常课堂教学不同，它更注重学生主动的建构，由于师生平等的参与，营造了民主融洽宽松的研究氛围，更可以达到增强学生自主意识的目的。学生通过对中学生的数学建模优秀论文的研读还可以受到一种无形的来自同龄人的激励，增强自己既可以写数学建模论文，也可以写出好论文的信念。

(2)教学程序和师生角色。论文研读式教学模式是在课前 10 天左右教师将精选的一篇数学建模论文(以中学生的论文为宜)印发给大家，同时布置阅读要求，要求了解原作的问题背景；理解原作的建模方式、求解策略和手段方法；了解原作的结论；设想自己拥有这个实际问题将怎样建模等。同学们课下习读，做研读的准备，并写出习读笔记。同时确定 1~2 位同学作为课堂讨论的主讲人(也可以视同学们准备的情况再确定主持主讲人)。在研讨课上，主讲人首先用自己的语言陈述论文问题的背景、结构、结论，并讲解数学化的过程和建模的方法。同学们就自己对论文的理解以及主讲人的讲解提出问题(包括自己没有弄明白的问题，也包括自己认为很重要，且自己已弄明白的问题等)。主讲人解答或组织同学们开展讨论。教师与学生一起平等地参加讨论，发表自己的意见，提出自己的问题。最后由主讲人简短小结：通过讨论，弄懂了哪些问题，还有什么问题没明白等。教师对整个论文研读活动(包括研读和论文)做出总结。

（3）评价。论文研读式，学生所面对的不再是一般的数学应用题，问题的背景可能是非数学学科领域的，所采用的是课下学习与课上讨论相结合的方式。课上营造的是师生平等的、自主研究讨论的、民主的学术氛围。它突破了学生掌握知识靠教师"教"的传统模式，而更具主动性、活动性和开放性的特点。但是也正因为这些特点就使得以下几个问题显得更为重要。

①论文的选择，应该注意选择与学生生活较贴近的题材，基本不超出学生现有数学知识的范围，在学生认识水平基础上，学生比较容易深入、思维较易引起共鸣的学生论文。否则会因论文难学难懂，使研读很难推进，或者也会因为论文内容太浅而难以引起学生的研读兴趣。

②主讲人的挑选，从某种意义上讲，研读论文的学习活动能否顺利进行，得益于学生主讲人成功的主持和讲解。为了组织好讨论，主讲人必须在"读懂"上下更大的功夫，但是并不要求主讲人一定要研读得最深刻。能胜任这一工作的学生的数学成绩也不一定是最优秀的。主讲人要有一定的组织能力，并能随机应变。

③由于不同的学生对论文的理解深度不同，与作者的想法自然会存在不同程度的偏差。从不同的角度看问题，同学们对原作的建模思想、求解的方法、策略还可能出现多种不同的看法。课上研讨时，还要注意避免不认真领会原作的建模思想、求解方法和策略，而专挑剔毛病，背离研读目的的情况出现。一旦出现挑毛病的苗头，教师应通过自己的发言或提问及时扭转局面，使研讨正常进行下去。

5. 微型科研式

这是一种学生从生产生活中自主地选择、确定研究专题，进行微科研，将研究结果撰写成论文，并通过论文报告和答辩培养学生的数学应用意识、创新精神与实践能力的教学模式，是以课下个人或小组活动为主的教学模式。

"微型科研式"教学程序的框图如图 3-11 所示。

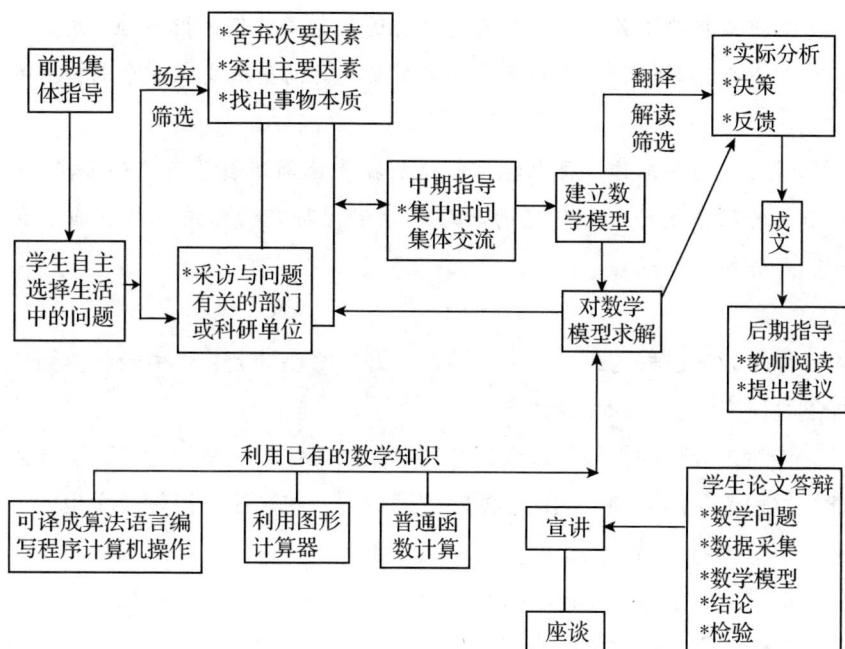

图 3-11

(1)功能目标。要求用建模论文的形式准确地陈述研究的方法、步骤，自己的观点和结果以及合作经历，对于部分优秀的论文还要组织答辩和报告。这样的学习活动不仅改变了学生学习的场所和学习的方式，它更强调学生学习的自主性和探索性，更突出地体现出学习的实践性、开放性、自主性和过程性的特点。因此，对于学生创新意识、创新精神以及实践能力乃至学生的综合素质和能力的培养具有更强的功能，是中学数学建模教学模式的最高层次。

(2)教学程序和师生角色。微型科研式实现的是一种研究性学习，当学生确定了自己的研究课题之后，必须对课题的历史和现状做大量调查研究，围绕问题展开微型科研，从选题一直到定稿打印成文，整个过程中的每一个决策、每一件工作都是学生根据自身的需要主动去做的。他们是问题的提出者、研究方案的设计者和实施者。为了很好地实现教学目标，教师的指导工作也是必不可少的。教师主要做以下指导工作：

①前期指导工作。在学生选题之前进行，采取集体指导的形式。

②中期指导工作。中期指导宜采用集中时间集体交流、个别指导的方式。

③后期指导工作。要求学生能简明扼要地阐述自己论文的要点（包括解决的问题是什么、研究的思路和方法、研究的结果怎样和自我评价、合作的经历等）。

作为教学过程的最后一个环节，召开学生座谈会，师生一起座谈参加这种研究性学习的收获体会。

显然，教师的指导工作仅仅是对学生的工作做一些质询，对于学生建模过程遇到的问题，在可能的范围内提出一些建议。但是对学生的选题乃至学生建模的思路、研究的方法则不予干预，更不能用教师的工作去代替学生的工作。因此，教师是教学的组织者，学生研究工作的建议者、参谋、学生论文的欣赏者。

（3）评价。从前面的论述可以看到，调查研究模式为学生营造的是一个极为开放的创新环境，完成一篇优秀的建模论文首要的问题是选题。一个好的研究专题来源于作者对周围世界敏锐细微的观察，而这种观察力的提高依赖于勤于观察、乐于观察的习惯养成和保持好奇心、对现有结论持分析质疑的态度。这种习惯、能力和精神是创新人才所必须具备的基本素质。但是一个好的课题并不代表一篇优秀的数学建模论文，学生在做的过程中会遇到许多困难和挫折，如果决策不当甚至会导致失败，然而，克服困难与挫折的勇气、信心和坚韧不拔的毅力也正是创新人才必备的意志品质。

不可否定的是，由于学生的年龄、知识、阅历、能力所限，学生对课题的见解，建模研究的结果可能显得非常稚嫩。但是数学知识应用与建模教学的目标与功能决定了我们应当看到学生创新意识、实践能力和综合素质的提高。只要是学生亲自选题、亲自学习、亲自研究，最后得到模型，就要给予充分的肯定，而不是过多地考虑其实用价值，不过多地强调问题是否新颖，方法是否首创。学生能通过自己的努力和踏踏实实地工作发现了别人可能早已知道，而对他是未知的规律，这对一名中学生而言，应该是一件很好的事情。如果能用数学建模的方法研究完全来自现实生活中的问题，并获得一定的结果。应该说这就是中学生创新意识和能力的具体表现。实践证明学生数学建模论文写作的意义已经远远超出了他们所论述的问题本身。这就是调查研究式教学模式的价值取向。

6. 结论

综合前面的论述和我们取得的成果，得到以下结论：

(1)数学知识应用与建模的教学形式多样，但可归为前述五种模式，它们适用于教学全过程的不同阶段。

(2)上述五种教学模式具有完全相同的理论依据和教学原则。但在培养学生的应用意识、创新精神与实践能力的教学目标方面又有着不同的侧重点而显示出高低不同的层次。其中，微型科研式是中学数学知识应用与建模的最高层次。

(3)微型科研式教学模式必须以前四种模式为基础，只有通过前四种模式的教学，学生有了数学知识应用的初步体验；调查报告式的实践锻炼；论文研读式为数学建模与论文写作所做的准备。再加上掌握了一定的数学基础知识，微型科研式教学模式才能顺利进行，并收到预期的效果。

(4)学生建模的优秀论文是今后教学工作的宝贵资源，应整理成册，不断丰富和积累。

教学模式是教育理论、教育思想、教学规律的反映，是教学方法、教学手段、教学组织形式的综合体系。以上教学模式的分析与研究为中学数学知识应用与建模的教学提供了可供参照的、便于操作的体系。但是模式不应该成为新的约束我们教学工作的条条框框，在数学建模教学的舞台上也不应该千人一面，在教学模式的运用上更不能只为追求模式的完整而走过场。研究模式最终还要跳出模式。随着教师建模教学实践经验的不断丰富和积淀，教育理论、教育思想、教学观念的不断修正和更新，原有的教学模式必将被突破，而使我们的数学知识应用与建模教学更具有教师个人教学风格的个性特征。这样教学模式作为一个开放的系统才具有生命力，才能起到促进中学数学教学的良性发展、推动数学教育改革的作用。

3.4.2　建模活动经历的三个阶段

第一阶段：课堂教学与数学建模活动有机结合。

丰富情境。即寻找可使学生产生数学化的问题，把大量的数学题材置于学生所熟悉的生活情境之中。

有指导的再发现。即启发学生自己再发现前人已得出的数学成果，而教师起着"引导、疏通"的作用，给学生自行创作的空间。

一方面，学生不再是除了做题还是做题，而是把所学数学知识与现实紧密地联系起来；另一方面，教师不再只是教书本上的知识，而是教给学生自行创作的任务，教会学生反思自身学习的过程，从而提高数学学习的水平及用数学知识解决问题的能力，养成正确的数学知识应用的习惯、态度和方法。

从北京市高中数学知识应用竞赛第一届开始，每一届都有我校学生参加，在数学论文评选中，都有同学获得一、二、三等奖，如"关于图书馆藏书的讨论及其推广""自行车的存放问题""糖尿病检测问题""关于城市快速路上路灯的设计问题""从公园游览看简单的数学模型"等，并把这些学生的数学建模论文集结成册，由科学出版社出版了名为《数学之眼看世界》的论文集。

第二阶段：课堂教学与新课程选修课程——数学建模的结合。

北京市第十五中学的数学教研组在 2007—2008 学年度、2008—2009 学年度的第一学期，为高一学生开设了数学建模选修课，并在 2008 年的 10—11 月，开设了跨校选修课——数学建模(北京市第六十二中学、北京市第四十三中学、北京市第一四〇中学的学生)，为当下的教改实验做了有意义的、有实践价值的尝试。

第三阶段：课堂教学与网络自主学习——数学建模的结合。

虚拟课堂——真课堂多元化的"教"与"学"方式。即形成专家与学校、教师共同开发课程的态势。但这并非易事。由于数学建模过程表现出的问题形式与内容的多样，解决方法的多样，解决过程和结果的层次的多样，面授课都会存在这样或那样的问题，学生在网络平台上自主学习数学建模的方式无疑对教师是最大的挑战。因为网络学习要求教师要为学生提供丰富的资源，要为学生搭建自主学习的平台并留有足够的空间等。可这恰恰又是对参与"项目"的教师创造力的一种激励、挑战、考验和有效的锻炼，也是一个团队、一所学校发展的有效途径之一。

虚拟课堂具有与"真课堂"不同的学习平台，它可以构建学生个性化的学习空间，使学生在宽松的学习环境中呈现他们更关心、关注的实际问题，并且克服了常规课堂教学交流不够广泛的缺点。在虚拟课堂中，每一位学生的作业、提问、解答，班级同学都可以看到，可以提出自己的看法或给予帮助。

3.5 北京市第十九中学的数学建模实施模式

王尚志教授指出：中国学生在数学学习中应培养好数学抽象、逻辑推理、数学建模、数学运算、直观想象、数据分析六大核心素养。而数学建模目前仍然是短板，短板应当补齐，数学建模强调应用。这昭示了高中数学课程进一步改革的思想，也映射出整个高中课程改革的发展方向，有着极其重要的意义。

学生是有主观能动性的千差万别的个体，是教育活动的主体，是学习和发展的真正主人，学生有多方面发展的需要和发展的可能。教师的教育教学活动，应不断满足学生发展的需要，促进学生尽可能地发展。教师要在教育教学过程中发挥好组织和引导作用，通过学生的自主感受，主动探索，协作互助，总结交流，让学生掌握基本知识，锻炼各种能力，发展个性特长，丰富自身体验，促进个体发展。我们应该根据不同的教学内容采用不同的学法指导，激发学生学习的主动性和积极性，加强学生动手操作能力，提高语言表达能力，培养兴趣爱好、学以致用的意识和习惯等。

3.5.1　基于对新课程和数学教育的深度理解，走进数学建模

数学，作为一门研究现实世界数量关系和空间形式的科学，在它产生和发展的历史长河中，一直是和人们生活的实际需要密切相关的。作为用数学方法解决实际问题的第一步，数学建模自然有着悠久的历史。两千多年以前创立的欧几里得几何，17 世纪发现的牛顿万有引力定律，都是科学发展史上数学建模的成功范例，还有电磁学中的麦克斯韦方程组、化学中的门捷列夫周期表、生物学中的孟德尔遗传定律等也都是经典学科中数学建模的光辉典范。可见，数学建模是促进社会进步和科技发展的有效工具。

面向 21 世纪，社会的进步、人类的发展离不开现代化高科技高智能的人才。而传统的数学教学注重于数学理论、知识、技能的教学，以及严格的逻辑推理训练。有人形容传统的数学理论教学主要着眼于数学内部的理论结构及其逻辑关系，并没有有效引导讨论如何从实际问题中提出数学问题以及如何使用数学理论来解决实际问题。因此，21 世纪数学课程改革把数学的应用性和实践性放到了首位，为此众多教育专家开始呼吁"还数学的本来面貌""数学能力成为人们取胜的法宝"等。

我校中学数学教学曾在很长一段时间里对于数学与实际、数学与其他学科的紧密联系未给予足够充分的重视，导致许多学生觉得"数学除了高考拿高分外别无他用"，有些学生的应试"能力"虽然很强，但是一碰到联系实际的问题就不会用相应的数学知识和方法去解决它，甚至题意都不理解。大部分学生虽然学了十二年的数学，但是如果没有起码的数学思维，更不用说用创造性的思维自己去发现问题，解决问题了。

我们的数学教学不仅要使学生获得新的知识，而且要提高学生的思维能力，还要培养学生学会观察生活中的各种现象，自觉地运用数学去

解释、处理和解决日常生活、生产中所遇到的问题，使学生不断形成良好的数学素养，成为具有创新精神和实践能力的人才。传统的教育模式是以教师为中心，教材为蓝本，一元化的学习模式。这种模式显而易见的缺点是不利于学生创造性思维能力的培养和开发。特别是，现在教学中普遍存在的学时紧、内容多、不生动、赶进度的不良循环大大影响了学生学习数学的积极性，对于培养有竞争力的人才是不利的。

所有这些问题和挑战都是国际性的、不容易解决的，这正是世界范围正在蓬勃开展的数学教育改革的背景。挑战和机遇往往是同时存在的，如果我们正视数学教育改革的迫切性，并真正花力气进行改革并取得成果，我们就是抓住了机遇。数学教育改革有众多的方面，目前国际数学界普遍赞同通过开展数学建模活动和在数学教学中推广使用现代化信息技术来推动数学教育改革。美国、德国、日本等发达国家都十分重视数学建模的教学。把数学建模活动从大学生向中学生转移是近年来国际数学教育发展的一种趋势。我国的数学教学于近些年在数学应用和联系实际生活方面的力度也不断加强。在原有的普通高中数学大纲中明确提出了要"切实培养学生解决实际问题的能力"，要求"增强用数学的意识，能初步运用数学模型解决实际问题，逐步学会把实际问题归结为数学模型，然后运用数学方法进行探索、猜测、判断、证明、运算、检验使问题得到解决"。

2006 年北京市高中课程改革进入倒计时，我校数学组教师们不断学习领会课改精神，深入认真分析学生具体学情，作为当时海淀区一所普通中学，多数学生处于海淀区中等水平，存在着对数学学习兴趣不高、思考不够深入的情况，再加上高中的数学课程较初中知识量更大、内容抽象，很多学生存在数学学习畏难情绪，我们不断思考讨论着如何解决这些问题。从数学教学实践来看，怎样将深奥抽象和形似空洞的数学理论变得生动活泼，使学生通过数学活动体会数学的价值，从而形成良好数学素养的问题已经成为困扰我校每位数学教师的问题。因此我们的数学教学不仅要使学生获得新的知识，而且要提高学生的思维能力，要培养学生自觉地运用数学去处理和解决日常生活、生产中所遇到的问题，从而形成良好的数学素质，成为具有创新精神和实践能力的人才。基于这样的教学事实，我们高中数学组在檀晋轩副校长的带领下，加入张思明老师的数学建模团队，从此数学建模走进了北京市第十九中学的高中数学课程，走近了北京市第十九中学的每一位高中学生。

3.5.2 开发课程，引领学生新的学习方式

1. 开设"数学建模"校本课程的原因

(1)让学生体会学习数学的价值。

作为一名数学教师，可能被问到最多的一个问题就是：数学那么难，学起来那么枯燥，费劲学半天以后又用不到，学习数学到底有什么用？这个问题看起来，似乎觉得学生提得有道理，学习数学好像没有什么用，市场的小贩不用计算器都会把菜价算得又快又准，然而他们之中有几个人知道函数，知道不等式，知道微积分？

我们十九中是海淀区一所普通中学，我们学生的生活经验不足，遇到应用问题有时会读不懂，阅读理解能力比较弱，生活背景知识单薄，久而久之，学生对于数学的学习就提不起兴趣。另外，学生不善于观察发现生活中的问题；即使发现了，想把问题解决的欲望也不是很强烈；即使想解决，有时也会力不从心，不知如何下手，意志力也比较薄弱。而这个层次的学生，又是未来社会建设的主力军。在各个行业需要创新型人才的今天，特别需要主动运用数学知识解释、分析、解决实际问题的人才。

我们希望能够开发数学建模校本教材来激发学生学习数学的兴趣，让学生觉得数学原来可以这样学，体验数学广泛的应用价值。我们不断树立学生学习数学的信心，使学生不断达到"我能学好数学，我要学好数学，学习数学很有趣，学习数学很有用"的理想状态。

(2)新课程理念引领新的学习方式。

新课程的教学倡导积极主动、勇于探索的学习方式，注重提高学生的数学思维能力，发展学生的数学应用意识，体现数学的文化价值，注

重信息技术与数学课程的整合，构建共同基础，为学生提供发展平台。我们所感悟到的新课程是以学生为主体，充分发掘其潜能，从而激发出学生的各项智能，由原来的被动学习转化为主动学习，让学生学会积极思考，主动发现问题、探究问题，培养学生严谨的逻辑思维，能够让学生以愉悦的心情学数学，感受数学的魅力！

数学建模对于学生来讲，重要的不是结果，而是参与的过程，是学生自主学习数学并应用数学的过程。数学课程要紧密联系实际生活，从学生的实际生活和知识背景以及其他学科中提出问题，构建合理的模型并用数学知识加以解决，使学生养成观察世界发现问题、大胆猜想、合理假设、严谨检验、推理求证等研究问题的好习惯。我们给学生留出思考问题的空间，为他们创造自主学习的机会，让他们在信息技术上"做数学"，真正体会"解决问题"途径与方法的重要性，让他们认识到数学的实际价值，从而积极主动地去构建数学知识结构，形成数学能力。这样，学生学习的主动性和能动性才可能得到进一步的发挥。解决问题的同时，还可以有效地磨炼学生的数学思维能力，提高学生解决问题的能力，培养学生的创新精神和实践能力。

在解决问题的过程中，学生可能会遇到各种各样的困难，这就需要学生具有团队精神，相互支持，相互鼓励，共闯难关，这一过程可以磨炼学生的意志品质，让学生能够微笑着迎接挑战，微笑着迎接成功。学生的数学表达能力和交流能力，特别是合作学习能力得到更积极地训练和更有效地提高，这促进了学生的个性和综合素质的全面发展。这一过程比教师反复强调数学的地位、数学的重要性更具有说服力。

2. 开发"数学建模"校本课程的过程

我校数学建模课程开发流程图如图 3-12 所示。

(1)开设兴趣小组。

2006 年，我们数学组安排教师到北京大学附属中学跟随张思明老师学习，并利用在午间休息的时间开办数学建模兴趣小组，全年级报名参加的学生有 80 名左右。一开始我们照搬张老师的课程，第一次讲了什么是数学建模，数学建模的意义、作用，讲了哥尼斯堡七桥问题。第

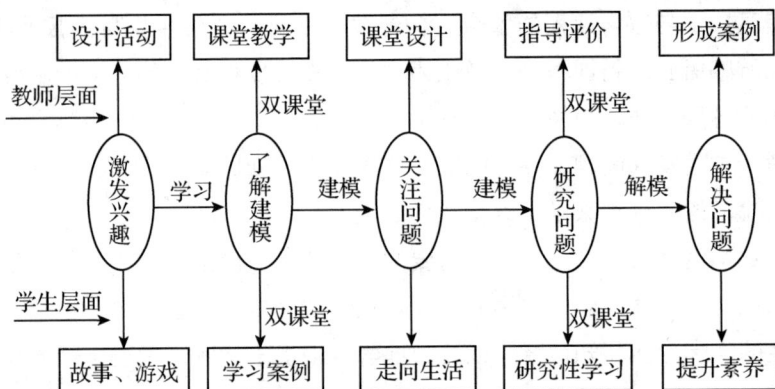

图 3-12　北京市第十九中学数学建模课程开发流程图

二次一上课，只剩一半人了……六次课上下来就剩 10 人左右了。

　　询问中途退出的学生，有的说哥尼斯堡七桥问题都没听说过，有的说状态转移方程听不懂……最后给剩下的学生复印了往届获奖论文，希望他们能够从中受到一些启发，写出几篇论文。有的支支吾吾说要写，但是后来也没有了音信。一追问说是没有合适的题目，没有思路，不会写……初试建模备受打击！失败后冷静地思考了一下，本次实践确实有些仓促，只是一厢情愿地认为数学建模很有趣，很有价值，认为学生也会喜欢，但忽略了学生的接受能力，那么什么样的课程适合我们的学生？如何激发出学生的兴趣？我们的学生可以做些什么建模课题？

　　(2)2008 年 9 月第一学期开设了"数学建模"选修课。

　　高中新课程理念中强调高中数学课程应具有多样性与选择性，为学生提供多样课程，适应学生的个性选择，使不同的学生在数学上得到不同的发展。学生可以在教师的指导下进行自主选择，根据学生的基本学习状况和自身的条件，制订相应的课程学习计划，不断地丰富和完善，供学生选择学习内容，倡导自主探索、合作交流、阅读自学等学习数学的方式。这些方式能够发挥学生学习的主动性，使学生的学习过程成为在教师引导下的"再创造"过程，激发了学生的数学学习兴趣，鼓励学生在学习过程中，养成独立思考、积极探索的习惯。

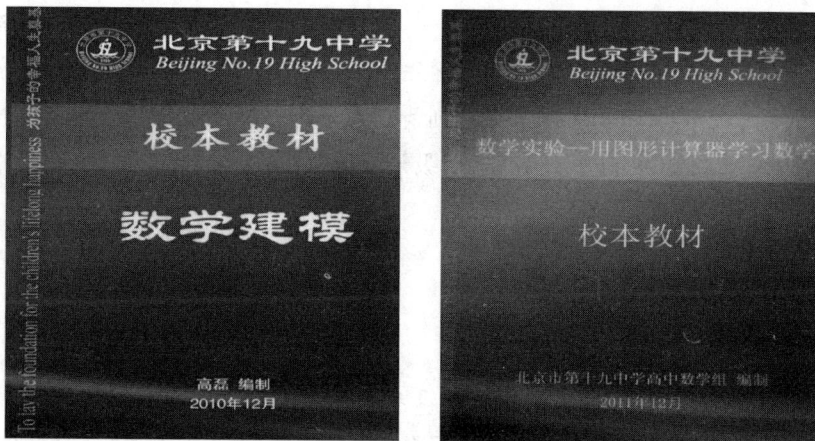

图 3-13　北京市第十九中学数学组开发的校本教材

　　针对"数学建模"校本课程开发的现状及存在的问题，我们在学习北京大学附属中学实践经验的基础上，开发了北京市第十九中学"数学建模"校本课程(如图 3-13)，结合我校的学情，从教学的基本要求、教学内容、教学模式、教学策略、活动的评价等几个方面提出了改革建议。并从建构主义学习理论及合作学习理论等理论基础上提出"小组合作探究学习"教学模式，给高中"数学建模"校本课程教学指明了教学活动模式。对"数学建模"校本课程教学设计的合理性、有效性进行探究。开展"数学建模"校本课程教学要引导学生在学中用、在用中学，重视从生活中来到生活中去，让数学建模服务于实际生活，要重视问题提出的实际背景材料。分析联系数学基础知识及基本技能，重视数学基础知识和基本技能的灵活转化、应用，接受实践的检验，在实践中不断求发展，同时还要注重学生非智力因素的培养。通过数学建模的教学，使学生不仅乐于学习数学知识，掌握数学知识，还能使学生学以致用，使枯燥的数学知识焕发出勃勃生机，全面提高学生素质，适应社会对于人才的要求。"数学建模"的引入是数学课程改革的一个重要方面，加强数学教学与其他学科、与日常生活的联系，体现数学的应用价值，对学生的思维和能力的提升及学校特色课程建设都起到了重要作用。开展"数学建模"校本课程教学，需针对不同层次的学生因材施教，采用"小组合作探究学习"教学模式，以发挥学生在高中"数学建模"校本课程教学中的主体作用，提高学生建模能力、培养学生用数学思维思考问题，进而发展学生的数学应用意识及培养学生的创新能力等。

我们在 2008 年新一轮高一年级开设了"数学建模"选修课。

第一部分　走近数学建模

第二部分　走进数学建模

第一章　建模起始课

(1)介绍什么是数学建模，以及我们很早就接触过的很简单的建模问题：行程问题、哥尼斯堡七桥问题等。

(2)状态转移问题：韩信分油问题、人狗鸡米过河问题(人鬼过河问题：Flash 游戏)。

第二章　测量问题

(1)根据所学三角函数的知识，让学生讨论出可到达以及不可到达底部的建筑物高度的测量方法。

(2)通过观看《探秘秦始皇陵地下"高楼"》的视频，让学生了解考古学家是如何逐步估测出秦始皇陵地宫高度的过程。

(3)实习：到操场上实际测量。

(4)分析产生误差的原因，再次测量。

第三章　打包问题

如何打包最省包装材料？为什么有些包装不符合材料最省的原则？还要考虑哪些因素？

第四章　电视塔的问题

信号如何有效覆盖，让学生初步体会立体几何有关知识。介绍铱星计划，扩展学生知识面。

第五章　粮食堆的测量问题

如何测量粮食堆的高度？拓展：你能否给出得到金字塔高度的测量方案？

第六章　介绍葛鉴桥同学研究的拼图问题

观看《深呼吸》视频，这是《实话实说》栏目有关研究性学习的一期节目，目的是让学生善于发现身边的数学问题，并要有足够的毅力把自己感兴趣的问题研究下去。

本阶段主要是让学生体会什么是数学建模，让学生学会观察，有意识去思考一些问题，激发学生学习数学的兴趣，提高学生学习数学的积极性。

(3)2008 年 12 月第一学期末参与课程改革项目"数学建模"网络双课堂。

2007 年 1 月，北京市正式启动了高中新课程改革，市教委安排了十六个课改专题项目作为工作保证，其中之一便是"高中新课程网络资源的开发与实施"项目。以此为契机，2008 年 12 月参与课改项目"数学建模"的网络双课堂。

第一学期"数学建模"的教学作为了真实课堂的一部分。

第二学期"数学建模"——结合函数建模的网络双课堂进行教学。

2008 年 12 月 16 日，召开数学建模网络双课堂启动会。由于是第一次正式做数学建模，所以只能引用北京大学附属中学学生的课题，向学生讲述什么是数学建模以及它的目的、意义。

2009 年寒假，组织学生进行网络双课堂注册。

为了得到家长的配合与支持，我们特向家长发放了《告家长书》，让家长监督孩子完成数学作业；通过电话和短信说服个别"顽固"家长；小组长向组内成员家长定期汇报学业情况。

向学生发放网络课程寒假作业，让学生在假期学习阅读资料包里的相关文献，梳理知识、形成问题，在小组里交流，最后形成小组集体打算做的小课题。目的是要培养学生的阅读理解能力，自主探究合作讨论问题的能力。

2009 年 2 月 23 日，数学建模网络双课堂——函数模块的开题报告。"数学建模"选修课班级有四个小课题：

- "函数与音乐旋律的关系"；
- "投篮时高度与出手速度之间的关系"；
- "生活中的三角函数"；
- "如何确定家用车的经济时速"。

开学后利用学校机房，让学生完成做题、结题的过程，学生可以网上交流，也可以面对面的讨论。这样可以更有效地实现互动、实时交流。

2009年4月28日，北京市第十九中学数学建模的网络双课堂颁奖(校内奖)，目的是树立学生学习数学的信心。例如，"数学建模"选修课班级所做"如何确定家用车的经济时速"获校级一等奖，其余3个课题均获校级二等奖等。

在具体的实验过程中，我们发现存在以下现象：由于家长不了解数学建模，不知道学生到底应该做些什么，所以监督力度不够；网络作业有重复现象，对于我们的学生来说比较容易倦怠，且教师对学生的评价量比较大；绝大多数学生已经能够积极地行动起来了，但是小部分还处于被动的观望状态。

(4)"双课堂"效应辐射到整合高中教材，进行阶段性的课程设计。

集众人智慧，采众家之长，集体备课是我们数学组一直以来的光荣传统，加强集体备课不仅可以提高教学效率，实现资源共享，而且对课程改革、学校发展、教师成长也起了非常大的作用。我们数学组2010年通过认真讨论研究"推理与证明"，以集体的智慧大胆有效地对教材中许多必修内容以及选修内容做了整合。

第一次集体备课：首先对课标和高考说明进行了分析，在这个过程中我们又不断地提出新问题，例如，本章教材在高考中的定位？以什么样的知识载体渗透？如何能让学生收获最大？带着这样的问题我们又开始诊断学情。

学生优势分析：纵观数学学习过程，学生在初中就开始学习说理和简单证明，并且推理和证明也贯穿于整个高中数学学习的始终。我们只是没有给学生提炼为："合情推理、演绎推理、综合法、分析法"的说法，反证法也曾多次用过，证题思路方法学生清楚，这条隐藏的暗线放在逻辑之后，部分知识学生会理解得更加透彻。经过高中两年多的研究性学习，学生基本上具备了小组自主合作探究问题的能力，懂得欣赏他人的学习成果，能够对他人的成绩给予客观评价。

学生劣势分析：对纯文字性的数学知识，学生感觉枯燥；对字母参数多的数学问题，学生感觉抽象；对代数、几何证明问题，学生缺乏严谨性。

经过调查学生不太喜欢考查推理的题型，见了就有放弃的念头，给后续教学增加了难度。于是我们又展开了研讨，本章复习不是新知识，其中的内涵方法学生早已理解，立足学情，最后我们确定了本章的教学方式：网络课堂小组合作学习，正式课堂汇报交流。（因为数学学习心理学家经过实验发现：合作学习特别有效的方式是相互讲授。所以合作要贯穿着"讲"、给组内同学讲、给老师讲、给全班同学讲，这是非常重要的元认知活动）。我们想借此次学习让学生进入高效复习阶段，对以前的知识有一个回顾。教师引领，学生合作，教师帮助学生梳理已学的核心知识，以例题的形式呈现在学案中。

第二次集体备课：将教师们梳理的与推理证明有关的高考题汇总，排序筛选出更为核心的知识，探讨、修改学案的呈现方式。

为了广开思路和言路，我们组全体成员组织讨论，并把想法在讨论班上和兄弟学校的老师们进行讨论和交流，王尚志教授也给了我们极大的鼓励，并提出了修改方案，他说：用双课堂在高三复习"推理与证明"，这是十九中数学组又一个有创意的想法，试图通过此知识为载体，让学生认识新知识，值得其他学校学习、考虑，这样能更好地培养学生小组合作，自主探究的意识。

第三次集体备课：得到了多方的支持，网络课程教学设计定为 6 课时并利用异质同构、同质异构科学将学生分组：先将班级学生分为 A、B、C 三个层次，每组 4～5 人，注意学生学习层次上的搭配；教师分配任务到组长，组长再分配任务到每个同学：查阅资料、讨论回答、发帖、交流。教师做好前期指导工作，一切准备就绪，课就顺利地进行了。

(5)开设"数学建模"校本课程的效果。

家长态度的变化：

感受1：很赞同这种学习方式，可以让孩子更直观、更立体地巩固所学知识。

感受2：学生参与有关活动，不仅可以更好地运用书本上所学的知识，还可以在动手能力方面成为对学生的另一种挑战，尽管刚开始会遇到一些困难，但是却使学生多了一种充实自我的经历，多了一份创造的经验，多了一份坦然面对的自信，在以后的人生道路上可以走得更顺畅。

感受3：支持但是觉得有些耽误时间。

感受4：在不影响学习的情况下支持。

我们可以看到家长的两种态度：

无条件支持——我们很受感动，感谢家长对我们工作的支持；

有条件支持——我们可以理解，毕竟学生还是要参加高考。

这也为我们的工作提出了更高的要求：省时、高效，如何将数学建模渗透于日常教学，培养学生的应用意识。

学生的变化：

变化1：改变了学生被动学习的学习方式，培养了学生自主学习、自主探究的能力。其重要的目的不在于得出某个科学结论，或者某个知识的应用，其关键意义在于——它锻炼了学生自主学习、自主设计学习路径的能力，这是在日常学习中所无法学习到的。现在的日常学习通常都是教师规划好学习的方向和方法，学生只是沿着教师给予的既定道路去完成任务，而忽略了"探究"这一过程。

变化 2：为学生提供了展现自我的平台，增强了学生的自信心，从而激发了学生学习数学的兴趣。培养了学生的团队合作意识、人际交往能力，让学生变得更加关注生活。我们的生活中其实到处可寻到数学的影子这一切都等待着我们去发掘。

3.5.3　结合日常数学教学开展数学建模特色研学活动

在日常教学中，我们充分利用人教 B 版教材必修模块中的"函数的应用""统计与概率""三角与测量"和选修模块中的"统计案例"等载体，充分调动学生的积极性，让学生参与到数学知识学以致用的活动中来。我们立足学情，研发校本教材《数学研究性学习》《数学的奥秘》《数学建模》等，并开设相应的选修课，激励学生进行数学知识应用的探究，鼓励学生学会观察生活中的各种现象，利用所学的数学知识大胆猜想、论证，并尝试解决各种实际问题。在解决问题的过程中，让学生感受数学知识从实际生活中来，又对实际生活有重要的指导意义。不断培养和提高学生观察、分析、解决问题的能力和学以致用的意识习惯。

1. 统计中的数学建模

统计与概率的基础知识已经成为一个未来公民的必备常识。在本模块中，学生将在义务教育阶段学习的统计和概率基础上，通过实际问题情境，学习随机抽样、样本估计总体、线性回归的基本方法，体会用样本估计总体及其特征的思想；通过解决实际问题，较为系统地经历数据收集与处理的全过程，体会统计思维与确定性思维的差异。

(1)在课程改革环境下根据学情，统计部分知识的教法和学法初探实践。

学生在初中甚至在小学已经接触过大多数的统计思想和方法。基于此，在"统计和统计案例"的教学中，我们采取了让学生进行合作探究式学习，学生通过小组合作学习，按照学习模板和时间要求完成自选统计案例的数据收集、处理、分析和汇报工作，鼓励学生经历数据处理的过程，培养学生对数据的直观感觉，认识统计方法的特点(如统计推断可能犯错误，估计结果的随机性)，体会统计方法应用的广泛性。学生学习模板如下。

必修 3 统计实习报告

小组成员	
本小组观点(题目)	
小组分工	
统计方法(抽样与检验)	
样本数据	
数据处理表	
样本数字特征	
结论	
收获	

　　学生通过小组合作学习和交流展示，加深对常用的一些统计思想和方法的认识和理解，同时，体会运用统计方法解决实际问题的过程，认识统计方法在决策中的作用。

　　学生通过选择适当的知识载体，对小组合作探究式学习的认识有更深刻地感受，同时也加强了学生团结协作的意识，提升了学生的综合能力。小组合作探究式学习过程体现多元智能理论中充分发挥学生的优势智能，使每个学生都能发挥特长，小组合作能够优势互补。

　　在实际操作过程中，鼓励学生使用计算机的一些软件或者 TI 图形计算器等现代技术手段来处理数据，有条件的同学也可以运用常用的统计软件来解决实际问题。培养学生学会充分利用现代化工具的意识和能力。现代社会是信息化的社会，人们常常需要收集数据，根据所获得的数据提取有价值的信息，做出合理的决策。

　　(2)课堂以鼓励学生运用所学知识、方法解决实际问题。

　　2014 级部分学生研究成果题目：

　　①2014 级高一(3)班　李佳钰雪小组"高一学生每天使用手机的时间"；

②2014 级高一(3)班　夏嘉慧小组"高一(3)班学生做作业时间和睡眠时间之间的关系";

③2014 级高一(3)班　赵丽岳小组"高一学生早餐情况调查";

④2014 级高一(2)班　高萱小组"高一(2)班及高一年级做作业与睡眠时间的关系"(与 3 班这两组得到的结果不同，与班级学情很吻合);

⑤2014 级高一(2)班　范淇小组"电影的时长多长最受人们的欢迎";

⑥2014 级高一(2)班　赵伊然组"高一年级师生手机价位调查";

⑦2014 级高一(2)班　包轶伦小组"高一学生的身高和体重之间的关系"。

(3)教学活动设计的目的和流程。

学生通过自己对感兴趣问题的实际研究，较为系统地经历了数据收集与处理的全过程，体会统计思维和确定性思维的差异。学生运用所学知识、方法去解决实际问题。同时，学生在进行数据分析时，学会用 Excel 表和图形计算器等现代工具进行数据处理、画各种统计图(扇形图、折线图、频率分布直方图)，提高了学生的数据处理能力。在确定回归直线方程的过程中体会最小二乘法的思想，同时对后面选修 2-3 中的独立性检验相关性系数有了初步的认识和理解。让学生知道还有需要进一步学习的统计知识并完善知识体系。

在学生汇报过程中，学生学会用统计专业术语描述调查过程及结果分析，提高了学生的语言表达能力。小组合作分工，小组成员有不同的收获。同时，注重评价环节，激励学生进步成长(如图 3-14、图 3-15 所示)。

①小组内同学先评价有哪些收获;

②组间同学提出修改建议，不断完善研究学习内容或方法等;

③教师点评;

④修改完善后最终上交材料;

⑤请做得非常好的组重新汇报，让学生感受到学以致用过程中不断改进、不断完善的研究意识和习惯。

图 3-14 学生汇报课题

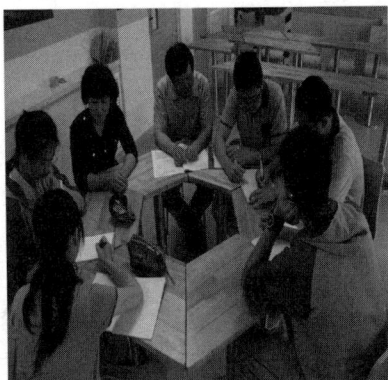

图 3-15 师生研讨课题进展情况

2. 借力数学网络课程——数学建模双课堂，师生共成长

我们向学生介绍北京市高中新课程选修网①网络平台的使用方法。我们建立了一个以数学建模为依托，双课堂交替实施的全新学习模式，在这个过程中，我们提供了适合这种学习的丰富资源，提出了新的评价方式。在这个过程中，教师、学生以及学生家长多方相互沟通、相互启发、相互补充，分享彼此的思考、经验和知识，交流彼此的情感、体验与观念，丰富教学内容，求得新的发现，从而达成共识、共享、共进，实现教学相长和共同发展，这种教学模式值得进一步推广。

这样的"双课堂"，不仅可把传统习惯中的"课上""课下"整合成一个有机体，而且极大拓展了"数学建模教学互动"的时空域。"师生互动""生生互动"没有时空限制，可多向地充分开展，也可持续推进并深化。这是一种便于开展多元、多层、多线索的教学活动，并可对它实施有序管理的新型教学环境。在这种新型教学环境的支持下，传统课堂的弊端就不复存在了。

这样的课题实践，也使教师们认识到：虚拟教室便于开展自主学习、合作学习、探究学习。信息化教学并不是用网络取代现实课堂讲授，也不是一用信息技术就必然带来优质高效，而是要使现实课堂教学

---

① 编辑注：此网现在已经打不开，但因成文需要，只做提及。

与网络虚拟教学达成互动互补。现实课堂适宜进行单线推进、"1 对 n"的教学活动。虚拟教室则便于组织多线并进的、"n 对 n"的教学活动，二者互动互补，原来做不成、做不好的事情就会做得成、做得好。

（1）一份让学生充实的寒假作业。

网络双课堂在实施的过程中，遇到很多困难。首先，我们的课程要有充足的时间保证，所以我们选择了学生在寒假中时间稍微充裕的期间进行。为此，我们对学生进行了充分的动员和完成作业内容、形式的具体指导。

经过一个多月的数学建模网络课程第一单元的学习，学生面临确定选题，选定本组用函数模型试图解决的问题。组内各成员利用假期充足的时间参加社会实践活动和相互讨论，共同研究从获取的一批问题中选择适合本组成员共同解决的问题。我们数学建模课题组给学生提出了可供参考的思路和方向。同时要求学生详细记录社会实践活动过程并收集相关资料，如图片、影像和有效数据等。

学生作业形式具体如下。

网络课程寒假作业模板

北京市第十九中学数学网络课程寒假作业《数学建模》
一、题目
二、小组分工情况

组长	组员	分工情况

三、题目拟定的合理性

四、方法步骤

五、可能出现的问题

六、设想此课题解决后对实际的影响与作用

七、文献检索

祝同学们春节愉快、阖家幸福！
北京市第十九中学数学建模网络课程组
2009 年 1 月 15 日

经过这样一个假期，学生出色地完成了选题作业，并为开题做了充分的准备。

学生准备的开题报告中 PPT 图文并茂，内容翔实。伴随着网络课程的学习，学生度过了一个充实的寒假。

(2)"学生交作业了"。

"运用函数知识建模"中第一单元的学习目标是：①通过阅读，加深对函数的理解。②能够独立找到几个真实的函数。③组成合作小组，明确分工，确定成员任务。④各小组评价他组的工作，并选定一个本组数学建模的问题。⑤积累阅读理解、发现提出、选择确定研究问题的经验。

其中第 1 学时的任务是：阅读课程提供的函数相关资料，能够识别各种函数，加深对函数的认识。需要完成的网上作业如下。

我学习函数相关资料的收获

姓名	
主题	
我对函数的认识	
对几类基本函数的归纳整理	
我的问题	
我的收获	

我们布置作业的时间是 2008 年 12 月 15 日，要求在 2008 年 12 月 26 日前提交。刚开始我们认为"利用函数知识建模"中第一单元的学习要求已经非常明确，作业形式非常适合学生，学生应该会非常简单快速地完成作业。但是，一直到 2009 年 1 月 17 日学生还迟迟交不上作业，而且竟然一个学生都没上交作业。

学生不交作业怎么办？学生这种不交作业的情况让我们非常着急，也很头疼，怎么办？如果第一项作业都完不成，后面的小组合作、相互评价、开题等就都进行不下去了。难道这个实验一开始就胎死腹中，宣告失败吗？我们利用学校的午休或放学后的一段时间走进学生中跟他们闲聊，问了学生几个问题：①数学建模双课堂网上提供的资源你们阅读了吗？②阅读之后有哪些感想？③为什么没交作业呢？此外，课后针对几个比较内向的学生，我通过手机跟他们聊天了解他们没有交作业的真实原因和想法。通过聊天我们了解了很多，并客观地分析了学生不交作业的主要原因有：①学生的自主学习主动性差，没有及时阅读网上资源进行学习；②学生的阅读理解能力比较弱，在看给定的网上资源时看不懂给定的资料内容，找不到资源中涵盖的数学知识，即使找到了几个变量，但是不能确定变量之间是不是函数关系；③学生的数学基础非常弱，即使找到变量满足函数关系有时又不知道函数类型等。针对这些情况及我们高二学生已经学习了函数、概率与统计的知识，两个变量之间的关系有不确定关系与确定关系——函数关系，我们选择了最简单的一个问题作为突破口：学生既然不知道什么样的变量关系是函数关系？确定函数关系后我们才能讨论其他的问题，如函数的类型等。我们就把作业管理系统中的第二个作业重新设计为：变量与变量之间的关系。这样学生就能有话说，我们抓住了问题的关键再降低难度再分层设计问题。

针对这个非常简单的问题，学生可以通过网络来查询答案，也可以通过查阅高中数学必修的相关知识来寻求答案。如此一来，学生对这个问题的作业上交情况马上出现变化。我们这个班里有大多数学生很快就完成了作业。有的学生非常清楚两个变量之间的关系是什么？并给出了解决更广泛存在的变量相关关系的方法。但是，还是有部分学生不知道两个变量之间的关系是什么，他们只是把函数关系给找出来了，没有提到两个变量之间的关系还有不确定关系等。

(3)让家长放心。

家长不信任网络课堂的原因分析如下。

随着信息技术向教育领域的扩展，计算机网络在教育过程中的应用越来越普遍，中小学教育网络也如雨后春笋般地涌现出来。但是提供的内容明显缺乏对学生学习功能的开发，且趣味性、信息量等都远不及互联网。

网络有很多危害高中生身心健康的地方，所以家长对网络学习给学生带来的好处持怀疑态度，在实施网络课程学习前期为了解决这个至关重要的问题，我们学校在不断探索中主要采取了以下有效措施。

采取的主要措施如下。

第一，通过网络和书面通知两种形式告诉家长数学网络课程的意义及重要性。

通过北京市高中新课程选修网的个人界面——发布公告这一功能，使家长在网上可以与学生同步浏览重要信息及学生开展网络课程的进展情况。

网络双课堂之告家长书

告家长书：

　　尊敬的各位家长，你们好。北京市高中新课程改革已将近两年，教育部、市教委努力改善学生的学习方式、学习环境，网络课堂教学即将逐步展开，选修课已经在各个大学、中学大力展开，中学生面临在校课时紧、知识面很难拓宽等问题，为了激发学生更好地学习数学，更多地了解数学，数学网络课程结合数学教材，给孩子搭建了相互交流、共同进步的平台，希望您在一周内给孩子2小时上网时间，监督孩子完成数学作业，获得相应的学分。

北京市第十九中学高中数学课题组

2008 年 12 月 25 日

此外，因为家长都很忙，怕家长没能及时上网了解信息，北京市第十九中学高中数学建模双课堂课题组又以书面的形式发给参加网络课程的学生家长通知书。内容同上，同时要求学生拿回家长签字同意并交回执。

这样家长对高中数学建模双课堂有了更深入的了解，都积极配合高中数学建模双课堂课程的开展。其中，2007 级高二(1)班有一个学生黄筱婷由于家里没有开通网络，所以刚开始没有参加网络课程的学习。后来，家长无意中看到这个通知了解了网络课程的情况，便立刻开通网络，让孩子没有顾虑地参加网络课程的学习。在网络课程学习过程中，她积极主动参与小组的课题"人的身高与鞋号的关系"。经过一个多月的学习，在海淀区期末片组的统考中，她由原来的年级第 5 名上升年级第 1 名。后来在学习总结中她提到网络课程的学习给她提供了更广阔的平台，使她在日常学习和生活中更加注重思考问题的广度和深度。合理有效地利用网络资源不但不会耽误学生的学习，同时还能促进学生学习的主动性和热情。在家长会上，她的家长做了经验交流，给更多的家长吃了定心丸。初步消除家长认为上网会影响学生学习的想法和顾虑。

第二，通过电话和短信说服个别顽固家长。

通过网络和书面的通知书，大多数家长都非常支持网络课程的学习。但是，还是有很少一部分家长对网络和学生都不放心，不同意学生进行网络课堂的学习。针对这种情况，我们与家长进行电话沟通，再详细说明网络课程能够给学生带来的近期和长远的好处。同时，学生、老师、家长三方约定：①老师布置作业当天就通知家长完成作业的时间范围，让家长在限期范围内给学生 2 小时上网时间完成作业。②教师评阅后给家长反馈成绩和意见。③对于学生自身学习数学情况完成较好者给予半小时的上网娱乐时间以示奖励。例如，2007 级高二(3)班的林肯，数学基础非常差并且喜欢玩游戏，家长认为在学校都学不好数学，通过网络怎么可能把非常难的数学学会呢？此外，家长之前非常不放心他的学习主动性，因为他喜欢玩游戏。经过我们的约定之后，家长抱着尝试的态度容许学生参加网络课程。经过两个多月的网络课程的学习，林肯在真实课堂中的课堂效率有了一定提高。例如，上课由原来的"睡神"变得清醒了，能积极思考问题了，大多数情况下还能正确回答老师的问题。这样，他在数学课上学习积极性更高了，自信心更强了，下课还经常问一些数学问题，有些问题甚至根本不是书上的，他的数学视野更开阔了。家长也非常高兴看到他能出现这种期盼已久的改变。

第三，充分发挥网络课程小组组长的核心作用。

与家长有个约定：小组长向组内成员家长定期进行学业汇报。汇报小组成员的作业完成情况与家长一起监督学生及时完成网上作业。

通过以上三个措施，家长看到学生的诸多变化，并通过对网络课程学习地跟踪了解越来越放心学生进行网络学习，这为后期的做题、结题及网上的诸多评价与讨论地顺利进行消除了障碍。

（4）开展数学建模网络双课堂的实践收获。

从北京市高中课程改革实施以来，遵循"认识课改、研究课改、推进课改"的工作思路，在首都师范大学王尚志教授和北京大学附属大学张思明校长的指导和帮助下，我校高中数学组针对新课程实施中的重点问题和难点问题进行了各种方式的大胆尝试，并在必修"推理与证明"、选修模块"数学史"和校本课程模块"数学建模"方面参与了北京市教育学会承办的"北京市高中新课程的重点项目——凭借网络营造民主平等的教学环境，构建新型的教学共同体——北京市高中新课程选修模块网络资源的开发与实施"。在 2009 年 4 月 14 日，在北京市第八十中学由教育部领导参加的"数学建模"双课堂实验结题汇报展示会上，由王肖华老师指导的"怎样蒸出的米饭最好吃——与水量、时间的关系"和由高磊老师指导的"如何确定家用车的经济时速"在市级项目汇报和展示中受到教育部领导和专家张思明等的肯定和好评。我们取得优异成绩的同时提升了学生的研究性学习的意识和能力，激发了学生学习数学的兴趣，树立了自信心，收获颇丰。第一，为我们后期在其他年级继续做数学建模——函数的应用等方面提供了素材和经验。第二，为我们后面继续参与其他板块（如几何测量、统计案例等）内容的顺利进行奠定了基础。

学生收获摘录如下。

——2007 级高二（10）班赵梦雅

经过这次数学建模小组活动，我学到了很多，尤其是许多在书本上学不到的知识和能力等。

我的数学从小到大一直都不好，所以我一直对数学这门学科没有太大的兴趣，而且觉得现在所学的数学知识在我们以后的生活中也起不到很大的作用。但经过这次活动，我真切地体会到了数学的真谛：并非要学得多么深奥，但一定要将自己所学的知识灵活地运用到生活当中去，真正地做到活学活用。要学会将数学真正地融入生活当中去。

　　这次活动也让我的自信心提高了很多，虽然自己在数学学科方面远不如一些同学好，但我也有我自己的优点，只要充分地把自己的想法和优势展现出来，也一定能做成好的作品。而且，这次小组活动也充分地体现了小组团队精神的重要性，在学习与探究的过程中，使我们真正地学会了小组合作，也增进了同学之间的友谊。

　　总之，在此次活动中，我学到了很多对我未来人生很重要的东西。感谢老师们给我们一个充分展现自我的平台，让我们对数学学习充满了兴趣。

　　——2008 级高一(7)班王紫东

　　在台上做汇报，或者答辩，远非我们想象的那么困难，但所需要的前提是必须要有严谨的科学理论支持。而我认为，本次数学建模活动以及答辩，其最重要的目的不在于得出某个科学结论，或者某个实际应用。其关键意义在于：它锻炼了我们自主学习、自主设计学习路径的能力，这是在日常学习中所无法学习到的。现在的日常学习通常都是老师为我们规划好学习的方向和方法，学生只是沿着老师给予的既定道路去完成任务，而忽略了"探究"这一过程。此外，在聚光灯下，面对几十名同学老师、数架"长枪短炮"而不怯场，不紧张，这也是一种难得的锻炼。

　　——2007 级高二(1)班马博伦

　　昨天我参加了《数学建模报告会》，感受颇深，不得不佩服同学们敏锐地洞察生活的能力，有的题目在生活中会经常遇到，甚至会觉得习以为常，但其实都存在着一定的数学关系，而且他们的研究都很严谨，有些题目虽然我们也研究过，但全然没有他们研究得透彻、深入、细致，把每一个可能存在的误差以及解决方法都列举出来，让人一目了然。最重要的是通过这样一个活动，让我们体会到合作的重要，只有坚持不懈、持之以恒才能成功，这种精神也会一直伴随我们之后的学习、生活。

教师收获摘录如下。

——沈建军老师

数学建模过程是学生从学会数学到会学数学的转变，过程吸引学生，结果感动学生，效果激励学生。

——王肖华老师

我们要充分地相信学生已有的能力和等待开发的潜能，只要我们能根据学生的实际知识结构水平和特点，选择适合他们能力的课题并帮助他们坚持做下去，学生会让我们有更大的收获和惊喜。文科数学比较弱的学生同样可以把数学建模做得很好！我们要尽量找到一切能激发学生提高学习数学兴趣的切入点，使学生真正感受到生活中的数学无处不在，处处留心皆学问，学会学以致用。

——高磊老师

数学建模过程能够充分发挥学生的特长与个性，培养他们的团队精神。过程中的艰辛能够让他们学会用微笑面对困难，用微笑面对成功，从而以更加积极的心态、饱满的热情，充满自信地去迎接新的挑战！

——赵昕老师

2009 年 4 月 14 日，我参加了北京市教育学会举办的数学学科项目阶段汇报，会上来自不同学校的高中生们展示了他们的数学建模课题研究，作为一名多年从事数学教学的老师，我为这些同学们在研究过程中所体现出来的积极思考、深入探索的精神所打动，以下是我的一些感受和思考：

在汇报过程中，许多老师都对孩子们的研究课题提出了一些问题，其中有一个问题就是"你们在研究过程中的难点在哪儿？"同学们的回答令我们都很感动，一位同学说："最难的就是实际操作时才发现有很多设想是行不通的，我们不得不放弃以前的想法重新开始，那时我们真的想放弃了，多亏老师和家长给了我们鼓励和支持，我们才能坚持下来！这次建模课题的研究使我们懂得了科学研究是一个艰苦的过程，如果你想获得成功，就得有坚持不懈的意志和丰富的知识储备，还要有敢于创新的思想，也使我们坚定了信心，锻炼了我们的意志。"还有的同学提出"通过参加这次建模活动，体验了研究的过程，增进了同学们的友谊"。

从学生们的话语中，我感到他们对数学的热爱，很多学生通过参加建模活动增强了学习数学的信心，激发了学习的兴趣，真正理解了科研探索的精神，加强了学生们之间的友谊，我想我们在以后的教学活动中应该借鉴这其中的经验，创设一些研究课题，培养学生积极探索的精神。

5. 教学内容、教学方式的开放性支持了学生的个性化学习需求，并为之创设相应条件

(1)教师方面。

数学建模是一种以"参与"和"合作"为特征的研究方式，主要是指教师在实际情境中进行研究，并将研究结果在教学实践中加以应用，从而不断改进教学工作的探索活动。长期以来，教师的角色围于"传道、授业、解惑"之中，扮演着教书匠的角色。而校本课程开发就是教师不断反思、参与科学探索的过程，它遵循"开发—实施—观察—反思—再开发"这个螺旋上升的过程，要求教师从课程的使用者转化为课程的创造者；要求教师既是教育教学的实践者，又是课程的开发者和研究者。学校为了使建模活动顺利开展，为教师购置了很多教学器材，如与数学建模有关的冰激凌机、温度传感器、光强传感器、微波炉、50米规格的卷尺等，在校本课程开发的过程中，教师不仅要研究学生，还要研究问题的解决方案。在行动研究过程中，教师通过对自己教学行为的反思，总结经验教训，研究教学过程，从而发现适合自己的教学方式和教学风格，最终提高自己的教学水平和研究能力。教师为了提高对所从事的教学实践的认识，就需要对课程开发过程不断地反思，在反思过程中提高自己的能力和素养，高磊、王肖华等老师在数学建模课程的设计与实施方面脱颖而出，带动我们数学组

老师开展数学建模活动。

(2)学生方面。

以学生的发展为本，是数学建模研究课题的一个鲜明的特点，无论教学的哪个环节，都以学生作为主体，是全体学生参与全过程、全方位获得发展的过程。例如，函数部分，会设计最优问题；三角部分，会设计测量问题；立体几何部分，会涉及打包问题；统计部分，会做调查分析报告。学案作为本模式的重要设计任务，贯穿了整个教学过程的始终，再加上它本身所特有的极强的可操作性特点，对学生多元智能的发展与综合素养的建构发挥着重要的作用。改变原有单一、被动的学习方式，建立和形成发挥学生主体性的多样化的学习方式，促进学生在教师指导下富有个性的学习，是课程改革的核心任务。而此课程开发是以学生的需要为导向、给学生留下自己的空间、注重差异性的教育，与"新课程改革"的基本精神一致。自 2008 年至今，步入十九中的学生的研究性学习应用论文获市区级奖励达百余篇，生活问题数学化的意识逐步增强。

3.5.4　形成以过程性评价为主的多元数学建模评价

数学建模，应该重过程、重参与、更多地表现活动的特性，因此要让学生亲自体验建模的过程。高中数学建模双课堂课程的设计和实践，试图基于网络找到一种数学建模双课堂的教与学的形式，真正实践新课程的教学目标。希望通过数学建模双课堂的实践和探索，真正改变教师的教学方式，带动学生学习方式的改变，虚拟课堂具有与真实课堂不同的学习平台，它可以构建学生个性化的学习空间，使学生在宽松的学习环境中呈现他们更关心的、更关注的实际问题。通过网络可以大大提高学生学习的参与度，让互动、生成、实时的交流成为可能，提升学生的创新精神和创造能力。

1. 重视对学生数学学习过程的评价

数学建模的学习不仅仅是学习一种数学方法，更重要的是学习数学的应用和解决问题的过程。因此，在评价学生数学建模学习的时候要尤其"重过程、重参与"，不需对建模过程的严密性和建模结果的准确性做过高的要求。

在评价中需要注意以下几点。

(1)在学习过程的评价中，要关注学生是否积极主动地参与数学学习活动、是否愿意能够与同伴交流数学学习、与他人合作探究数学问题；

(2)评价要特别重视考查学生能否从实际情境中抽象出数学知识以及能否应用数学知识解决问题；

(3)评价应关注学生是否不断反思自己的数学学习过程，并改进学习方法。

2. 重视对学生能力的评价

高中数学课程标准指出：学生能力的获得与提高是其自主学习、实现可持续发展的关键，评价对此应有正确导向。能力是通过掌握知识和运用水平体现出来的，因此对于能力的评价应贯穿学生数学知识的建构过程与问题的解决过程。

我们需要重点评价学生的以下能力。

(1)发现问题和提出问题的能力。(有的学生数学基础不太好，但提出的问题特别好，如"怎样蒸出的米饭最好吃——与水量、时间的关系"，学生可以反复操作。)

(2)收集有效信息和建立模型的能力。

(3)与他人合作交流解决问题的能力。

(4)对建模结果进行分析、讨论和应用的能力。

(5)准确表达建模结果的能力。

3. 实施促进学生发展的多元化评价

评价主体的多元化要求在教师评价的同时也需要学生自评、互评以及家长和社会有关人员的评价。评价方式多元化要求除了用试卷评价，还可以采取做报告、做论文和建模大赛等方式来进行评价。评价内容多元化要求我们不仅仅要重视结果的评价，更要重视过程的评价。评价目标多元化要求在评价的时候要尊重学生的个体差异，对不同的学生采取不同的评价标准。

附件：开展数学建模活动以来的丰硕成果

（一）2009 年 4 月 14 日参加了北京市教育学会"8530 计划"数学学科项目阶段总结汇报

2007 级的谷一盈、赵梦雅、李想组成的建模小组在第一节课的第二组闪亮登场。她们汇报的题目是由王肖华老师指导的"怎样蒸出的米饭最好吃——与水量、时间的关系"。我们的三位女生以巾帼不让须眉的姿态，自信、从容、大方、流畅地完成了结题报告展示。

2008 级的王紫东、郑彦捷、魏昕组成的建模小组研究的课题是由高磊老师指导的《如何确定家用车的经济时速》，他们所做课题引起了在场的专家和同学们的兴趣，大家纷纷向他们提出了自己的观点和建议，三位成员从容、镇定，用自己机智、幽默的回答得到了大家的阵阵掌声，用自己的自信征服了全场。

（二）北京高中数学知识应用论文竞赛获奖

我校（2011 届）全体学生在本年级数学教师的指导下，于 2010 年 3 月第一次参加了北京高中数学知识应用论文竞赛。在此次竞赛中，我校学生取得了优异的成绩，获奖情况如下。

二等奖：

①郑彦捷、窦晓洁、张森、孙琦、丛涵煦"抗冻聚光壁挂式太阳能热水器的实验测试探究"；

②关逸文、严林涛、李洵"概率统计与密码破译"。

三等奖：

①韩金、郝英荟、丛勇、丛强、李威、尤然、胡帅"关于热水壶的加热效率"；

②郑钧元"原油价格决定因素的探求"；

③谢晨博、王经纬、王之含、穆德钰、王文阳"中国总体人均 GDP 和上升趋势"；

④王莹莹、张佳音、刘亦村、刘思迪、左梦迪、刘亦斌"北京近几年的房价发展状况"；

⑤王紫东、郑彦捷、魏昕"家用汽车经济时速研究"；

⑥柳一村、车冠岐、张一迪、刘众博、朱琳、崔景华"GDP 的增长与能源消耗的关系"。

鼓励奖：

①张一鸣、赵方菲、钱纾琦、扈佳、闫予琦"不同物质对花生长情况的影响"；

②佟昕檬、杨尔翰、蒋璇、杨帆、王博健"北京市海淀区苏州街红绿灯时间间隔设置与路面宽度关系合理性的研究"。

他们参加了 2009 第三届"气候酷派绿色校园"活动，他们应用算法知识，编程模拟温度传感器在大于 27 度和小于 26 度时的动作，来控制空调和风扇的合理搭配问题，拟达到节能减排的目的，这项实践活动荣获了北京赛区高中组二等奖，并有机会到上海参加了全国总决赛。中国科学院电工研究所的专家对我们的评价是：设计具有实际应用价值，空调和风扇合理搭配使用可以达到节能效果。

王浣尘：2009 第三届"气候酷派绿色校园"行动中荣获"2009 全国气候大使铜奖"称号，王浣尘组："气候酷派"校园绿化方案——区研究性学习一等奖。

金昊旻：牛奶新鲜程度的研究——区研究性学习三等奖，头脑奥林匹克承重结构比赛——校一等奖。

(三)近5年海淀区研究性学习课题十九中学生获奖达120多项(节选)

年级 班级	课题	课题成员	获奖等级	指导教师
高一(5)班	十九中高一学生对常见中式与西式快餐接受程度的调查	徐芮、宋安平、刘奉新、许思雨、池珺晗	二等奖	吴茜茜、杨洪军
高一(6)班	北京市第十九中学高一学生对中西方节日热情程度之比较	林悦、段羽洁、齐宇思、庞裕汾、赵世杰	二等奖	吴茜茜、杨华、杨晓琦
高一(6)班	英雄主义电影对高一学生的影响	包玉树、高珊、孟群升、艾维、张东旭、刘丞尧、杨汉尧、郑亦明	二等奖	吴茜茜、杨晓琦、杨华
高一(5)班	北京市第十九中学高中生留美意向调查	侯雪、杨剑漪、钟楠、范胜男	三等奖	吴茜茜、沈建军
高一(9)班	当代中学生眼中的国粹	王健伟、高筱萌、白静雯、杨姝玥	三等奖	许琰、王文芝
高一(9)班	传染性疾病传播规律	都云泽、李伟豪、李宛鑫	三等奖	许琰、李宜霞
高二(7)班	学校容量模型的建立与分析	张姝婧、岑可依、陈青	二等奖	辛超、曲秀丽
高二(5)班	在校中学生对食堂看法调查研究	李丰禾	三等奖	金永涛
高一(2)班	黄金分割法的实际应用	苗雨萌、范淇	三等奖	王肖华

(四)学生的31个优秀课题

1."'校园绿化'方案"

2."2009-2010NBA赛程安排"

3."GDP的增长与能源消耗的关系"

4."北京近几年的房价发展状况"

5."北京市海淀区苏州街红绿灯时间间隔设置与路面宽度关系合理性的研究"

6."不同物质对花生长情况的影响"

7. "春节菜价波动及其衍生问题"

8. "春运数学建模"

9. "粉条的软硬程度与所煮时间长短的关系"

10. "关于热水壶的加热效率"

11. "关于市场上饮料的销售情况调查"

12. "家用汽车经济时速研究"

13. "居民收入与消费结构调查分析"

14. "抗冻聚光壁挂式太阳能热水器的实验测试探究"

15. "绿色时尚的低碳生活"

16. "屏幕与视疲劳"

17. "汽车使用与环境污染"

18. "铅球掷远问题的数学模型"

19. "商品打折情况的调查分析"

20. "什么时间看电视最不容易受到干扰——论广告时间长短与时间的关系"

21. "世界油价对各国油价的影响"

22. "探究饮料中的成分"

23. "探索概率统计与密码术"

24. "讨论红绿灯及车流量间的关系报告"

25. "温度、湿度、风力、气压、阴晴、星期几对空气质量的影响"

26. "温度反映气候的变化及趋势"

27. "选择哪家银行贷款买房——如何才能以最低价格购买商务房"

28. "选择什么时间看电影最好——论看电影时间与价格、人数之间的关系"

29. "选择什么样包装的商品最划算"

30. "运用黄金分割体验数学的美"

31. "中国总体人均 GDP 和上升趋势"

第四章

中学数学建模教
与学的实践案例

4.1 数学建模起始课的教学设计

4.1.1 走进数学建模

数学建模就是应用建立数学模型来解决各种实际问题的方法，也就是通过对实际问题的抽象、简化，确定变量和参数，并应用某些"规律"建立起变量、参数间的确定的数学关系(也可称为一个数学模型)，求解该数学关系，解释、验证所得到的解，从而确定能否用于解决实际问题的多次循环、不断深化的过程。[①]

在中学我们所谈的数学建模主要侧重于解决非数学领域内的问题。这类问题往往来自日常生活、经济、工程、医学等领域，需要分析、假设、抽象等加工，才能找出其隐含的数学关系结构。通过模型，依据现实世界中的问题背景，用数学的概念、公式和命题描绘现实世界中的故事，搭建数学与现实世界的桥梁，使得数学重新回归现实世界。

一般地，数学建模的过程可用图 4-1 的框图表示。

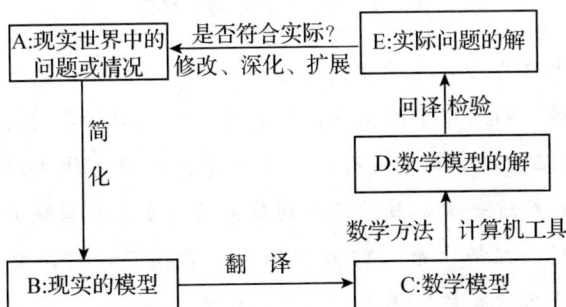

图 4-1

---

① 叶其孝：《数学建模教学活动与大学数学教育改革》，长沙，湖南教育出版社，2003。

数学建模方法是把实际问题抽象成数学模型，也就是把实际问题转化成数学问题，然后再用数学的方法加以解决。哥尼斯堡七桥问题的研究就是数学建模中的一个经典。

案例：哥尼斯堡七桥问题的由来和解决①

哥尼斯堡就是现在俄罗斯的加里宁格勒。哥尼斯堡在第二次世界大战前属于德国，是东普鲁士的首府，在历史上，哥尼斯堡的归属曾发生过几次变化。第二次世界大战结束后，东普鲁士部分领土划归苏联，成为苏联作为战胜国享受的战利品。苏联把哥尼斯堡更名为加里宁格勒。斯大林没有把加里宁格勒划入刚刚并入苏联的立陶宛，而是划入俄罗斯联邦。加里宁格勒风景秀丽，气候宜人。这里有着丰富的自然资源，是重要的军事基地，也是重要的海运港口。1991年苏联解体，波罗的海周边的三国立陶宛、拉脱维亚和爱沙尼亚独立，加里宁格勒就变成了俄罗斯的一块外飞地。普莱格尔河(Pregel)穿过美丽的哥尼斯堡城。普莱格尔河有两个支流，在城市中心汇成大河，中间是岛区，人们在河上建起了七座桥，使这里成为风景优美的人间仙境，如图 4-2 所示。

图 4-2　哥尼斯堡七桥示意图

由于岛上有古老的哥尼斯堡大学，有知名的教堂，有大哲学家康德的墓地和塑像，因此城中的居民，尤其是大学生们经常到河岸和桥上散步。在 18 世纪初，有一天，有人突发奇想：如何才能走过七座桥，而每座桥都只能经过一次，最后又回到原来的出发点？当地的人们开始沉迷于这个问题，在桥上来来回回不知走了多少次，然而却始终不得其解，这就是著名的哥尼斯堡七桥问题的由来。

---

① 高中印(1956—)，男，河北承德人，承德民族师范高等专科学校(现已更名为河北民族师范学院)数学与计算机系教授。收稿日期：该校学报 2010-02-05)

　　哥尼斯堡七桥问题看起来似乎很简单，但很多人经过多次尝试，却始终没有找到答案。这个问题很快传到了欧洲，成了著名的数学难题。大数学家欧拉(Euler，1707—1783)(图 4-3)此时受俄国之邀，正在圣彼得堡科学院做研究。他的德国朋友告诉了他七桥问题，引起了欧拉的极大兴趣。他想：经过这么多人的努力都找不到不重复的一次走完七座桥的路径，会不会是这样的走法根本不存在？但是这只是个猜想，还需要证明。

图 4-3　欧拉

　　欧拉首先想到的是用穷举法，就是把所有的走法都一一列出来，然后再一个一个验证是否可行。但是他马上发现这样做太麻烦了，因为对七座桥的不同走法就有 7! ＝5040 种，逐一检验太耗时费力了，况且这样的方法没有通用性。如果桥的位置或桥的数量发生变化，岂不是又得重新检验？看来此法不可行。经过反复思考，欧拉想到：岛的形状、大小以及桥的长短、宽窄并不影响结果，位置才是最重要的。于是他联想到了莱布尼兹(Leibniz，1646—1716)的位置几何学，既然陆地是桥梁的连接地点，不妨把图中被河隔开的 4 块陆地看成 4 个点，7 座桥看成 7 条连接这 4 个点的线，这样将图形简化，于是就画了如图 4-4 所示的图形。七桥问题就相当于一笔画出此图形的问题。这是把陆地(平面)用点来表示，把桥用线来表示。多么美妙的构思啊！这就是数学大师欧拉对七座桥问题建立起来的数学模型。

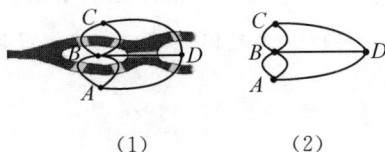

(1)　　　　　(2)

图 4-4　七桥问题的数学模型示意图

　　通过数学建模，已经把实际问题转化成了数学问题。这时欧拉注意到，如果一个图形能一笔画成，那么除去起点和终点外，其他的点都是经过点。而经过点是有进有出的点，即有一条线进这个点，就一定有一条线出这个点。不可能有进无出，如果有进无出，它就是终点；也不可能有出无进，如果有出无进，它就是起点。因此，在经过点进出的线总数应该是偶数。我们称在一个点进出线的总数是偶数的点为偶点；总数为奇数的点称为奇点。如果起点和终点是同一个点，那么它也属于有进有出的点，它也是偶点，这样图上的点全是偶点。如果起点和终点不是同一个点，那么它们必定是奇点。因此，能够一笔画的图形最多只有两个奇点。

1736 年，欧拉证明了自己的猜想，一次不重复走完七座桥是根本不可能的。随即他发表了"一笔画定理"：一个图形要能一笔画完，必须符合以下两个条件：

(1)图形是封闭连通的；

(2)图形中的奇点个数为 0 或 2。

七桥问题中的四个点全是奇点，当然不能一笔画，即不可能一次无重复地走完七座桥。一般地说，如果图中的点全是偶点，那么可以任意选择一个点作为起点，当然终点与起点重合，能一笔画成；如果图中有两个奇点，那么可以任意选一个奇点作为起点，另一个奇点为终点，可以一笔画成。

欧拉的这个研究成果，开创了图论和拓扑学这两门新的学科。这两门学科在计算机科学中有着广泛的应用。由此可见，只要善于用数学的眼光、数学的方法去观察事物，分析问题，就能把生活中的一些实际问题转化为数学问题，并用数学的方法来处理和解决。欧拉用数学建模的方法来解决七桥问题，可以说为我们中学数学建模提供了一个经典范例。

【思考与实践】

阅读上面的文字，思考并回答下面的问题。

(1)现实的问题是什么？

(2)转换成数学模型时，哪些数学元素分别代表了哪些现实的元素？忽略的现实因素是否会对结果产生影响？什么影响？

(3)你个人认为哪个过程最有意思？欧拉相应工作的价值是什么？

(4)给一些具体图形，如图 4-5 所示的奥运五环，你是否可以判断它是否可以一笔画出？

图 4-5

(5)能否加一座桥，由"七桥"变"八桥"，从而达到原题的要求？

(6)你觉得这个问题所得到的结论还可以用在哪些地方呢？

(7)自主探究——一条河流经某中心城市，这一段河中有两个岛，在河岸与岛间共架设了 15 座桥，如图 4-6 所示。能否从某地出发经过这 15 座桥各一次后再回到出发点？如果不要求回到出发点，能否在一次散步中穿过所有的桥各一次？

图 4-6

(8)你觉得欧拉用"一笔画"的模型方法，解决"七桥问题"有什么好处？

4.1.2 我们一起做数学建模——分油问题

分油问题是一个古老的益智问题，其中一个问题是这样的：大桶里有 10 斤油，现有大小两个空瓶子，大瓶能装 7 斤油，小瓶能装 3 斤油。瓶子没有刻度，也没有其他量具，如何把 10 斤油平分成两个 5 斤油？

这个问题的求解方法是多种多样的，下面介绍的是用"状态转移"的数学模型求解的过程。

我们用二维数组 (x, y) 表示大、小瓶装油的"状态"，其中 x, y 分别表示大、小瓶中的油量，单位是"斤"。容许的状态是 (x, y)：$0 \leqslant x \leqslant 7$；$0 \leqslant y \leqslant 3$。状态容许区域如图 4-7 所示。

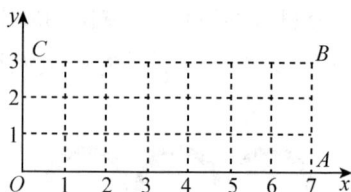

图 4-7　状态容许区域

下面给出"状态转移"操作的说明。

我们把倒油的操作与"状态"在容许区域中的变化，对应的描述如下。

(1)桶向大瓶里倒 k 斤油：$(x，y)$ ——> $(x+k，y)$ 相当于水平右移 k 格，$k \leqslant 7$。

(2)大瓶向桶里倒 k 斤油：$(x，y)$ ——> $(x-k，y)$ 相当于水平左移 k 格，$k \leqslant 7$。

(3)桶向小瓶里倒 k 斤油：$(x，y)$ ——> $(x，y+k)$ 相当于竖直上移 k 格，$k \leqslant 3$。

(4)小瓶向桶里倒 k 斤油：$(x，y)$ ——> $(x，y-k)$ 相当于竖直下移 k 格，$k \leqslant 3$。

(5)大瓶向小瓶里倒 k 斤油：$(x，y)$ ——> $(x-k，y+k)$ 相当于沿 $135°$ 的方向，向左上方移 k 行，$k \leqslant 3$。

(6)小瓶向大瓶里倒 k 斤油：$(x，y)$ ——> $(x+k，y-k)$ 相当于沿 $-45°$ 的方向，向右下方移 k 行，$k \leqslant 3$。

依照状态转移模型，解决分油问题的关键是能不能找到。从点 $(0，0)$ 出发，相当于两个瓶子是空的，按照上面的六种走法之一，一步步地"转移"到点 $(5，0)$，相当于大瓶里有 5 斤油，其他地方还有 5 斤油，这样就完成了分油的任务，其中每一步的转移对应于一个一个的倒油操作。

用状态转移法解分油问题的过程之一如图 4-8 所示，但不是结果的全部，请同学们在图 4-7 中画出你们找到的另一组解。

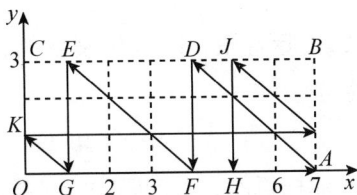

图 4-8 状态转移的过程示意图

【思考与实践】

1. 试用"自然语言"把上面的图 4-8，转化成具体的倒油操作。

2. 从上面的图中，可以看出除了能分出"5 斤"油，还能分出几斤油？

3. 条件："瓶子没有刻度，也没有其他量具"，用在什么地方了？

4. 请同学们在图 4-7 中画出你们找到的另一组解。你认为用"状态转移"模型方法解决分油问题有什么好处？

5. (选做)网上做一下检索，看一看"状态转移模型"还可以解决其他什么实际问题？把你能看懂的例子分享给同学们。

6. (选做)如果将桶中的油量改成 12 斤，大、小空瓶的容量分别改成 9 斤和 5 斤，能不能分出两个 6 斤油？为什么？

7. (选做)如果将桶中的油量改成 16 斤，大、小空瓶的容量分别改成 12 斤和 7 斤，能不能分出两个 8 斤油？为什么？

8. (选做)桶里有 24 斤油，今只有盛 5 斤、11 斤和 13 斤的容器各一个，如何才能将油分成三等份？

9. 归纳一下数学建模的主要步骤。

4.1.3 建模的步骤介绍与函数建模

在前面的学习中，我们通过"七桥问题""分油问题"这两个简单的数学建模案例，初步感受了数学建模的意义和简单的过程。实际上数学建模的主要步骤如下。

第一，模型准备。

首先要了解问题的实际背景，明确建模目的，收集必需的各种信息，尽量弄清对象的特征。

第二，模型假设。

根据对象的特征和建模目的，对问题进行必要的、合理的简化，用精确的语言做出假设，是建模至关重要的一步。

如果对问题的所有因素一概考虑，无疑是一种有勇气但方法欠佳的行为，所以有经验的建模者能充分发挥想象力、洞察力和判断力，善于辨别主次，而且为了使处理方法简单，应尽量选择直观化、线性化、均匀化的处理办法。

第三，模型构建。

根据所做的假设分析对象的因果关系，利用对象的内在规律和适当的数学工具，构造各个量间的等式关系或其他数学结构。建立数学模型是为了让更多的人明了并能加以应用，因此工具或结构越简单，越清晰，越有价值。

第四，模型求解。

模型求解可以采用解方程(组)、解不等式(组)、画图形、证明定理、逻辑运算、数值运算等各种数学方法，或者用计算器、计算机编程等技术。一个实际问题的解决往往需要纷繁的计算，许多时候还需要用计算机模拟出来纷繁的可能，因此会使用工具软件、数学软件包对于解决问题常常会很有帮助。

第五，模型分析。

模型分析对模型解答进行数学上的分析，论证结果的实际意义是什么，是否可靠、可信。如有需要和可能，可以对结果进行误差分析、数据稳定性分析等。

【思考题】

我们从小学到中学，在数学学习中，做过不少"应用题"。数学建模和应用题有什么联系和区别？

下面我们要大家实际体验、完成一个用数学建模解决实际问题的过程。为了提升学习效果，建议同学们组成学习小组，把建模任务看成是我们小组要面对的一个小课题，按照下面的"选题、开题、做题、结题"这四个环节来解决它。

"选题"的任务是学习阅读资料包里的相关文献，梳理知识，形成问题，在小组里交流，最后形成小组集体打算做的小课题。

"开题"的任务是经过小组内外的学习讨论，对于后面要做的工作有一定的认识，对可能的结果有估计。初步梳理出解决本组提出问题的想法，或技术路线，或初步的实施方案，最后形成一个开题报告。

"做题"的任务是全组分工合作，按前面设计的实施方案真实寻求结果的过程，可以集体多次讨论、网上求助、进一步学习、反复查找相关资料、选择合适的工具、实施测算、撰写报告等，最后形成一系列成果，如表示结果的数据公式、文字报告，软件、照片或视频、实物模型等。

"结题"的任务是将自己小组的成果用结题报告或小论文的形式提交，在网上，或在课堂内相互交流，进一步修改充实成果，同学之间相互给出评价意见。在教师的指导下，组织现实课堂的交流汇报答辩会等。

下面我们一起做一个数学建模解决实际问题的过程体验。

【燃气灶的问题情境】

问题提出

现在许多家庭都以燃气作为烧水做饭的燃料，节约用气是非常现实的问题。怎样烧开水最省燃气？

省燃气的含义就是烧开一壶水的燃气用量少。一般来说，烧水时是通过燃气灶上的旋钮控制燃气流量的，流量随着旋钮位置的变化而变化。由此可见，燃气用量与旋钮的位置呈函数关系。于是，问题就是：旋钮在什么位置时，烧开一壶水的燃气用量最少？

分析理解

设想，当旋钮转角非常小时，燃气流量也非常小，甚至点火后的热量不足以将一壶水烧开，如果一直烧下去，燃气用量将无止境；随着旋钮转角增大，即燃气流量渐渐增大，烧水用气量则会有所减小。但是，旋钮转角很大时，燃气不一定充分燃烧，过分的热量不能充分作用于水壶，会产生浪费，烧一壶开水的燃气用量又会比较大。旋钮在什么角度用气量最小呢？我们不可能测出所有旋钮转角对应的燃气用量值，于是，我们试图经过实验测出几组数据，然后用这些数据拟合函数，得到所求。

【学习任务】

请同学们组成学习小组，讨论一下要解决什么问题？提出解决问题的大体思路和方案。做一个模拟"选题"和"开题"的交流，下面是一些具体要回答的问题。

(1)就烧开水如何省燃气，我们要选择具体研究的问题是什么？尽量用数学语言表达出来，比如选的函数是什么，自变量是什么，相应范围是什么？什么条件需要假设，什么条件需要固定，什么因素可以忽略？

(2)还需要哪些知识、方法、工具？

(3)还需要事先检索哪些信息资料？

(4)还需要收集哪些数据资料？

(5)我们打算做点什么？能做什么？预期结果是什么？

(6)我们的计划分工是什么？

(7)我们要留下哪些过程的资料，最后如何呈现我们研究的结果？

(8)填写开题报告，下表仅供参考。

表 4-1　开题报告的格式

我们组的成员	
成员分工	
我们组选择要解决的问题是	
选择此问题的原因及意义	

续表

可行性分析	
基本模型、解决问题的大体思路和步骤	
预期结果和结果呈现方式	
参考文献	
其他说明	

【课后作业】

请各组同学对上述问题进行讨论、交流、反思后，形成行动方案，并具体实施改进后的建模过程，直至得到相应问题的结果。

4.1.4 建模的结果呈现、交流和评价

在前面的学习中，我们尝试做了一个数学建模的实践"解决如何烧开水能省燃气"的问题。数学建模最有魅力的地方在于这是一个各展所长、循环往复、不断精确的过程。不同于平时学生完成的数学题，数学建模的结果获得依赖于对现实的数学抽象。不同的数学抽象，不同的解决办法，可能就会得到不同的结果。

在这一节，请同学们完成以下任务。

(1)将完成的建模成果，按小组或个人，写成一个结题报告或者写一篇建模小论文(参考附件)，并在班级中宣讲交流。

(2)总结、交流、反思建模中的收获和问题，积累建模的经验。

(3)提出几条标准：好的建模过程和好的建模结果应该有哪些特点？

(4)通过自评和互评，发扬优势，改进不足，相互学习借鉴，学会欣赏他人的建模成果。

结题报告的格式

我们要解决的问题概述、背景和意义	
我们解决问题的思路	

续表

前期的学习、资料和工具的准备	
假设、分析、建模、模型求解的主要过程	
我们得到的结果和对结果的解读和分析	
小组成员的分工和各自的主要贡献	
我们工作的收获或感受，得到的帮助和致谢	
主要参考文献	

附件：【可以选择的任务】——如何撰写或完善我们的建模小论文

（1）在网上或者在教材的资源包里，搜寻、观看若干篇获奖或在正式刊物上发表的数学建模论文，注意格式（题目、关键字、背景意义的综述、建模过程的表述、创新点、误差分析、文献等的书写要求），改进自己的小论文。

（2）准备一个 5～10 分钟的 PPT，在班里报告自己的建模成果，尽可能清晰、生动。

4.2 结合常规教学的课内数学建模案例——建筑高度的测量

测量楼高是一个很传统的数学应用问题，该课题对培养学生分析和解决问题、动手实践、误差分析等能力很有好处。测量的模型方法可以是几何方法，如比例线段、相似形等；也可以是物理方法，如自由落体公式、几何光学的双镜法等。教师应鼓励学生们通过合作学习，自主设计，选择恰当的测量方法解决问题。

此案例是教师给出确定问题，内容贴近学生已经学过的知识，学生比较容易上手。不用"讲练"模式，而用选题、开题、做题、结题四环节来推进建模活动，是为了能让学生有效地参与解决问题的过程，在合作交流中，通过想一想、选一选、议一议、说一说、做一做、讲一讲、评一评、比一比等形式，做中学，学中做，体会数学的应用价值，展现个性特长，尝试创新。

4.2.1 任务情境

【案例名称】

学校内、外建筑物的测高。

【目的】

通过测量学校内的可及目标(旗杆和教学楼的高)和校外的不可及目标(如校外邻近的一座写字楼)的高度，让学生通过分组、合作学习，用选题、开题、做题、结题四环节，结合几何知识解决实际测高的问题，体验数学建模活动的完整过程。

【情境】

测量任务如下。

(1)测量学校的一座教学楼的高度；

(2)测量学校的旗杆的高度；

(3)测量学校墙外的一座不可及但在学校操场上可以看得见的高大写字楼(或其他可见的高大建筑)的高度。

要求学生组成2～3人的测量小组，以小组为单位完成实际测量的数据获取，以个人为单位填写测量报告(含测量方法、计算过程和计算的数据和结果，见下表，一周后上交。

测量课题报告表

_____年级_____班　姓名_____　完成时间_____

1. 我们课题组的成员与分工		
成员姓名	分工	主要工作与贡献

续表

2. 我们课题组选择的测量对象：旗杆、教学楼、校外的××大厦

3. 我们测量的方法：（请说明测量的原理、创新点、得意之处等）

4. 我们的测量数据和测量计算的过程和结果（如有照片或图片可以附在后边，地方不够可以另加纸）

5. 结果归纳

我测量计算的结果如下：

教学楼的高度为＿＿＿＿＿＿＿＿＿＿＿＿；

旗杆的高度为＿＿＿＿＿＿＿＿＿＿＿＿＿；

××大厦的高度为＿＿＿＿＿＿＿＿＿＿＿＿。

用简单的语言，描述我们在工作中的感受：

4.2.2　教与学的过程

1. 选题——原始问题由教师给出

教师可以对学生提出如下的要求和建议：

(1)成立工作小组，讨论本小组的工作目标、分工，准备相应的测量工具(可以自制一些简单的测量工具，如测角的工具)。

(2)测量之前，应通过小组成员间的"头脑风暴"，讨论交流，明确测量方案、分工，要测量什么数据？最好有两套方案来测量同一个建筑物。思考怎样减小误差？查阅有关资料，设法提出一些测量效率高的新方法。

(3)分工合作完成实际测量，及时记录好测量数据。

(4)完成计算和报告。准备在课上交流，可以用实物、照片、模型、PPT 等形式表现你的成果和创意。

2. 开题——交流

可以组织课堂上的开题交流：让学生分组议一议自己打算采用的测量方法，教师和其他同学可以提出质疑。

例如，有学生提出可以通过测量仰角来计算高度，教师问：怎么测？用什么工具测？目的是提醒学生事先设计一个实用的测仰角的仪器。

有学生提出利用太阳的影子来测量楼或旗杆的高度，教师追问，几点钟测量比较好？测楼的影子长和参照物(如学生自己的影子长)时，是同时测量好，还是先后测量好？

有的同学提出用照相机拍一张测量对象和参照物(如一个已知身高的人)在一起的照片，就可以通过参照物的高度按比例算出楼的高度。师生追问：参照物应该放在哪里？是楼前某处，还是紧贴着楼？这样得到的结果真实吗？可信吗？……

这种讨论的目的是让学生仔细想清楚测量用到的数学模型，培养学生的一种良好的思维习惯和科研习惯。事先认真思考可以减少实践过程中的盲目、低效和失误，同时也让学生们意识到在看似简单的问题中，也有不少需要认真思考的东西。

3. 做题——实测

(1)测量实施的地点可以选择学校内外的开阔地带，如学校的操场、较大的停车场等，要求学生合作完成，但每个学生应独立地填写测量报告。可以统一安排测量的时间，这样便于教师现场观察和管理。

(2)在测量过程中，教师要认真巡视，发现和记录态度认真、合作默契、测量方法好的测量小组和个人。特别注意观察和发现测量中出现的问题，如因测量方法不合理造成测量结果误差很大或严重失实。当学生出现类似问题时，教师要把它看成一个极好的教育契机，首先让学生对出现这样问题的原因进行分析和反思，最好引导他们自己发现问题，自己寻求解决问题的办法。教师要仔细观察、认真记录测量现场学生好的创意，以供讲评时使用。

4. 结题交流

学生们都完成测量报告后，教师可以安排一次交流讲评活动，安排报告的学生最好有一定的代表性，如测量结果准确，测量过程完整清晰，测量方法有创意，误差处理有手段，报告书写认真到位，或者测量过程有值得讨论的地方，误差明显而学生自己没有任何感觉等。实际上，这种交流讲评的环节往往是在数学建模过程中，使学生收获最大的环节。

5. 生成可拓展的资源（师生共同提出测量后的拓展问题）

这样的测量方法对吗？——全班有一多半的学生，都采用照相法测旗杆的高，要点如下：让一个身高 1.8 m 的 A 学生站在旗杆下，拍一张照片，再从照片上量出旗杆的高等于 7 个 A 学生的身高，于是就可以推断旗杆的高为 $7 \times 1.8 = 12.6$ m。如果正确，为什么？原理是什么；如果不对，为什么？如何矫正？

以下是测量后学生们提出的新问题，成了建模新的生成性资源。

（1）本市的最高建筑物——电视塔的高度是多少米？

（2）一座高度为 h m 的电视塔，它的信号传播半径是多少千米？信号覆盖面积有多大？

（3）找一张本市的地图，看一看本市的地域面积有多少平方千米？电视塔的位置在地图上的什么地方，按照计算得到的数据，这座电视塔发出的信号能否覆盖本市？

（4）本市到北京的距离有多少千米，要用一座电视塔把信号从北京直接发送到本市，这座电视台的高度至少要多少米？

（5）如果采用多个中继站的方式，用 100 m 高的塔接力传输电视信号，从北京到本地至少要建多少座 100 m 高的中继传送塔？

（6）考虑地球大气层和电离层对电磁波的反射作用，重新考虑问题（2）（4）（5）。

（7）如果一座电视塔（如 300 m 高）不能覆盖本市，请你设计一个多塔覆盖的方案。

（8）发射几颗地球定点的通信卫星，可以使其信号覆盖地球？

（9）如果我国要发射一颗气象监测卫星，监测我国的气象情况，请你设计一个合理的卫星定点位置或卫星轨道。

（10）在网上收集资料，了解有关"铱星计划"的内容，在班里做一个相关内容的综述，并发表你对这件事的看法。

……

4.2.3　建模活动中的过程性评价

【评价目的】

通过课堂交流，完成建模的收获环节，给过程评价一个实施场景。让学生在交流过程中，展现个性，学习他人，归纳收获，发现问题，积累经验，提升素养。

【评价过程】

学生们都完成"测量报告"后，教师可以安排一次交流讲评活动，安排报告的学生最好有一定的代表性，如测量结果准确，测量过程完整清晰，测量方法有创意，误差处理有手段，报告书写认真到位，或者测量过程有值得讨论的地方，误差明显而学生自己没有任何感觉等。实际上，这种交流讲评的环节往往是在数学建模过程中，使学生收获最大的环节。

附件：一个小组的研究报告的展示片段的摘录

我们测量不可及的"理想大厦"的方法(研究者：朱、李、冯)

1. 两次测角法

(1)如图 4-9 所示，用大量角器，上面用细线坠一钥匙，将一边对准大厦的顶部，算出角度并记录。

(2)退后 10 m，方法同上。

(3)计算公式如下。

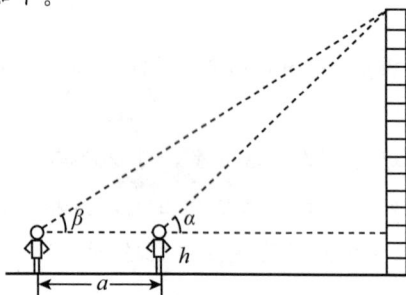

图 4-9

楼高 $x = \dfrac{a \tan \alpha \tan \beta}{\tan \alpha - \tan \beta} + h$。

2. 镜面反射法

(1)如图 4-10 所示，镜子(平面镜)置于平地上，后退至从镜中看到房顶，测出人到镜子的距离。

(2)将镜子后移 10 m。

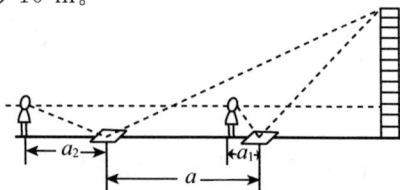

图 4-10

(3)计算公式如下。

a_1，a_2是人距镜子的距离，a 指两次镜面的距离，b 指人的高度。根据光线的反射原理，利用相似三角形的性质联立方程组可以求得此公式，则有楼高

$$x = \frac{ab}{(a_2 - a_1)}.$$

3. 测量误差简要分析

(1)两次测角法测量误差简要分析。

次数	第一次	第二次
角度	67°	52°

相对距离为 25 m，身高为 1.5 m，经过计算器精密计算，理想大厦的高度约为 71.5 m，误差与期望值 70 m $<x<$ 80 m 相差不大。误差的原因是铅笔在纸板上画出度数时不够精确。减小误差的方法是几个人分别测高度及度数，求平均值，可以减小误差。

(2)镜面反射法测量误差简要分析。

次数	第一次	第二次
人与镜子的距离	3.84 m	3.91 m

镜子的相对距离为 10 m、人的身高为 1.52 m。

(3)计算结果：楼高 $\frac{10 \times 1.52}{3.91 - 3.84} = 217$ m。

结果与期望值相差较远，主要有以下几点原因。

①两次放镜的相对距离太短，容易造成误差；

②人眼看镜内物像时，两次不一定都看准一个点；

③人体不一定在两次测量时保证高度不变。

综上所述，要做到没有误差很难，但可能通过某些方式解决，我们准备用更多的测量方法来找出理想的结果。

对上面的测量报告，教师和学生给出的评价，测量方法是"优"，因

为对不可及的测量对象选取了两种可行的测量方法。对测量结果，教师的评价是"良"，学生的评价是"中"，因为两种方法得到的结果，一个比较接近真实结果，另一个误差很大。教师给出的奖励项目的加分有自制测量仰角的工具和主动做了误差分析。

除了方法的原因，学生分析在测量中产生误差的主要原因有以下几点。

①测量工具的问题，如自制的量角工具比较粗糙，角度的刻度误差较大。

②用镜子测量的同学选用的镜子，测量镜间距时误差较大。

③普遍的问题是两种测量方法中的 a 值是测量者自己选定的，甚至有学生选的 a 值是 1 m，原因是没有较长的卷尺测距。由于间距太小，两次测量的角度差或人镜距离的差太小，造成了巨大的计算误差。后来一部分学生意识到了这个问题，想到在操场上利用 100 m 的跑道的自然长度取作测量基准 a，从而使精度提高。

④不少学生用自己的身高代替了"眼高"，反映了学生没有很好地理解在测量原理图中，测量者的高度应该是该人的"眼高"。

在结题交流过程中，教师通过测量的现场照片，引导学生发现问题，让学生分析测量误差产生的原因，让学生们认识到，书本知识和实践能力要相互联系转化才是有效的学习。

测量现场的照片和观察说明如下表。

照片	说明
	左下图：测量角的工具（量角器太小，造成角的测量误差很大）。 右上图：用腕尺法测量时，腕尺应与地面垂直，手臂水平为好，不然就没有相似的直角三角形。 右下图：用镜子反射法时，要保持镜面水平，不然入射三角形和反射三角形就不相似。

照片	说明
	测量角的工具好：用一个量角器在复印机上放大复印 4 倍。从中心绑上一个铅垂，这样测量视线和铅垂线之间的夹角可以在图上直接读出，这个角是待测仰角的余角。
	测量工具好：用自行车来测距离，解决了皮尺不够的问题。

【分析】

评价既要关注结果，更要关注过程评价。对测量方法和结果的数学的评价项占 60%，这部分主要由教师做评价。主要依据是现场观察和学生上交的测量报告，关注的主要评价点有以下几点。

(1)测量模型是否清晰有效。

(2)计算过程是否清晰准确。

(3)测量工具是否合理有效。

(4)有创意的测量方法(可以获得加分)。

(5)能减少测量误差的思考和做法(可以获得加分)。

(6)有数据处理的意识和做法(可以获得加分)。

……

非数学的素养项占 40%，主要有以下几点。

(1)成员在小组合作学习和实施中的作用和工作状态。

(2)测量过程中解决困难的机智和办法。

(3)讨论发言，成果汇报中的表现等。

这部分主要是生生之间的评价，可以要求学生们都要为其他的测量小组打一个成绩，并写下评价的简单理由(评语)。

4.3 "运用统计知识建模"的单元教学设计和案例

概率统计是高中数学的主线之一。统计建模要引导学生有目标地挖掘数据中的有用信息。选择统计知识建模作为高中数学建模课程的内容，就是要使学生能较早感受到数学中的数据处理方法在信息时代的应用价值，帮助学生较早建立随机观念和通过数据采集、整理、处理、分析的方法，提炼信息、推断结论、帮助决策的观念和思维方式。由于有了函数建模过程的铺垫，这个单元的过程可以适当压缩。

为了提高不同学校和学生对建模教学的适应性，这个单元较之上个单元的程序有所修改，用"两个集中""两个开放"可以概括四个环节的操控流程。

1. 集中 1

就"奥运会排行榜"这个主题组织学生在网上收集资料，整理出各种排行榜，分析涉及的统计方法。交流结果，回到正常课程统计的学习。

2. 开放 2

提供 10 篇以上往届学生的优秀统计建模论文，由学生就自己感兴趣的方向自主选择学习、点评，体会统计建模的过程和方法。

3. 集中 3

就"电子字典到底有多少英文单词"这个课题，请学生自主结组，自主建模解决这一问题，集体报告结果。

4. 开放 4

在学习概率统计即将结束时，留下开放作业，利用一年中的某个长假，自主选择一个小课题，做一次统计建模的课题作业。全班交流。

4.3.1　第一环节：网上定向收集资料，阅读理解统计的价值

【学习目标】

1. 结合教师给出的主题，学生自主收集资料。图 4-11 列出的就是学生们收集的有关奥运排行榜的资料。

× 名称	大小
新浪奥运博客1	2 KB
人民日报：这是中国的奥运 这是世界的奥运！_其他_2008奥运站_	44 KB
170万志愿者集结完毕 各场馆外围是重点服务区_YNET_com北青网	19 KB
奥运志愿者赢得了一枚特殊的金镶玉-泉韵-搜狐博客	25 KB
北京奥运大盘点_2008北京奥运会_新浪网	165 KB
外电关注中国登顶奥运金牌榜首 称成绩让人信服_其他_2008奥运…	34 KB
外媒评中国闯50金大关：中国是充满自信的赢家_其他_2008奥运站…	34 KB
中新社：奥运"美国时代"终结在北京_其他_2008奥运站_新浪网	36 KB
韩国代表团完成本国设定目标 奖牌得主免服兵役_其他_2008奥运…	34 KB
冷静看待金牌"大跃进" 中国体育强国梦仍未竟_其他_2008奥运…	38 KB
冷静看待金牌"大跃进" 中国体育强国梦仍未竟(2)_2008奥运站…	37 KB
田径综述：鸟巢见证五项新纪录 金牌分布有变化_田径_2008奥运…	38 KB
大项亮点少51金难掩差距 奥运热情需化为全民动力_其他_2008奥…	36 KB
美记者：美国人对金牌没那么热衷 谁赢了奖牌榜之争_田径_2008…	36 KB
奥运会并非只有第一才是目的 有一种精神超越金牌_其他_2008奥…	39 KB
细数运动员之"最" 每天27人奥运村过生日人数_其他_2008奥运…	35 KB
俄媒称俄罗斯在奥运发挥不尽如人意但仍有亮点_其他_2008奥运站…	36 KB
新浪奥运博客	2 KB
新浪奥运博客2	2 KB
人民日报：奥运给中国经济送来蛋糕 不会出现衰退_其他_2008奥…	43 KB
仲呈祥：以体育方式促进世界和平发展_其他_2008奥运站_新浪网	37 KB
姬宇阳：无与伦比的超越_其他_2008奥运站_新浪网	38 KB
人民日报时评：梦萦百年斯夜成真 这是世界的奥运_其他_2008奥…	43 KB
我的奥运随想之七：可爱的奖牌大葡萄_龙以御天的blog_新浪博客	27 KB
外媒：北京奥运值得永久铭记 中国获全球赞誉_smollsun2006的博…	28 KB
从北京奥运会看中国体育发展成就_愚陋斋_新浪博客	33 KB
金牌榜与中国人的自信心（转载）_老陈的BLOG_新浪博客	145 KB
揭揭北京奥运会的伤疤_清浅小筑_新浪博客	24 KB

图 4-11

2. 通过阅读资料，加深对"数据中有信息，不同的加工数据的方法可以得到不同的结论"等统计观念和价值的理解。

3. 能够独立找出所读资料中用到的中学学过的数据处理方法。

4. 积累在网上收集数据资料、阅读理解、发现提出研究问题的经验。

【具体步骤和学习要求】

1. 网上收集信息。

主题：奥运会有多少种排行榜？它们试图反映什么信息？

信息汇总：分组形成自己的观点，再从网上挖掘支持自己观点的信息。

自我提升：从资料中发现，用到了初中学过的哪些数据处理的知识和方法，还有哪些困惑？

2. 教师帮助：形成几个观点群，找出负责人。

3. 班级交流阶段成果。提升认识——数据中有信息，信息需要挖掘和提炼，数据是一种对事物、某个方面、某种情境下的描写和刻画，有可能失真甚至误导。尽可能用真实准确的数据，选择正确的、有针对性的方法，能够减少犯错误的风险，从而形成学习统计知识的动力和解决新问题的动机。

4. 完成下表中的作业。

附件：高二数学专题作业

北京"奥运会奖牌排行榜"给我们的思考

新华网消息：据美联社 24 日报道，作为第一次举办奥运会的东道主，中国在北京奥运会上收获颇丰。中国毫无争议地占据了金牌榜的首位，美国、英国和诸多国家也都有理由为自己的成绩庆贺一番。奥运之后各国的排行榜更是层出不穷。这些排行榜都是对这些国家体育运动水平的一种刻画和评价，它们形成了不同的观察角度和结论。

观点一：金牌总数的超越，说明我们已经成了真正的体育强国。

观点二：成了体育强国，并不意味着就是体育大国。

观点三：中国目前只能算是金牌体育强国和非主流竞技体育强国，并非大众体育强国和主流竞技体育强国。

高二数学专题作业一

我们的小组成员	
本小组的观点	
任务：收集北京奥运会的"奖牌榜"或其他相关信息，怎样利用收集到的信息支持本小组的结论？	
我们的成果（数据）表述搜索、查找、筛选信息工作的过程和数量的描述	搜索了多少网页……下载了多少网页……查找了多少文献？
我们得到的主要信息和它们的来源	我们了解到的有几种"奖牌"排序法，它们的排序的主要结果有……
我们的主要分析和结论	
我们在工作中用到或发现了哪些与数据处理有关的数学知识？	

4.3.2 第二环节：学习往届学生的优秀成果，体会统计建模的过程

【学习目标】

1. 通过阅读学习往届学生的优秀成果，体会统计建模的过程。

2. 通过阅读提高学生的数学阅读理解能力，消除对统计建模的恐惧和畏难情绪。

3. 通过阅读进一步熟悉处理数据的方法和建模的过程，为独立解决一个统计问题做准备。

4. 积累学习讨论、观察思考、设计解决问题方案的经验。

【具体步骤和学习要求】

1. 网上提供北京市学生应用统计学建模的优秀成果，组织学生阅

读、点评，可以让学生思考下面的问题：

——人家做的好在哪里？我看懂了吗？我可以学到什么？

——我提出的质疑是：我认为论文有问题的地方、可以改进的地方是……

——我学到的统计和概率的知识和方法有哪些？

——我还不明白的统计和概率的知识和方法有哪些，试一试、找一找相关的资料和信息，能不能请组里其他同学讲一讲？或者我们一起讨论一下？

2. 教师结合进度和学生的问题，提供讲解和进一步的资料。

3. 学习理解往届学生的统计建模成果，完成下表。

高二数学专题作业二

我们的小组成员	
本小组阅读的论文题目	
简述论文 1 的内容、所有的方法和主要结论	
我们认为论文 1 的创新点，值得学习的地方，还可以提高的地方分别是	
论文中用到了哪些统计知识？我们还没有学过的有哪些？	
简述论文 2 的内容、所有的方法和主要结论	
我们认为论文 2 的创新点，值得学习的地方，还可以提高的地方分别是	
论文中用到了哪些统计知识？我们还没有学过的有哪些？	
下一章，我们就要学统计，学习如何从数据中挖掘信息，学习如何用信息对事物的性质和变化进行刻画、描述、评价。就你熟悉的领域，请你试着提出几个利用你所学的知识可以收集到的数据，可以解决的问题。（写在下一行中）	

往届北京学生的优秀统计建模小论文目录如图 4-12 所示。

	2008年春节前后北京市场蔬菜价格分析.doc	367,616	2008-5-3 0:32
	奥运奖牌榜分析.doc	247,296	2008-9-17 9:21
	北京"奥运会奖牌排行榜"给我们的思考.doc	73,728	2008-9-17 9:20
	北京08奥运会篮球项目转播机位计划浅谈.doc	3,387,392	2008-5-2 22:21
	从优干选举看投票公平问题.doc	510,976	2008-5-2 15:04
	打工子弟的心理调适.doc	424,960	2008-4-30 21:09
	对NBA球员能力的综合分析讨论.doc	32,768	2008-5-2 21:01
	对于塑料袋与环保袋的研究.doc	478,720	2008-5-3 7:46
	分析莎士比亚剧作的真正作者.doc	313,344	2008-5-2 20:13
	高中学习中数学成绩和其他学科成绩的关系.doc	126,976	2008-5-2 21:07
	家庭和谐度评价模型研究.doc	508,928	2008-5-3 8:26
	快速公交的站设计多了还是少了.doc	344,064	2008-5-3 8:08
	流行性感冒的传播问题.doc	1,600,000	2008-5-2 16:33
	如何利用手部数据推断身高.doc	44,032	2008-9-23 10:40
	食品涨价从猪肉开始.doc	499,712	2008-5-2 9:59
	一种手机键盘拼音字母排列的优化方法.doc	122,880	2002-9-10 23:16

图 4-12

4.3.3 第三环节：以探求电子字典的词汇量为载体，模拟一个统计建模的过程

【学习目标】

1. 经历统计建模的一个完整过程，实际解决"电子字典的词汇量估计"的问题，形成结题报告。

2. 体验分工合作共同解决一个问题的过程，学会必要时交流与求助。

3. 积累分工合作、选择工具、挖掘信息、应用数学解决实际问题的经验。

【具体步骤和学习要求】

1. 组织学生的课题小组，设立课题负责人，完成分工。

2. 真实课堂讨论："电子字典的词汇量估计"的建模过程，明确解决这个问题的统计原理——利用已知英文单词首字母的分布规律，用局部样本(如以 V 为首字母的单词)，估计总体。

3. 课下就不同的电子字典，选择适当的方法解决问题。

4. 完成表格。

课题：怎样检测电子字典产品的实际词汇量？

市场上有许多英语的电子词典产品，它们在介绍自己的功能时都强调自己的词库有多大，如"含有 10 万单词"等。作为消费者怎样简捷地鉴别这类产品的标称功能是否属实？

高二数学建模专题作业三

我的合作伙伴有
我们选择的电子字典的品牌和型号是
我解决问题的思路或框图是
我的解决问题的过程与数据结果（提示：要把中间结果，如由某些字典算出的首字母频率，由待测电子字典计算得到的相应数据等表现出来）
我的最终结果是
我想到的提高预测、估计精度的想法或措施有
我想到的这种用"局部估计整体"的方法的一个（或几个）应用是
我提出的新问题或做课题中的感受是

4.3.4　第四环节：学生自主选择一个统计问题，小组合作完成一个建模求解的全过程

【学习目标】

1. 经历统计建模的实际过程，实际解决一个问题，形成结题报告。

2. 体验分工合作共同解决一个问题的过程，学会必要时交流与求助。

3. 积累分工合作、选择工具、挖掘信息、应用数学解决实际问题的经验。

4. 通过自评和互评，让学生明白好的数学建模成果应具备的几个特点。学会欣赏他人的建模成果。

5. 积累总结反思、提炼成果、表述交流、相互评价的经验。

6. 教师结合学生互评给出定量的学习成绩和评语。

【具体步骤和学习要求】

1. 组织学生以课题小组为单位，分工合作，自己选择完成一个具体的统计小课题，将结果写成一篇小论文。

2. 将完成建模成果(小论文)在班级中宣讲交流。报告时要求用PPT，10分钟报告结果，5分钟提问答辩。

3. 教师和学生给出评价分数和评语，推荐优秀学生成果参加北京市当年"高中数学知识应用竞赛"论文比赛。

4. 进一步丰富建模课程的资源包，为下一轮教学实践做准备。

统计建模汇报互评表格

项目	分值(各项满分0.5分)
本组打算解决的问题(想了解的信息)	
通过何种方式获得数据	
数据获得过程可能存在什么样的问题	
用何种方式分析数据	
数据分析过程可能存在什么样的问题	
获得什么样的结论	
你认为有哪些额外的方式可以获得更精确的结论	
观点表述的完整性和有理有据	

统计建模过程有其独特的地方，与别的数学建模的两个最大的区别在于：第一，统计结论是建立在数据的基础上的；第二，判断一个统计结果是没有对错之分的，只有合理与否和好坏之分。

这些特点决定了统计结论可以不停地改进，统计过程是一个循序渐进和趋向完美的过程。针对统计建模的独特之处，我们设计了如上不同于数学建模的评价表格、更有统计特点的统计互评表格。在数据收集、分析的关键环节，设置反思性问题评价，以及设置统计观点是否有理有据的整体性问题。以问题的设计引领学生，树立不管是发表什么样的论点，都可以考虑用统计的手段，从数据出发去支持或推翻此结论的观点，并进一步培养学生清晰、严密的思维习惯。

附件 1：一组学生的结题报告

中国部分一线城市综合指数排行榜(研究者：李、魏、原)

【任务】

从教育、医疗、旅游、饮食、人均收入、绿化环境、交通运输 7 个方面入手，收集相关数据，试排列中国部分一线城市，并把结果与国家排名相较，分析差异及导致因素。

可行性：①中国统计局网页上数据较权威；

②选取了武汉、重庆、成都、南京、杭州、青岛、大连 7 个城市，去掉北京、上海、广州等明显靠前的城市，更加有可比性。

考虑到数据的变化性：变化趋势明显的均选取 2013 年度的最新数据。较持续的如本科大学数量、二级以上医院的数量未采用 2013 年度的数据。

【正文】

一、数据收集方案陈述

数据来源：用新闻报道等方式收集数据；从中国知网、新浪网等较权威的网站收集。

原因：因为已经是较成熟的数据，能够保证数据的官方性及较准确性，同时也使该报告较有实际价值。

选择以下标准的原因：参考了《中国财经报》给出的一线城市排名标准，结合资料的可集性，决定需要收集的数据主要有 6 个方面。

①交通：地铁线数、火车站数、机场数；

②麦当劳数量：(主要因为麦当劳餐厅的选址一般选在较发达的城市之中)；

③教育：本科大学的数量；

④医疗健康：二级以上的医院；

⑤人均收入：人均收入，最低工资标准；

⑥环境：绿化覆盖率。

二、数据整理含图表

（一）7个城市的交通

	成都	杭州	南京	武汉	重庆	青岛	大连
地铁/条	2	1	2	3	5	0	0
火车站/个	2	2	2	3	3	4	3
机场/个	4	2	3	1	5	1	4

＊火车站及机场个数均以客运站及机场作为统计数据来源，货运与军用不在统计范围内。

如图 4-13 所示，通过初步数据分析，除青岛、大连尚在修建地铁之外，其余 5 个城市开通的地铁条数相差并不太多。而重庆处于比较领先的位置，可能与其直辖市的地位密不可分。

单位：条

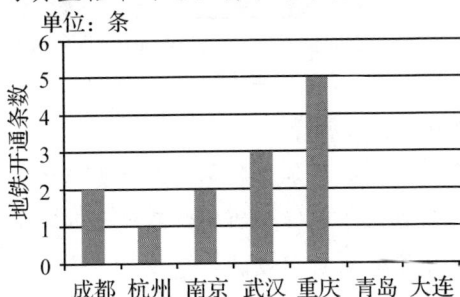

图 4-13

如图 4-14 所示，通过初步数据分析，体现出了一种比较平均的水平。每个城市的火车站都至少有两个，而青岛的火车站最多，可能因其处于交通枢纽的位置上。

单位：个

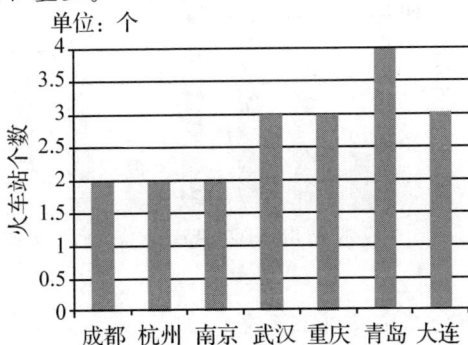

图 4-14

＊所收集火车站的个数是在城市内的火车站的个数。乡镇级别的火车站均不在统计范围内。

如图 4-15 所示，结合当地城市面积，各地的机场数量差别并不是特别大。重庆的机场数量最多，我们推测与其直辖市的位置，以及历史原因相关，因此在交通方面重庆算是占有比较大的优势。在最后计算的部分，我们也发现交通这方面是有较大影响的一部分。

单位：个

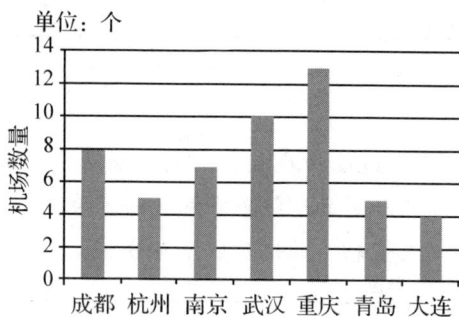

图 4-15

(二)7 个城市的麦当劳数量

可以承认的是麦当劳的选址一般都选在消费能力大、环境好、发展好的地段与城市。所以这个国际化的餐饮品牌于各城市的出现密度能在一定程度上反映该城市的优良程度。

如图 4-16 所示，通过初步数据分析，武汉与南京的麦当劳数量是最多的，也可以粗略地推测，武汉与南京有经济潜力的优秀地段较多。

单位：个

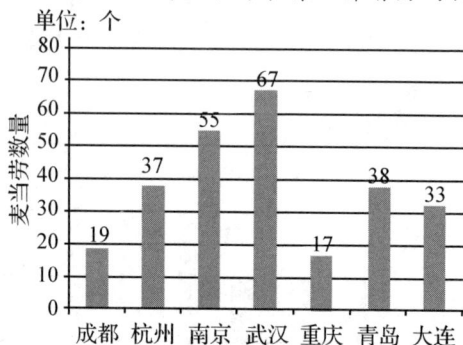

图 4-16

(三)7 个城市的二级及以上医院

对于一个城市来说，医院的数量和级数都是重要的。它们间接影响着市民的身体素质、生活舒适程度及安全程度。因此我们选择二级以上的医院个数作为统计。

　　如图 4-17 所示，通过初步数据分析，可见成都、重庆的医疗设施较全。居民虽说不一定有较好的医疗保障，但在资源上是处于较领先地位的。

单位：个

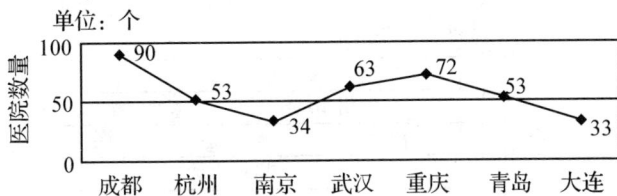

图 4-17

＊此数据统计截至 2007 年年底。

（四）7 个城市的本科大学

　　如图 4-18 所示，通过初步数据分析，可以看出南京、武汉的教育水平普遍偏高，其中南京大学、武汉大学更是全国知名的 211、985 院校。可见这两地的文化氛围是脱颖而出的。

单位：个

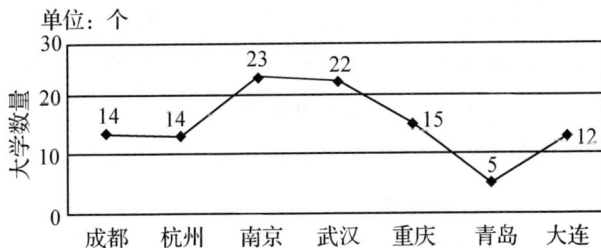

图 4-18

＊此数据统计截至 2007 年年底。

（五）7 个城市的人均收入概况

　　如图 4-19 所示，通过数据简要分析，可以得出杭州人年均收入最高，而青岛人年均收入最低。我们可以粗略地估计，从收入方面看，杭州、南京、大连的经济比较发达。

单位：万元

图 4-19

如图 4-20 所示，同时，杭州、南京、大连的最低月工资也基本高于其他城市，由此可以推测这三个城市工资水平较高。

单元：万元

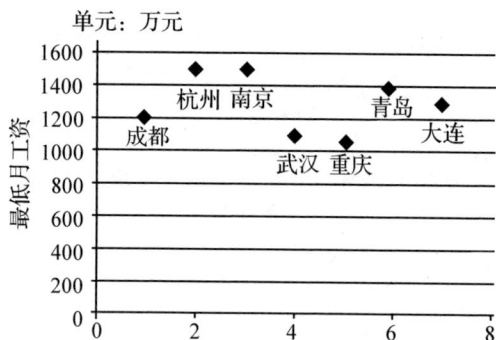

图 4-20

(六)7 个城市的绿化覆盖率

如图 4-21 所示，通过初步数据分析，可见南京、大连的绿化覆盖率较高，而武汉、成都的较低。由于选择的城市虽地理位置有差异，但气候差别不大，都不属于干旱缺水的地区，因此可以初步推断，城市的绿化覆盖率是与城区的规划直接相关的。而城市的绿化覆盖率与人们生活环境的优劣也往往直接相关。

单位：%

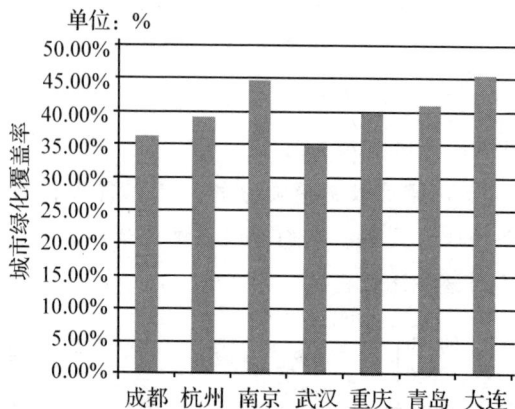

图 4-21

二、数据计算分析

所用公式：x 新＝x 原－min{x}/(max{x}－min{x})。

即通过该公式将数据全部计算为[0，1]内的数据，便于最后的计算与分析。

	交通	麦当劳	二级及以上医院	绿化覆盖率	本科大学	平均收入	综合能力
成都	0.375	0.04	1	0.082	0.5	0.590	2.587
杭州	0	0.4	0.351	0.408	0.5	1	2.659
南京	0.25	0.76	0.175	0.949	1	0.918	4.052
武汉	0.625	1	0.526	0	0.944	0.184	3.279
重庆	1	0	0.684	0.439	0.556	0.260	2.939
青岛	0	0.42	0.351	0.602	0.389	0	1.373
大连	0.375	0.32	0	1	0.389	0.860	2.944

＊表格中交通一栏为三项的数据之和计算出来的结果。

三、结论及验证

结论：我组根据数据整合计算得出的排名为南京、武汉、大连、重庆、杭州、成都、青岛。

验证：对比国家权威综合排名为成都、杭州、南京、武汉、重庆、青岛、大连。

误差分析：①本组收集的方面太少，可能会出现比较大的偏差。

②在交通方面，统计时单一的追求"个数"是不对的。每个地方的交通都会受其地域环境、历史因素的制约，并且交通方面更可以从大的关系网入手，单一的个数可能会产生较大的误差。

③国家的排名经过很广很大的统计与计算，而我们只能是粗略的结论。

四、后继工作及问题拓展

就人均可支配收入这一方面，若收集更多有关 2008—2013 年武汉、杭州、南京这三个城市的人均可支配年收入，画出了相关图像并拟合回归直线，实现实际价值：①取斜率比较增长趋势，可见城市的发展速度；②预测若干年后城市人均年收入的估计值。

图表与方程如下。

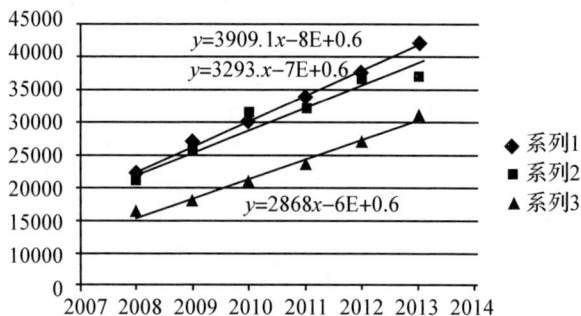

图 4-22

系列 1：杭州。

系列 2：南京。

系列 3：武汉。

就可以比较出：

①整体人均可支配收入的上升速度(斜率)是杭州最快。

②南京和武汉发展速度相仿，但是武汉基数较小，所以水平仍较低。

③即可以预测未来这三个城市的人均可支配年收入。

【备注】

1. 参考文献

《中国财经》、《中国城市竞争力报告》、中国知网。

2. 工作过程记录

第六周：定题，淘汰了三个附选题目。

第七周：收集数据阶段，开会决定了主要的统计项目并进行分工。

第八周：完成阶段，整合数据并进行分析与计算，完成报告。

附件 2：学生的统计报告 2

北京空气质量指数(AQI)与风向风力关系的量化分析(研究者：林)

一、学研课题的背景及研究内容

自 2013 年起，北京地区的雾霾频发，造成雾霾的主要因素是细微颗粒物——PM2.5，而 PM2.5 的多少直接影响着北京地区的(AQI)。

一般直觉认为，北京地区的 AQI 与该地区的风力和风向是相关的。譬如说，西北风越大，越有利于雾霾的扩散，AQI 越小；东南风对雾霾的扩散条件不利，会提升 AQI 数值，空气质量会变差，等等。

上面是一个直觉感性判断，但缺乏量化分析。本研究课题试图通过收集 2015 年北京地区每日的 AQI 以及每日的风力、风向数据，并对这些数据进行赋值处理，然后用回归分析法，量化分析出北京地区 2015 年的 AQI 与风力、风向的相关关系。

二、课题研究的数据来源、处理和研究方法

(一)数据来源

本研究课题中 2015 年北京地区每日 AQI 数据来源于中国环境检测总站。而 2015 年北京地区每日的风力、风向数据来源于天气网(www.tianqi.com)，该网站的数据来源于中国气象局。

(二)数据处理

在定性判断风力、风向对北京的 AQI 的影响时，我仔细研究和分析了北京的地形图。

北京的西、北和东北，群山环绕，东南是缓缓向渤海倾斜的北京平原。雾霾能否扩散，天气对其影响很大。若风向为向山区刮的风，风力并没有大到可以越过北京西、北、东方向的群山山峰，那么雾霾容易积聚在北京的平原地区，不利于北京的空气质量改善。相反地，若风向为刮向平原方向的风，则非常有利于扩散。另外，风力小，对雾霾的扩散作用比较小，超过一定的风力，扩散作用才比较显著。

基于对北京地形的分析和判断，在数据处理过程中，根据北京地形情况，风向对 AQI 影响不同，可粗略地将风向分为四个类别，并对其赋值，如下表（设定值越大，越有利于雾霾扩散）。

赋值	风向
1.0	东南风、南风、东风
2.0	西南风
3.0	东北风
4.0	西北风、西风、北风

根据这一分类赋值方法，我得到了 2015 年 365 天的风向数据。

根据北京地形情况，风力对 AQI 影响不同，粗略地将风力分为两个类别，并对其赋值，如下表（设定值越大，越有利于雾霾的扩散）。

赋值	风力
1.0	<3 级
2.0	≥3 级

根据这一分类赋值方法，我得到了 2015 年 365 天的风力数据。

（三）分析方法

多元回归分析法：由于因变量 AQI 与很多因素有关，与自变量风力、风向两者之间并没有一个确定的函数关系，所以采取多元回归分析方法。

根据我的理解，回归分析的基本思想是：虽然自变量（本课题中的风力、风向）和因变量（北京的 AQI）之间没有严格的、确定性的函数关系，但可以设法找出最能代表它们之间关系的数学表达形式。

同时，考虑到两个自变量风力、风向会对北京的 AQI 有共同作用，所以在多元回归分析法的基础上进行交叉项分析。而交叉项分析的基本思想：两个自变量（风力、风向）中其中一个对因变量的影响还要受另外一个自变量的影响。通俗地理解就是，只有当风向正确且风力较大时，才能对北京的雾霾扩散有利。如果只有风向对，风力较小时，也不会显著改善北京的空气质量。

本课题用的分析工具是 Excel。

三、探究假设

北京地区每天的 AQI 与当天的风向、风力、风向风力的叠加作用有关。若风向设定值越大，北京的 AQI 越小，北京的雾霾就越少。

四、分析过程

首先，将北京地区 2015 年每天的 AQI 数据作为因变量，每天的风力、风向数据作为两个自变量，用 Excel 分析工具，分别进行一元回归分析。

对于风向的一元回归分析结果

回归统计							
Multiple R	0.14552958						
R Square	0.02117886						
Adjusted R	0.01848238						
标准误差	77.4009681						
观测值	365						

方差分析							
	df	SS	MS	F	ignificance F		
回归分析	1	47054.2222	47054.2222	7.85426976	0.00534211		
残差	363	2174700.28	5990.90987				
总计	364	2221754.5					

	Coefficients	标准误差	t Stat	P-value	Lower 95%	Upper 95%	下限 95.0%	上限 95.0%
Intercept	147.215374	10.0155605	14.6986655	1.0563E-38	127.519567	166.91118	127.519567	166.91118
X Variable	-10.869619	3.87847865	-2.802547	0.00534211	-18.496727	-3.2425104	-18.496727	-3.2425104

通过检验，即得出：AQI = 147.22 - 10.87x1（其中 x1 为风向数据）。说明风向取值与 AQI 之间具有显著的负相关关系。即北京的风向为西北、西、北时，AQI 最小，空气质量好；当风向为东北时，AQI 也比较小，空气质量较好；当风向为西南风时，AQI 较大，空气质量较差；当风向为东南风、南风、东风时，北京的 AQI 最大，空气质量最差。

对于风力的一元回归分析结果

回归统计					
Multiple R	0.03525027				
R Square	0.00124258				
Adjusted R S	-0.0015088				
标准误差	78.1852324				
观测值	365				

方差分析					
	df	SS	MS	F	ignificance F
回归分析	1	2760.71035	2760.71035	0.45161814	0.50199501
残差	363	2218993.79	6112.93056		
总计	364	2221754.5			

	Coefficients	标准误差	t Stat	P-value	Lower 95%	Upper 95%	下限 95.0%	上限 95.0%
Intercept	108.246295	20.2080199	5.35660076	1.509E-07	68.5068064	147.985783	68.5068064	147.985783
X Variable	7.27751498	10.829226	0.6720254	0.50199501	-14.018381	28.5734114	-14.018381	28.5734114

通过检验，P—value 大于 0.03。说明风力取值与 AQI 之间具有不显著的相关关系。

然后，将风力、风向交叉项（风力、风向赋值的乘积）作为自变量，研究分析 AQI 和交叉项的相关关系，即用一元回归分析。分析结果如下表所示。

对于交叉项的一元回归分析结果

回归统计					
Multiple R	0.12730985				
R Square	0.0162078				
Adjusted R S	0.01349763				
标准误差	77.5972642				
观测值	365				

方差分析					
	df	SS	MS	F	ignificance F
回归分析	1	36009.747	36009.747	5.98035893	0.01494044
残差	363	2185744.76	6021.33542		
总计	364	2221754.5			

	Coefficients	标准误差	t Stat	P-value	Lower 95%	Upper 95%	下限 95.0%	上限 95.0%
Intercept	141.052626	8.95144411	15.7575274	5.4141E-43	123.449427	158.655826	123.449427	158.655826
X Variable	-4.4529134	1.82087707	-2.4454772	0.01494044	-8.0337058	-0.8721211	-8.0337058	-0.8721211

通过表中信息，AQI＝141.05－4.45x，P 值通过了检验。所以，说明 AQI 与风力、风向的交叉项具有显著的负相关关系。即北京的

AQI 与风力、风向的共同作用相关性很强，这与我们的常识认知是一致的。

五、结论

本研究课题通过采用一元回归方法，对北京地区 2015 年每天的 AQI、风力、风向数据进行定量分析，可以得出以下结论：北京地区的 AQI 与风向有显著性的负相关关系，与风力无显著关系，但和风力、风向的共同作用具有显著的负相关关系。即北京为西北、西、北的风向，且风力较大时，AQI 最小，空气质量最好；当风向为东北时，风力较大时，AQI 比较小，空气质量较好；当风向为西南风时，AQI 较大，空气质量较差；当风向为东南风、南风、东风，风力较小时，北京的 AQI 最大，空气质量最差。

4.4　课外可供学生半自主选题的数学建模问题

在上面的学习中，我们初步体验了简单的数学建模的过程，下面有一些可供选择的数学建模任务，主要是按问题的来源和开放程度分类的，同学们可以根据兴趣爱好和特长来选择其中的一个问题。建议同学们组成 2～4 人的小组，模仿上节学习过的数学建模的步骤和选题、开题、做题、结题的环节，尽量完整地做一个自己选择、操控的数学建模全过程。工作中要尽量发挥小组合作攻关的力量，各尽所能、扬长避短，必要时也可以争取家长、老师的帮助。

1. 建模实战可选任务 1——个人所得税的计算

问题情境和任务：

网上调查《中华人民共和国个人所得税法》，找出个人所得税（工资、薪金所得适用）税率 1 表。

个人所得税税率表

级别	全月应纳税所得额	税率/%
1	不超过？的部分	5
2	超过？至？元的部分	10
3	超过？至？元的部分	15
4	超过？至？元的部分	20
5	超过？至？元的部分	25
6	超过？至？元的部分	30
7	超过？至？元的部分	35
8	超过？至？元的部分	40
9	超过？元的部分	45

解释上表中"全月应纳税所得额"是什么意思？请参照上面的信息，解决以下问题：

1. 请写出个人月应纳所得税额 y（单位：元）关于收入额 x（单位：元）的函数表达式。

2. 画出这个函数的示意图。

3. 如果本地区的一个公司的职员某月工资、薪金的收入为 8000 元，他应缴纳的个人所得税为多少元？

4. 如果本地区的一个公司的职员某月缴纳的个人所得税为 265 元，他该月的工资、薪金的收入是多少？

5*. 如果把全月个人所得税额作为自变量，该月的工资、薪金的收入可以作为它的函数吗？如果认为可以，请写出函数解析式，并画出这个函数的示意图；如果认为不可以，请说明理由。

6*. 请为自动完成下面的计算任务编一个计算机程序：当输入数据是某人某月工资、薪金的收入额时，计算机输出缴纳个人所得税金额；当输入数据是某人某月缴纳的个人所得税金额时，计算机输出当事人该月工资、薪金的收入额。

2. 建模实战可选任务 2——同种商品不同型号的价格问题

问题情境和探究任务：

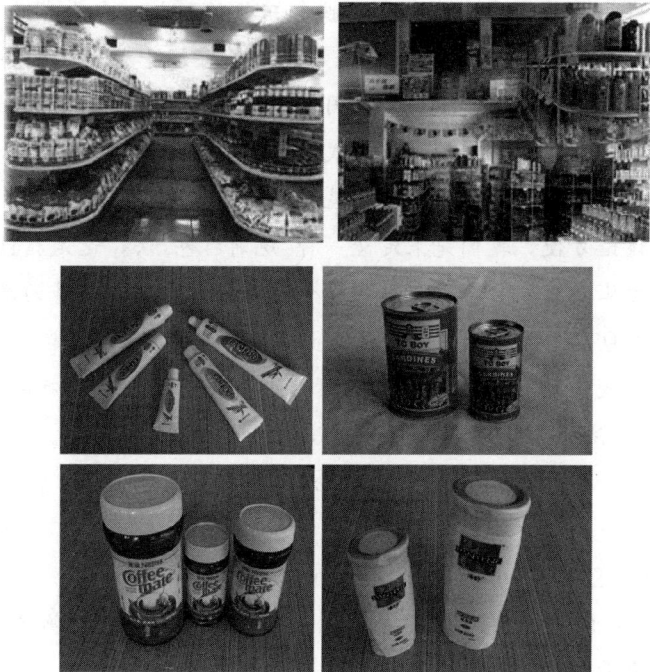

图 4-23

如图 4-23 所示，在商场中，我们会能看到这样的情形：同种商品会有各种大小不同的型号，价格各不相同，比如某品牌牙膏有 40 g、120 g、165 g 等几种包装，价格分别为 3.70 元、9.30 元、12.60 元等。

任务 1：以上面提到的牙膏的数据为例，设牙膏的售价函数为 y，牙膏内含的膏体质量为 x，求出这个经验公式（近似表达上面数据关系的一个函数）。

任务 2：再调查另一种商品，它的不同型号有不同的价格，并研究该商品价格的近似函数关系。检验你建立的商品价格模型，并尝试对结果进行解释。

任务 3：对你的结论进行实用价值分析，如消费者购买商品有无参考价值、此规律对其他商品价格是否适用。

3. 建模实战可选任务 3——打包问题

问题情境和任务：

有些商品是若干件被装在一起按包销售的，如一包火柴中装有 10 盒火柴、一包纸巾中装有 10 小包纸巾、一条香烟中装有 10 包香烟等。不同商品的打包形式常常不同，请同学们收集一些这样的商品，先看其外观，再打开包装看内部的摆放形式。

哪一种包装形式更能节省外包装材料呢？

为了讨论方便，我们先来定义一种"规则打包"法，这是指包内的物体都是长方体，打包时要求包内的相邻两个物体必须以全等的两个侧面来对接，打包后的结果仍是一个长方体。

这样，我们就可以更数学化地提问：火柴等长方体的物品，按"规则打包"的方法将 10 包打成一个大包，表面积何时最小？

任务 1：请先就 10 包纸巾来讨论一下按"规则打包"的形式，将 10 包纸巾打成一个长方体的大包，怎样打包可使表面积最小？纸巾包的长为 70 mm，宽为 50 mm，高为 25 mm。

任务 2：请根据得到的结果，分别给出将以下 10 件物品打包后，具有最小表面积的打包形式。

(1)一盒火柴：长＝46 mm，宽＝36 mm，高＝16 mm。

(2)一本书：长＝183 mm，宽＝129 mm，高＝20 mm。

任务 3：解决下面的问题。

(1)不给出待打包的"基本长方体"的长(a)、宽(b)、高(c)的具体尺寸，而只给 $a \geq b \geq c$，你能知道按"规则打包"的形式将 10 个"基本长方体"打成一个长方体的大包，怎样打包可使表面积最小？

(2)数学上得到的 10 包纸巾表面积最小的打包形式和纸巾实际的打包形式一致吗？为什么？

(3)将 6 包纸巾按"规则打包"的形式打成一包，表面积不同的打包方式有几种？其中表面积最小的打包方式是怎样的？

(4*)将上题中的 6 包改成 12 包或 8 包，结果怎样？有没有一个更一般的处理这类问题的程序？

（5＊）你能设计一个其他类型的打包问题吗？由打包问题你还能联想到哪些相关的问题？你有解决这些问题的想法或方案吗？

4. 建模实战可选任务 4——教育储蓄的相关问题

问题情境与任务：

教育储蓄，是一种零存整取的定期储蓄存款方式，是国家为了鼓励城乡居民以储蓄存款方式，为子女接受非义务教育积蓄资金，从而促进教育事业发展而开办的。目前越来越多的家长意识到，为了孩子将来能接受良好的高等教育，为子女办理教育储蓄是一种较为理想的投资。为了解决"教育储蓄"的一系列计算问题，加深对它的认识，请收集"教育储蓄"的有关资料，例如，可以通过以下途径：网上主题词检索、各大银行直接询问。重点确认以下信息：教育储蓄的适用对象，储蓄类型，最低起存金额、每户存款本金的最高限额，支取方式，银行现行的各类、各档存款利率，零存整取、整存整取的本息计算方法。请根据得到的信息，解决以下问题：

1. 依教育储蓄的方式，每月存 50 元，连续存 3 年（或 6 年），到期时一次可支取本息共多少钱？

2. 依教育储蓄的方式，每月存 a 元，连续存 3 年（或 6 年），到期时一次可支取本息共多少钱？

3. 依教育储蓄的方式，每月存 50 元，连续存 3 年，到期（3 年）时一次可支取本息比同档次的"零存整取"多收益多少钱？

4. 如果想在 3 年后一次支取教育储蓄本息合计 1 万元，每月应存入多少钱？

5. 如果想在 3 年后一次支取教育储蓄本息合计 a 万元，每月应存入多少钱？

6. 依教育储蓄的方式，原打算每月存 100 元，连续存 6 年，可是到 4 年时，学生需要提前支取全部本息，一次可支取本息共多少钱？

7. 依教育储蓄的方式，原打算每月存 a 元，连续存 6 年，可是到 b（$0<b<6$）年时，学生需要提前支取全部本息，一次可支取本息共多少钱？

8*. 比较教育储蓄与其他储蓄形式，如以每月可存 100 元，6 年后使用为例，探讨以现行的利率标准，其他储蓄形式可能的最大收益，将得到的结果与教育储蓄比较。

9*. 自己设计其他计算题（如自己设立指标，计算并比较 3 年期和 6 年期的教育储蓄的相对收益的大小；设计一项专项储蓄方案等；设计一个回报率更高的投资方案等）。

10*. 将问题解决过程中出现的数学模型（如单利增长模型或复利增长模型）进一步抽象出来，思考这些模型是否有其他应用？

5. 建模实战可选任务 5——急刹车距离问题

问题情境与任务：

就一辆具体的车辆，给出急刹车后车辆行走到停住距离的模型。根据模型得到的结果，就行车安全提出建议。

提示：研究对象最好固定在一辆具体的车辆上（可以请家长帮忙）。利用高中物理学过的动力学、运动学的知识，可以分析出从反应、制动到停车的过程，车走过的距离近似是时间的二次函数，通过采集有限个数据，可以得到这个经验公式……

操作建议：建议首先分出小组进行讨论，我们组打算选择的建模小课题是什么？建议用"头脑风暴"的形式集思广益，大家先介绍自己的想法、自己想做的课题、可行性、实际可能、优势资源等，最后比较得到本小组的 1～2 个尝试课题，然后提出解决问题的大体思路和方案。做一个模拟"选题"和"开题"的交流，下面是一些具体要回答的问题。

进一步讨论，解决自选问题的大体路径或方案（模拟开题）。

(1)我们要有哪些知识、方法、工具的准备？

(2)我们要事先检索哪些信息资料？

(3)我们要收集哪些数据资料？

(4)我们打算做点什么？能做什么？预期结果是什么？

(5)我们的计划分工是什么？

(6)我们要留下哪些过程的资料，最后如何呈现我们研究的结果？

……

请各组同学介绍你们对上述问题的思考和结果，交流反思后，改进方案，必要时可以按照前面第 3 节中的介绍，填写开题报告。然后具体实施你们改进后的建模过程，直至得到你们自己的结果。必要时可以按照前面第 4 节中的介绍，把建模结果写成小论文，在班里介绍你们的建模过程、结果和收获，并请班里的老师和其他同学给出评价。

4.5　教师如何做好中学数学建模的指导

这一节将结合多年开展中学数学建模的一些思考和经验，对教师进行建模教学指导的要点加以阐述。

在数学建模中，问题的形式与内容的变化，问题解决方法的多样性、新奇性，问题解决过程的不确定、结果呈现层次的丰富，无疑是对参与者创造力的一种激发、挑战和有效的锻炼。与之相对应，教师在陌生的问题面前感到困难、失去相对于学生的优势是自然的、常常出现的。教师的指导如何展开是一个令不少教师感到困惑、甚至苦恼的问题。最常有的表述是：我都不会，让我怎么教？其实解决这个问题的核心是，教师要转变角色，不要试图总当灯塔——照亮学生前行的道路，事实上也做不到，不如成为学生建模学习的引领者、参谋、鼓动者、合作者、裁判、欣赏者。

教师对中学生数学建模的指导贯穿于学生做数学建模的整个过程，这里作者仅就两个最有难度的环节的指导策略展开具体分析——一是学生的选题，二是学生论文的写作，然后，对数学建模指导总的理念做一个简单总结。

4.5.1　如何帮助学生做好数学建模的选题

选题是中学数学建模的起点，它为整个数学建模过程指明了研究方向。从这个意义来说，选题比求解方法和过程更重要。选题的目的就是要发现和提出有意义的问题，这些问题可能来自数学建模实践，也可能来自文献资料，还可能来自学生的生活、学习和娱乐。

中学数学建模的选题指导是指教师在中学生确定研究方向和根据研究方向确定研究课题过程中给予的指导。在学生做数学建模的过程中，选好课题，无疑有利于学生研究工作的展开和深入，有正确导向地推进建模的进程，得到积极的学习体验和有激励作用的结果。更重要的目的在于培养学生掌握科学的思维方法，提高学生的综合学习能力。

数学建模的选题，无论是由学生自己确定课题，还是由指导教师帮助学生选定研究方向，都表现为从提出问题到确立课题的整个过程，其间需要做收集资料—处理信息—反思提问等环节的工作。这是一个从发散到归纳的过程，做好这一起始阶段的指导工作，对整个建模过程的学习至关重要。指导教师要了解自己的学生，了解他们的知识结构和思维特点，了解学生的个性特点和长短所在。

寻找并确定课题的过程也是一个培养思维习惯的过程。教师指导的重点，应放在激发学生的研究兴趣，激励学生的研究动能，激活学生的研究思维上。前二者着眼于培养学生的"自主"精神，后者则着眼于提高学生的思维品质。激励学生自主提出问题，可以从以下几个方面入手。

1. 让学生了解选题的重要性

选题的正确与否直接关系到数学建模的成败，绝不可掉以轻心。同时，从自己参加的数学建模的活动中发现、提出和形成一个有意义的课题，这本身就是一个了不起的探索研究成果。正如爱因斯坦所说："提出一个问题往往比解决一个问题更重要，因为解决问题也许仅是一个数学上的或实验上的技能而已，而提出新的问题，新的可能性，从新的角度去看旧的问题，却需要创造性的想象力，而且标志着科学的真正进步。"这就要求选题者必须具备在某一方面较为广博的知识、敏锐的洞察力、丰富的联想力和正确的思路。选题决定了学生自主获取知识的内容、广度和深度。这些知识大都不是在教科书上或课内学到的，而是在平时的课外数学建模活动中，由于数学建模的实践需要，经过不断学习、不断摸索得到的。

2. 让学生了解选题的基本要求

数学建模的基本要求主要有以下几点:

(1)所选课题应有研究价值和现实可行性,要根据自己的知识水平和实际能力选择,不能好高骛远,还要结合自己的兴趣和家庭、社会可以利用的条件等。

(2)起始课题宜小不宜大,小题目也可做出很好的结果。

(3)课题最好要具有实效性,要选能直接对自己的生活、学习,对科学技术的发展、经济建设或人民的生产、生活、学习有意义的题目,或能引发人们启迪思考的题目。

(4)选题要尽可能注意新颖性,要有一点创造性。最好选那些常被人们忽视而又有重要意义的事物来进行探索研究,这样才能写出有独到见解、实用价值和较高水平的小论文来。

3. 让学生体验寻找课题的宏观过程

一般来说,指导学生寻找建模课题的途径有如下一些:

(1)通过自然科学史的介绍和讲座介绍古今科学家的选题中的故事。

(2)请高年级的同学为低年级的同学介绍自己的开题过程。

(3)教师为学生介绍往届学生的选题并加以点评。

(4)请本班的同学介绍自己的选题的"打算",师生一起来分析优缺点和可行性。

(5)分学习小组,大家互相介绍自己的观察、发现,就自己或别人的观察发现提出问题,再一起进行可行性的讨论和判断。

……

作者在实践中的体会是,后三种做法比较有效。

4. 让学生体验寻找、确定课题的微观过程

学生具体选题的过程是问题最多的过程,一些学生常常会拿来许多"问题"问教师能不能做,怎么做?而另一些学生却一点思路也没有,希望教师给出具体问题。这时教师切忌代替学生确定课题,其指导应该是有针对性、启发性的,比较有效的方式是"环境激发方式"和"反思建议

方式"。

(1)环境激发方式。

"环境激发方式"指导学生寻找课题，主要指在问题环境中，教师适当引导，让学生自己提出要解决的问题和解决问题的方案。

案例1： 教师引导学生观察北京某交通繁忙的十字路口，观察造成交通阻塞的原因，请学生就怎样改善路口的交通状况提出自己的问题和解决问题的方案。

学生们提出的问题和解决方案有：

◇ 十字路口合理的红、黄、绿信号灯的时间比是什么？通过测量不同时段各个方向的车流量、路口宽度等数据，试图通过建立合理的红、黄、绿信号灯使欲通过路口的车平均等待时间较短。

◇ 不同车道合理的速度限制是什么？通过测量和改进不同车道的速度限制，减少车辆由于频繁变道造成的车流减速现象，提高车在该路口的通过率。

◇ 各车道的合理路宽是多少？通过最大限度地利用路面的宽度，多设置车道来提高路口的车辆通过率。

◇ 前移路口停车线，减少相对路宽，缩短车辆通过路口的时间，从而提高路口的车辆通过率。（学生相应的小论文刊登在《中学生数学》杂志上）。

案例2： 教师带领本班学生，到学校附近的影剧院看电影。在剧场的环境中，让学生观察、提出一个有待解决的数学问题。

学生们提出并试图解决的问题有：

◇ 合理的票价问题。如果影剧院有自己的定价权，怎样合理安排早、中、晚不同场次的票价，提高票款收益？

◇ 影剧院有自己的"小剧场"，如何安排大、小剧场的座位比、票价比，提高总体的效益。

◇ 剧场内，舞台上银幕的设置弧线和观众座位的设置弧线，应是怎样的曲线(曲面)?

◇ 根据剧场内银幕的位置和大小尺寸,场内最佳的观看位置和区域是什么?(需要首先确定"最佳"的含义)。

◇ 根据剧场内扬声器的大小和位置,确定剧场内最佳的音响效果所在的位置和区域。

◇ 后两个问题的反问题,根据影剧院的观众席所在区域的形状和面积大小,设计银幕的合理摆放位置和摆放曲线的曲率;扬声器的合理摆放位置和朝向。

◇ 使观众在观看节目时不互相遮挡的座椅摆放设计和地面从前向后的增高幅度的设计和计算。

……

在问题环境中,学生处于互相激发的状态,很快就能提出一连串的问题,不少问题成为学生实际进行数学建模的素材。在问题环境的设计中,教师不要总是设计好所有的问题思路,自己当"导游",而应该把"导游路线"设计的"天机"有意识地泄露给学生,使他们能体验出提出问题的思路是怎么回事,从而自己也能尽早成为"导游";同时,还要注意鼓励学生发展、验证他们自己的猜想和结论。教师经常做这样的问题引导,学生就会养成提问题、想问题的习惯,从而激发学生主动学习的自觉性。

(2)反思建议方式。

学生自己初选了一些课题后,经常来征求教师的意见,教师的建议应有利于学生进一步优化课题,但又不能为学生做决定,可以采取如下一些方法。

①提供以前学生已经完成的相似结果;

②要求学生提供网上检索的相关资料(发现是否有人做过,做得怎么样);

③让学生谈一谈课题问题解决设想的技术方案,可能出现的困难;

④让学生把自己的课题,在四个方向上,往大(更一般、更宏观),

往小(更特殊、更微观)，平行(接近地提几个同类问题)，逆向(探求方向相反地提问题)提出四个子课题，比较一下哪个更容易做，哪个更有价值。

……

案例3：学生和教师一起讨论"小区巡逻方案"的课题时，教师可以启发学生了解课题所需：基础图论的有限知识，即边、道路、交点的度数，一笔画的判定，邮路问题。高中学生还可以了解图的矩阵表示、有向图、最小网络等知识。

同时，提出的问题可以发展的方向如下：

——更广泛：不同形状的小区，复杂度的提高，小区更不一般的巡逻方案；

——更抽象：一个有限网络、一组限制条件、一些目标要求的巡游问题，如110报警问题、扫雪车问题；

——更具体：所在小区的巡逻路线、送信路线、送奶路线、幼儿园班车路线等问题；

——逆向思维：定点接收的思考，在什么地方设报警站，设取奶站，设小区超市等问题。大型展览的监视器要几个。放在哪里？……

这样，在实际建模中，学生可以从不同角度发现、找到可做的新课题。

4.5.2　如何帮助学生撰写好数学建模小论文

写论文对于学生而言并非易事。一方面，学生对论文的撰写不熟悉，没有能做的信心；另一方面，用数学建模的方法解决实际问题，是一种微型科学研究的实践活动过程，研究强调培养协作精神，提倡互相交流、互相启发。这种交流和启发包括学生与学生之间，也包括学生与老师之间的双向的交流和启发。在这样一个复杂的过程中，学生容易失去重点，不知道如何将希望说明的问题清楚地用文字呈现。教师需要在建模论文撰写的几个阶段对学生进行不可或缺的指导。

1. 初期指导工作

初期指导工作主要指在学生正式写作之前进行的指导，一般采取集体指导的形式，主要解决以下三个问题。

(1)树立学生的信心。用大量事例说明学生所做的数学建模活动的重要性；用中学生写论文的实例说明，我们中学生也可以参与实际问题的数学"微型科研"，并将研究成果写成论文。

(2)选题。有关数学建模选题的指导已经在上一节有较为详细的论述，这里就不赘述了。

(3)确定研究的方法和途径。学生在初步确定选题方向后，需要着手调查研究，了解所选问题的历史和现状，了解与之有关的知识，开始文献的检索、信息数据的采集、筛选和分类工作。学生在进行这些工作之前要对整体的研究方法和途径有一个较为详备、可执行的计划。

2. 中期指导工作

中期指导工作是指在学生对所选问题的研究以及论文的写作过程中的指导，教师对学生选题情况、调查研究的进展情况做到心中有数。中期指导工作宜采用集中时间、集体交流、个别指导的方式。每位或每组同学(对中学生提倡两人合作完成论文)向大家介绍自己所选问题和自己已经完成或正在进行的工作。例如，参考了哪些书、到哪些地方做调查、掌握了哪些数据、对这些数据做了怎样的研究、有什么初步结果等。然后由教师对学生进行个别交流、指导，在教师的知识与水平限度之内对学生选题的可行性提出参考意见，对学生的调查情况、数据处理的方法提出建议，解答学生提出的问题。对于那些教师也不能回答的问题，如涉及其他学科的知识，教师应努力向其他学科的同行请教，并将结果转告学生。

另外，教师在中期要注意这些问题：学生调查研究做到位了吗？研究方法选择是否恰当？考虑问题全面吗？考虑问题的出发点正确吗？有没有严重脱离实际的情况出现？

3. 后期指导工作

后期指导工作包括从学生初稿完成到论文定稿这一期间的指导工作，主要采取个别指导的方式。后期指导工作包括以下内容：

提醒学生和学生小组，反复阅读讨论自己的小论文，尽可能提交自己清楚，组内同学认可，争取让更多的家长、同学、老师满意的论文。教师要充分发挥生生之间的交互作用，把论文的修改过程变成学生之间相互学习、交流、质疑、提高的过程。切忌教师越俎代庖代替学生修改论文。

在与学生交流时，教师要反复质疑促使学生完善论文。每篇稿件的修改意见包括所论述问题的内容和方法，文字表述，乃至打印技术方面的意见。最重要的有关论述问题方面的内容：学生论述问题的结果，有没有在实践中检验？有没有对检验结果做适当分析？对每一篇论文的指导，可能会进行多次，直到论文最后定稿成文为止。

对于参加论文答辩的同学进行答辩指导，要求学生能简明扼要地阐述自己论文的要点，包括解决的问题是什么、研究的思路和方法、研究的结果怎样和自我评价、合作的经过等。

论文写成后，指导教师应逐一认真阅读，初步划分出好的和比较好的论文。对其中部分论文组织答辩会，请相关学科的教师和有关专家对学生论文进行点评。

为了扩大影响，对于写得好的论文，尤其是数学知识应用竞赛中的获奖论文，召开相关年级的论文报告大会，选择优秀论文的作者就以下问题做大会报告：①怎样发现和确定自己的研究课题。②课题研究的过程。③研究的成果。④介绍合作经历及体会。这样可以让更多的同学通过他人的论文报告受到一种自主学习的教育、一种培养应用意识和创新精神的教育。同时也受到来自同龄人的启迪和鼓舞，认识到数学是有用的、可用的、能用的；会用、善用也是创造。树立自己也可以写好小论文，自己也可以发现身边的数学问题并用已有的知识和方法去解决这些问题的信心；进一步培养学习数学的兴趣，并由此悟出学然后知不足的道理，从而激发更强烈的求知欲望，更加刻苦主动地去学习数学，扎扎实实地打好创新的基础。

4.5.3 教师在学生做课题过程中的指导理念

数学建模中的教师指导往往不是一个"接受式"指导或培训的过程，比较好的指导结果总是伴随学生的课题进展，在师生相互作用下一起感悟、一起交流、发展渐进而得到。这里希望以一些具体的做法和体会为例，总结一下教师在学生做课题过程中的指导理念。

1. 重视数学建模的教育价值

在课题指导的过程中，教师要留心挖掘每一个环节的教育价值。

有一次，三位初中一年级的学生组成的一个课题小组完成了一篇小论文，在发表前署名时学生们找到了我，问应该署谁的名字做第一作者，这种问题在以前的学生中不太会遇到，一是很少有这样的机会，二是很少去考虑这样的问题。面对这样的"与时俱进"的问题，我先和学生们一起座谈，请大家谈一谈各自在论文中的贡献，自己发现的别人的长处。然后我给学生们提了这样的建议，署名的原则是谁对这项小研究的贡献大，起主要作用，做出关键结果，谁就可以署第一作者，这篇文章谁做第一作者，相信你们能统一一个认识。作为老师，我的建议是，你们这个研究小组是一个非常好的研究集体，希望你们再继续做第二个、第三个小课题，我想你们每一个人都可以做一次"第一作者"。三年过去了，他们已经做完了三个小课题，在正式出版物上已经发表了两篇文章。

教师要尽可能地为尽可能多的学生提供参与解决实际问题的机会，及时鼓励这种参与，尽可能使学生通过问题解决的过程获得成功感，即使问题尚未真正解决。简言之，数学建模重在参与，教师要使参与者"做有所获"。

数学建模教学中的另一个值得注意的地方是注意培养学生的合作意识，这是学生将来能走向成功的重要的非智力因素。城市学生中独生子女的比例越来越高，学生的独立意识，以自我为中心、追求自我价值实现的取向越来越明显，而合作意识、协作精神却日益淡漠，因此我们应该有意识地注意数学建模在这方面的教育价值。在数学建模中，我们可以适当分组，将有各种特长(或短处)的学生放在一起，有时常常会使学生产生额外的收获。如在自行车问题的案例中，男女生混合编组，男生动手能力稍强，可以拆开自行车的链套，女生观察比较细致，可以有比较多的发现，这样的小组课题进展就比较好。在数学建模活动中，我们经常提倡两三个同学一起做一个课题，一位同学可能擅长计算机，另一位同学可能擅长实验，还有一位同学可能擅长与人打交道，这样在做调查时就可以承担"公关"的任务。在北京市数学知识应用论文竞赛中，我们还特别地加上一条，让学生在论文的尾部加上"合作经历"，使学生们在合作学习、合作研究的过程中体会到了合作对成功的作用和价值。

2. 培养学生的问题意识，"逼"着学生迈出创新的步子

所谓"问题意识"，就是人对自己周围的各种现象，尤其是在自己从事和研究的领域里，不采取轻信的态度，而总是自觉地抱着一种怀疑的、思索的、弄清楚问题的积极态度。我们经常谈到，传统的教育方式，使中国学生的创新能力不足。而在创新的过程中，问题的发现是关键性的。因为任何问题只有被意识到并被提出来，才可能引起进一步思索并得到合理的解决。而任何一个问题的解决，或多或少地意味着思想上的创新。可以说，问题乃是任何性质的创新活动的内在推动力。

李政道教授曾说过："对于科研工作者来说，最重要的问题是自己会不会提出问题。"著名物理学家海森堡也说过："提出正确的问题，往往等于解决了问题的大半。"大学者梁漱溟先生是一位自学成才者，他说："我不是学问中人……我大概是问题中人。"在哈佛大学还流行这样一句话："教育的真正目的是让人不断提出问题和思考问题。"

科学就是探究，探究的前提是问题。一切思维都是从问题开始的，一切创造也是始于问题。一个人能否经常地发现问题、提出问题，是衡量一个人科学素质的重要标志。善于发现以及提出问题是学生自主学习和主动探索新知识的开始，也是探求新知识的动力。从教学的角度来说，实践证明，在质疑状态下学生的求知欲和好奇心最强，他们都能主动、积极地参与到学习中去，学习兴趣高、效率也高。提出问题的同时，很多时候他们还能对问题提出不同的见解。这是一个很久以来就为人们所认识的教学常识，孔子就说过：不愤不启，不悱不发。只有在学生求知欲强的时候，思维才会积极，思维积极学习才会事半功倍。可是这一问题在现今的教学中，解决得并不算好。这从义务教育数学课程标准的变化也可看出一些问题。

《义务教育数学课程标准(2011年版)》中指出"要培养学生发现问题、提出问题、分析问题和解决问题的能力"，而在实验稿中提到"分析问题和解决问题"。这个改变至少说明了两点问题：

(1)过去的中学数学教学对培养学生发现问题与提出问题的能力显然不够重视；

(2)现在逐渐重视起来，但还需要我们数学教师在教学中不断探索。

开始参与数学建模的学生，由于对数学建模的陌生，常常处于被动和等待状态，他们开始做出的结果常常是被动地解释问题、说明情况、是别人的结果的一个综述。这时需要老师往前推一步，有意识地去培养学生的问题意识，启发学生进行进一步的思考。我们可以在和学生们的讨论中问他们，"什么是你的论点?""什么是你以前不知道的?""还能做出什么?""你的创新点是什么?""你的结果中最得意的地方是什么?""有没有什么遗憾、漏洞?""自己还能提出几个问题吗?"。

我觉得，创造总是和别出心裁、不循规蹈矩联系在一起的，要培养有创造性的学生，就要容许、鼓励学生有不同于教师的、甚至是一反常态的想法和作法。数学应用和建模常常为我提供这样的机会。一次在数学应用的作业中，我要求学生用纸裁剪、粘贴出烟筒的"直角拐脖"，我希望学生用正弦曲线的知识来完成这一作业，实际上大多数同学也是这样做的。但有一位学生却采用了不同于其他同学的作法：他用一个装了半瓶水的塑料瓶(如装雪碧的包装瓶)，与桌面成45°摆放，在瓶子的外表面画出了水平面和瓶子的交线，然后沿所画的线分割、旋转、粘贴，就可以很方便地完成了烟筒"直角拐脖"的制作。还有的学生干脆把纸包在圆柱形的物体(如胡萝卜)上，然后直接用刀按 45°切出来。

面对这些有悖教师要求的成品是批评还是鼓励？我觉得还是应该鼓励的，让学生敢想敢做才能有创造。当然这里有一个科学性的"度"，对于学生创造中的不足，可以先肯定后引导。例如，可以要求学生进一步制作指定直径的"烟筒拐脖"，或者是方管的拐脖等，让学生体会函数图像在制作中的价值以及函数的参变量和烟筒"拐角"的关系，从而更深刻地体会数学分支之间的联系。

3. 有区别地扬长避短、发展个性、培养特长

第 39、40 届国际教育会议一再把"保证个性的全面发展"作为中心议题。而我国传统的教育模式、教育观念都对学生个性的培养重视得不够，循规蹈矩、唯命是从的学生容易成为教师心目中的好学生。

我们希望每个学生都能全面发展，但我们不能要求每一个学生都能做到平衡的全面发展。事实上，学生的个人条件、家庭环境、兴趣、爱好、学校、教师和班级都对学生的发展有各种各样的作用，发展的不平衡是自然的和经常出现的。在班里我也曾遇到一些学生很"偏科"，为了纠偏，有时教师会要求学生集中去"补短"，甚至以牺牲学生的特长为代价。我觉得，对学生的"偏科"要分析，如果是因为学生的兴趣不到、精力投入不够，可以用有针对性的措施吸引学生的精力投入，激发学生兴趣；如果是学生的思维特质的原因造成的，不如进一步"扬长"。

一位学生有计算机方面的特长，他不仅有计算机安装、调试方面的实践经验，还自己撰写、出版过计算机学习方面的书籍。但他的理化学习有较严重的缺陷，分析原因，我觉得不是他能力的问题，而是兴趣、记忆和下功夫不够的问题。我为他选择的应用课题是：利用计算机编程解决化学方程式的配平问题。这位学生很快就找到了相应的数学模型——不定方程求正整数解。他很快编好了程序，并以化学教科书上的题目为例子，用自己编的程序进行了方程式配平的验证。这一切都做得很成功，但我还提出了进一步的希望，请这位学生找一些这样的例子来表现他所编程序的功能和可靠性：需要配平的方程式的系数比较大，手工配平有一定困难。这位学生经过自己的努力，翻阅了大量的化学参考

书，在处理"三废"的有关内容处找到了这样的化学方程式，用程序试算的结果说明了程序的可靠。这个结果在全区的科技活动评选中获了奖。完成这个数学应用课题的过程也使这位学生的化学学科的成绩和能力都有了提高。

在数学建模的教学中，怎样针对学生的情况采取扬长避短的措施，如何让学生的特长得以充分的发展，这是教师在进行指导时应该高度重视的地方。

第五章

中学数学建模的实践
效果和发展方向

5.1 "双课堂"数学建模让学生学会了数学学习

截至 2012 年，"双课堂"数学建模的教学模式在北京大学附属中学已经实施了两轮，2011 届和 2012 届高一年级全体学生参加，共 1000 多人，共同体验了"问题引领、先学后做、化教为学、组间碰撞、网上交互、实课解惑、资源累加、共同发展"的过程。在这一过程中，学生分成了近 200 个学习小组，撰写了 180 余篇数学建模论文，其中 2011 届有 15 个学习小组，他们的论文在海淀区研究性学习优秀课题征集与交流评选活动中分获一、二、三等奖。用学生的话说："总而言之，这次建模我敢肯定永远不会被我抛之脑后，其中的方法、感受，我相信更会对我未来的工作学习起到帮助作用。""永远保持一颗好奇的心，你会发现世界的奥妙！"

透过"双课堂"数学建模，我们看到了学生的什么变化？

首先是学习方式的变化，通过"双课堂"数学建模活动，学生对数学的学习有了更深一层的认识，形成了自主学习、主动探究、合作交流的形式。

5.1.1 自主学习蔚然成风

学生自由分组，每组 4～5 人，2012 届高一年级学生形成了 91 个数学建模学习小组，2011 届高一年级学生形成了 95 个数学建模学习小组，通过小组的形成数量，我们可以看出学生学习方式的变化。

在"双课堂"数学建模的学习过程中，课堂学习时间只占总课时的三分之一，多数时间都是学生通过自主学习完成的。各个小组不仅将已学习的初等函数进行了全面总结，而且在建模过程中总结了近 20 多种函数模型，这是学生在课堂上不可能学到的，这又何尝不是自主学习的更好体现呢？

在数学建模的过程中，学生在解决问题时不仅用到了课堂上学习到的方法，同时也使用了很多不是在现实课堂上所能学习到的方法。例如，对数据的收集和整理，学生在网络的帮助下，使用了10多种处理数据的不同程序，甚至有一些是英文软件。

同样我们在下面的案例1和案例2中，可以看出学生自主学习的意识。

案例1：甘孝天同学网上作业摘选

我认为：数学建模是利用数学方法解决实际问题。通过抽象、简化、假设、引进变量等，将实际问题用数学方式表达，建立数学模型，然后运用先进的数学方法及计算机技术进行求解。数学建模将各种知识综合应用于解决实际问题中，培养和提高了学生应用所学知识分析问题、解决问题的能力。应用数学去解决各类实际问题时，建立数学模型是十分关键的一步，同时也是十分困难的一步。建立教学模型的过程，是把错综复杂的实际问题简化、抽象为合理的数学结构的过程。我认为由于我们的数学知识有限，无法研究复杂问题，很多事情前人已有研究，所以我想，数学建模可能更能培养我们解决实际问题的能力，而不是解题能力。

我认为数学建模最复杂的部分是从实际中收集数据，有时理论上可行的方法，运用到实践中会出现很多意想不到的困难，这就需要我们对计划进行完善和改进。数学建模是数学知识和实际的结合，它让我们感受到数学与生活、数学与人生的联系。中学数学建模最关键的部分是构建函数模型，这是把数学和实际结合起来的关键步骤，经过此关键步骤才能应用数学真正解决实际问题。有时候尽管我们得不到具体的函数关系，但是我们已经确定了函数关系的存在，也是值得欣慰的，并且我们分析出了整体趋势，并得出了分析结果。

案例2：崔皓同学网上作业摘选

通过这次数学建模的研究过程，我收获颇丰。第一次知道了这么多高级的数学软件，同时从其他同学那里学习到了更有创造性的想法。这次活动不但开阔了我的视野，而且更让我坚信一点："永远保持一颗好奇的心，你会发现世界的奥妙！"正如我在论文的结束语中写道："正如咖啡的香甜总是要经历一番苦涩一样，纵然研究过程是艰辛的，但是我们却收获了金灿灿的果实。"感谢数学给予了我们这宝贵的经历！相信当我们步入古稀之年时，蓦然回首这珍贵的记忆，一定会嫣然一笑，乐在其中……

5.1.2 主动探究成气候

为了使学生能够顺利地开展数学建模活动，我们为学生提供了50多篇优秀的数学建模论文，作为资源供学生学习和阅读，同时设计了作业"作业1-2：学习有关数学建模论文相关资料的收获"，通过学习，学生感触颇深，潜移默化地形成了很好的探究学习的风气。

案例3：学生在网上提交的一组建模探究活动的感受

仔细研究完这十七页报告，我深知自己与前辈们的差距，作者考虑周全，思维明确，令人叹服。纵观全文，我深刻地感受到数学的神奇，数学在生活中的重要性，它使未说清的东西说清，应用数学还有更为广阔的天地，所以说基础的数学体系支撑着事件的建模、分析，控制了结论。在体会他人之文章时，我也体会到了自身的不足，自己还有很长的路要走。（高一（3）班　陈兆初）

我刚看到这个建模题目时，其实挺惊讶的，因为自己一向认为十字绣非常简单，根本没有想到它的针法还有这么强的可研究性，而这篇论文也是众多数学论文中较为繁长的一篇，只是浏览文章就需要足够的耐心，不禁对探究人员的耐心充满佩服，同时也对自己即将开始的探究做好了充足的思想准备。

初步阅读这篇论文，我觉得它的应用价值其实不是很大，毕竟十字绣的针法即便不用计算大家也是很清楚的，这个探究如果只是针对针法方面贡献并不大，但探究者还联想到了公式应用的拓展和该研究成果在电脑芯片方面的可能应用，这就使一个看起来没有太大价值的研究主题提升了应用价值。也就是说，我们可以探究一些可能只是出于爱好的题目，这些题目表面上看起来应用价值并不大，但在得到结果后可以发挥我们丰富的想象力去赋予它们更高的价值和更大的意义，也许我们的探究结果在看似毫不相关的领域内就会有很大的应用价值，这就充分说明了思考的重要性。

又想起了刚评价过的程斯一组提出的三个问题，记得我还提到她们的第一个探究题目（探究时针、分针之间的直线距离与时间的关系）的应用价值不大，只是出于趣味性才去探究。但现在看来，如果她们能够充分延展这一探究题目的应用价值，也许就会有意想不到的收获。就我们组的探究题目来说，既然奥运烟花已经走进了千家万户，我们的 X 探究价值看似很大程度地缩小了，但我们是不是也可以对探究的结果加以充分地思考，发挥它更大的应用价值。也就是说，我们的探究来源于烟花但应用上并不局限于烟花，这是有待我们全组人员思考的一个问题，也是阅读这篇数学建模论文给我们组带来的最大的、也是最具实际意义的收获。

论文内容的使用价值也许并不是很大，但是从中我们却可以获得很多启示，这就使我们对将要研究的烟花这个论文有了更为明确的思路。这篇论文好在组员们的细心，他们对于每一个步骤都一丝不苟地完成。（高一（4）班　徐可馨，马汉琪）

正如我给组员们评语的最后一句话——"成功的意义不是在胜利后欢呼雀跃，而是去感受默默奋斗过程中的点点滴滴。"成功固然可贵，但没有过程，一切就只是徒有华丽外表的空中楼阁。有时候或许正是这样，巧克力的甜美或许不会让你记住，但汗水的点点盐味却会让你永世难忘。第二个让我记忆深刻的就是有效统筹和使用合理方法，这次建模中最困难的无疑是采集数据，由于我们组的选题是天干地支纪年法，所以数据采集惊人的繁杂，最开始我们想收集 3000 个左右的数据，但最终经过一系列的统筹安排和有效的转化，我们将数据收集减少到了 60 个，从而为研究省下了大量时间和精力。总而言之，这次建模永远不会被我抛之脑后，其中的方法、感受，我相信更会对我未来的工作、学习起到帮助作用。（高一（6）班　李奥）

通过以上案例，可以看出学生是认真的，而且投入了感情去做这项工作，主动探究已成为有意识的学习行为。

5.1.3　合作学习有收获

"双课堂"数学建模活动，我们共设计了四个单元的作业，总计 22 个小作业，其中需要小组共同完成的作业有 11 个，充分体现了合作学习的重要性。在小组作业完成的过程中，小组成员进行了充分的讨论，分工明确，在数学建模的过程中找到了合作学习的乐趣。

案例 4：学生在网上提交的合作学习的一组感受

通过这次参加数学建模活动，我不但对数学有了新的认识，同时也因为这次活动而更加深刻地了解到了团结协作的重要性。在刚刚开始时，对于"数学建模"这样一个新的名称，感到更多的是敬畏及困惑。但仅是看同学们找到的不同函数，我就发现原来生活中其实是处处充满了数学问题的，从而开拓了思路。在这次建模活动中，没有老师手把手地教，所有的实验设计和数据采集包括资料的查找主要都是依靠自己。在这个过程中还需要与同组的成员合作完成任务，这使我认识到了成功光靠一个人是不够的，团队的协作才是最重要的。这次建模不但是对我们学习能力的一次锻炼，同时也是对我们处理事务的能力的提升，希望以后可以多多参加此类活动。（高一(4)班　邱月）

数学模型一般是实际事物的一种数学简化。它常常是以某种意义上接近实际事物的抽象形式存在的，但它和真实的事物有着本质的区别。要描述一个实际现象可以有很多种方式，如录音、录像、比喻、传言等。为了使描述更具科学性、逻辑性、客观性和可重复性，人们采用一种普遍认为比较严格的语言来描述各种现象，这种语言就是数学。使用数学语言描述的事物就称为数学模型。有时候我们需要做一些实验，但这些实验往往用抽象出来的数学模型作为实际物体的代替而进行相应的实验。实验本身也是实际操作的一种理论替代，会大大方便我们的思考和计算，培养创新意识和创造能力，训练快速获取信息和资料的能力，锻炼快速了解和掌握新知识的技能，同时又能培养团队合作意识和团队合作精神，何乐而不为呢？通过建模学习，我体会到了它对学习的帮助，在活动中训练了自己，如意志力、调查能力、表述能力等。通过第三阶段的合作学习和结题报告，我更加体会到了建模带给我的快乐和带给我的技能，在工作中培养了我的团结精神。（高一(5)班　部汝阔）

通过这次参加数学建模活动，我不但对数学学习知识的运用有了更多的提升，同时也更加深刻地了解到了团结协作的重要性。开始时，对于数学建模这个陌生的东西我们望而生畏，而且最重要的是，在这些过程中，并没有任何老师的帮助，只有依靠自己或是自己的组员。通过阅读材料，我渐渐熟悉了建模这个有些抽象的东西，慢慢地也就觉得得心应手了。在建模的过程中，学习是很重要的，首先从选择提案开始就很艰难，生活中有很多函数，可哪些是真正适合的呢？在刚开始的讨论中，我们对建模的意见都不是很成熟，但时间长了，我们就能很有默契地讨论出我们需要的东西。在最后的分工中，我也体会到了协作和自我能力结合的重要性。这次建模不但是对我们学习能力的一次锻炼，同时也是对我们处理事务的能力的提升，希望以后可以多多参加此类活动。（高一(4)班　张心宇）

数学建模活动接近尾声了，回顾这几个月，我感到自己收获了很多很多。这之中的结果倒不重要，重要的是积极思考的过程。我因此学会了探究问题，解决问题的方法，并有了将实际生活与数学相联系的能力。另外，在探究过程中，与大家在一起的快乐是无法比拟的。特别是那一天我们都到一个同学家去做探究试验，我们在快乐中学会了合作。那一天，我永远忘不了！与大家在一起，工作变得如此轻松，我们在乐趣中完成了工作。最后，感谢建模活动，让我学会了很多，也收获了那么多快乐。（高一(3)班　赵婧雅）

5.1.4　重新认识数学和数学学习

案例5：学生在完成建模学习后的一组感受

这是我第一次接触建模活动，活动开始前充满了质疑与担心。在前期确定研究主题的时候，组员们在网上进行了激烈的讨论，每个人畅所欲言、各抒己见，最终投票表决，这过程让我真正体会到了什么是小组讨论。确定了探究主题后我和陈南负责实验的部分。我们俩的实验由于人力、资源和场地的限制并没有想象中的理想，但确实尽可能做到了最好。因为测定光源面积具有一定的难度，要保证有人举着手电筒，有人测量，同时还需要拍照，十分累。所以测定方法、距离的选择也都做了调整。令我满意的是大部分的实验结果符合我们当初的猜想。

我想最终的结果并不重要，重要的是我们讨论、实施的过程，那也正是学习的过程，它突破了以往的学习方法，培养了我思考问题、解决问题的能力。同时在与同学讨论过程中，意见的不统一、想法的不一致，最终的协调解决，还有我与同学之间的互帮互助，都是这次活动中很有意义的部分。我想这些超越了活动本身。最终对于自己和组员们在这次活动中的表现感到满意，不管是哪一方面，只要有收获，就够了。（高一（3）班　蒋思予）

通过数学建模的学习，我受益匪浅，不管完成得漂不漂亮或者够不够成功，这个过程确实已经让我学会和体验了很多，我想这也就足够了。我们一起收集数据，分析整理数据，在遇到问题时我们一起讨论，甚至是争论，在这一过程中我们学会了如何去讨论、去倾听，来不断地完善我们的想法。刚开始我们毫无头绪，在经过了一段时间的无目标寻找后，我们才开始有了确切的想法，从我们所熟悉的开始，慢慢把问题扩大化，不断地寻求和解决新的问题，渐渐地才充实起来，然后就开始把收集的资料数据化，再从函数和变量的角度考虑，才渐渐有了现在的模样。这一过程可谓是漫长、复杂而且单调的，庞大的数据有时常常就不知道算到哪儿了，就是因为这样，才锻炼了我们，在完成的最后一刻我感到如释重负，而且有一种强烈的自豪感和成就感，我想这次活动确实锻炼了我不少。（高一（3）班　李亮）

我们深刻地感受到了学生的变化：闫爽同学由一开始的"还不懂是什么"，到后来的"我可以知道如何根据抽象生活表现去解决问题。通过半学期的学习后发现，建模对于学习还是有一定的帮助的。例如，学会筛选信息，整理，分配，利用最少时间做最多的工作"。这些变化是多么地让人兴奋！

案例 6：陈荣同学网上作业摘选

北京市高中新课程选修网

加为收藏　设为首页

作业1-3

作业提交时间：2010/01/06 20:04:40

姓名	陈荣
主题	对数学建模的初步认识
什么是数学建模	数学建模就是将实际的事情数学化，运用数学语言与思想，简化问题，更方便地处理一些实际问题，这些问题可以是自然、化学、物理现象，也可以是购物、人口增长等实际生活问题。
渴望参与活动的程度	1非常期望
参与数学建模活动对学习是否会有帮助	虽然会占用很多时间，但是对提高我们的团结协作，计算机技术，耐心，创新，筛选信息，运用抽象的概念、知识的能力都有不小的帮助。
家长态度	学习的最终目的是解决生活过程中所面临的一项项实际问题，同时有效创造新的生活空间及环境。这项学以致用的空间模型可以放大单一学习的思路和开拓想象的空间，使学生在学习中实践，在实践中真正地学习，是一个较为理想的教学模式。不建议投入大多的时间去面对荧幕。

完成　　　　　　　　　　　　　　　　　　　　　Internet | 保护模

作业3-4

作业提交时间：2010/03/10 23:00:59

姓名	陈荣
主题	对数学建模的再认识
什么是数学建模	数学建模是将生活中实际问题与抽象的数学公式计算连接起来的一个渠道，可将实际问题简单化，方便人们的生活。通过数学建模，也增进了同学间的交流与合作，增加了交流的机会，打破了人与人之间的一道阻碍墙。多人合作也更高效、更完善地完成了作业。数学建模的函数也许并不是我们熟悉的函数，像我们求出来的函数图像就十分诡异，而且数学建模活动也考验了我们能否及时地、很好地在短时间内做好一件事情的能力。
渴望参与活动的程度	1非常期望
参与数学建模活动对学习是否会有帮助	必须有帮助，数学建模活动增加了我们运用已学知识的机会，使我们能够更灵活、更完美地运用知识。曾经的我一直觉得数学知识在生活中几乎毫无用武之地，除非做数学家，相信很多同学也一样，不过经过这次数学建模活动，我改变了对数学的看法，对它有了新的看法，认为数学其实就无所不在生活中，无处不在。它帮助我们克服惰性，锻炼了我们在短时间内很好、高效地做好事情的能力，在多件学习任务共同压制的情况下，完成每一项任务的能力。我觉得此题题目应该拓展，建模不只对学习有帮助，在生活、社会中都有很大的用武之地，是一项非常好的活动。
家长态度	学习和生活是紧密结合的，可以说学习只是生活的一部分，学习是为了更好地生活，学习的过程将枯燥的理论融于鲜活的生活实践中而进行完美结合，是非常有趣的生活。学习看来就是这样的让人神往，这样的学习是一种境界。

完成

"双课堂"数学建模如前所说，在实施过程中，师生共同体验了"教师和学生成为课程的创造者和主体，来共同参与课程开发的过程"，共同体验了"问题引领，先学后做，化教为学，组间碰撞，网上交互，实课解惑，资源累加，共同发展"。这次活动本身就是一次有益的校本教研活动，参与者体验了校本教研活动的全过程及网络平台在教师之间、教师和学生之间及学生和学生之间交流的便捷、广泛与自由，从中可以看到了学生和我们自己的成长。

5.2 "双课堂"数学建模促进学生发展

通过"双课堂"数学建模的学习和实践操作，北京经济技术开发区实验学校的学生们在各个方面都有了较大收获。

1. 提高了数学学习兴趣和信心

84％的同学认为数学与生活紧密联系，是一门有意思的学科，提高了学好数学的信心；16％的同学觉得数学还是很难的，但认为自己可以解决一些简单的数学问题。从中可以看到，在建模活动中，学生积极参与了学习，成了学习的主人，扩大了阅读量，学会了思考，提高了认识。如学生参加完函数建模活动后，学生对函数的概念理解更加直观清晰，原来觉得函数很难的同学有了新的认识。

学生的作业记录表

姓名	黄华
主题	学习函数相关资料的收获
我对函数的认识、对几类函数性质的归纳整理	以前我觉得函数还是挺难的，不过通过这次学习，我觉得也没什么。从初中开始，我们学过很多函数，什么一次函数、二次函数、正比例、反比例等，到了高中，又学了指数函数、对数函数，还有就是三角函数，我总结

	一下，我自己的理解就是有两个变量 x，y，x 通过对应关系变成了 y。这个 x，y 就可以相对于我们生活中的一些事物，这样函数就可以与我们的生活联系起来，从而运用函数关系、数学手段来解决一些实际问题，这样就是数学与生活相结合的最好例子！同时我也觉得函数很神奇，总是能在我们身边找到它们，说明函数在我们身边无处不在！对于我所学的所有的函数来说，它们有很多的性质，如单调性、奇偶性等，我觉得最重要的还是它们的图像，我们要更加注意与图像的结合，因为图像是最形象、最具体，也是最能表现出变量关系的。在与生活结合的函数方面，我们可以运用图像，更直观地表现出两者间的关系，这样更利于我们解决问题与理解数学！

通过参与建模活动，在很大程度上增强了学生的自信心。通过参与及完成建模活动，学生们体会到了成功的喜悦，在这份喜悦中，提高了学生学习数学的信心和对自己的信心，也体会到坚持就是胜利。例如，翟阳同学很有感触地说："刚接触数学建模，感觉很难，担心自己能否完成，中途遇到的困难也曾经让自己想过放弃，当最终坚持下来，看着小组合作得出的结论，看着自己制作精美的 PPT，心里非常高兴，觉得自己原来这么棒，这么能干，以后做事都有信心了。"

2. 加深了对数学知识的理解，提高了应用数学能力

100％的同学对数学知识有了更进一步的认识，并通过亲历数学建模全过程，提高了应用数学的能力。不仅如此，学生对数学在生活中的应用有了更多认识，开始对生活中的数学问题加以留心。

学生的作业记录表

姓名	李芊羽
主题	我在真实情境中找到的函数
第一个	水费：在生活中，水是我们最离不开的。所以我想发现水费与用水量的函数关系。通过调查，我知道每月用户未超过 7 立方米部分，按每立方米 2 元并加收 0.4 元的污水处理费收取；超过 7 立方米的部分按每立方米 3 元并加收 0.8 元的污水处理费收取。这样我们就可以设每户每月用水量为 x 立方米，应交水费为 y 元。我认为这是一个函数。首先它的每个自变量只对应一个 y 值，也可以画出一个完整的函数图像。
第二个	出租车缴费：出租车也是我们日常生活中常见的，出租车的收费标准是 3 千米以内（含 3 千米 10 元），超过 3 千米的部分每千米 2 元，所以出租车的计价也是一个函数，它为一次函数。
第三个	热水器烧开水的时间与水温：热水器也是我们日常生活中的常用家电，仔细观察热水器烧水与水温升高也是有很大关系的。据我观察，我家的热水器平均每升高 1 ℃需要半分钟，我认为这也是一个函数。

3. 改变了学生的学习态度和学习方式

学习时间灵活，方式多样，更主动自觉，特别是学生自己主动想办法克服学习中的困难。在建模过程中，学生会遇到各种各样的困难，他们通过网络搜索、教师辅导、同伴交流等多种方式寻求帮助，并最终克服困难，完成任务，且在其中又学到更多知识，提高了自己的能力。

学生的作业记录表

姓名	黄华
数据收集、整理的目的	通过对数据的整理，画出图像，得出结论
数据整理结果与预期对比	与预期一致
遇到的问题及问题起因	函数图像不会画，同时想到如果画好函数图像，由于单位之间差距太大，无法直观地看出其中的关系
得到的帮助	老师建议我们用几何画板，同时可以把图像分段放大展现出来，或者改变坐标的单位

参加建模的 15 位同学中，有两人转学，其他 13 人大都成为现在班级的数学学习带头人，学习态度有了较大转变，有的同学还成为老师的得力小助手。建模活动加深了师生情感，学生开始能站在老师的角度看问题；学习习惯方面，学生开始学着自主学习，学着讨论、思考，这一点在空间向量的网络学习中得到很好的体现；知识体系方面，函数建模的学习为后续统计、变量间的相关关系分析奠定了良好的基础。

4. 提高了学生合作能力、沟通能力，基础比较差的学生也可以做出建模的论文

双课堂的成员在后续数学学习小组中担任组长及骨干力量，在班级中发挥了很好的模范作用。在建模活动中，学生们不仅学会了小组内部合作，还加强了与家长的合作，与其他学科老师的合作，学会了寻求帮助。在整个过程中，各小组组长的主动性和责任心更是得到了充分的体现。例如，王冬浩组与物理老师合作，探索为何暖瓶装满水时反而保温效果不是最佳，从空气层的保温效应、热量的传导及空气的流动等多角度、多因素来看待问题。在建模过程中，学生之间的交流与评价也大大提高。

学生的作业记录表

评价对象	第四组
评价等级	优良
题目设定的合理性	是函数关系
函数关系设定的合理性	我觉得有点欠缺，因为有很多误差会让数据准确性降低
寻找步骤的可操作性	探究烧开水的问题，通过对比实验，得出结论
问题的延续性	在实验数据的准确性上需改进
在探究过程中可能存在的困难	如何减少误差
提出的建议	烧开水的时候，角度越大，火力的流失就会越大
得到的启示	要注意细节，并且要尽可能多地想到各种情况

对数学小组讨论的影响：本活动给学生提供了展示的空间，让学生学会了如何有效进行小组讨论，并对后续数学教学起到了促进作用：上课积极回答问题的同学由 10％上升为 35％，小组讨论中认真参与的同学由 30％上升到 65％左右。

结题报告节选

题目：《保温瓶中的奥秘》结题报告

学校名称：北京经济技术开发区实验学校（高一年级）

小组分工：

组长　王冬浩（收集资料）

组员　翟阳（文字处理）、吴忧（试验）、马迪（试验）

一、问题提出

平时在宿舍用暖瓶的时候，我们习惯晚上打好开水，以方便第二天早上起床后饮用。可在每次喝水的时候，会感觉水的温度偶尔会不同，有时高一些，有时低一些，水温为什么会有时变化呢？经过观察，我们发现，打水时有时着急，就少灌些开水，有时没什么事，就多灌些开水，而所灌开水的多少会导致水面到瓶口的空气层高度不同。

既然打开水时所灌开水的多少会导致水面到瓶口的空气层高度不同，那么，在间隔时间相同的条件下，水的温度会不会与水面到瓶口空气层的高度（以下简称空气层高度）有关系呢？

二、函数关系设定的合理性

我们想研究在同一间隔时间下，水温如何随着空气层高度的变化而变化，从而寻找空气层的最佳高度，使在该间隔时间后保温瓶的水温最高，即保温效果最好。

我们把间隔时间定为 5 h，水面到瓶口空气层的高度设为变量 x，5 h 后水的温度设为变量 y。显然，y 随 x 的变化而变化，并且对确定的 x 值，有且只有唯一的一个 y 值与之对应，所以 y 是 x 的函数。故而，我们研究的方向是函数建模方向。

三、建模过程的可操作性

实验中用到的工具是生活中常见的，我们打算选择最常见的大号暖瓶（高度为 38 cm）进行实验。所需测量的温度计，我们也可以从化学实验室借到，可操作性强。

四、实验步骤设想

先找一个暖瓶。然后我们预先指定一组空气层高度，从 15 cm 每次递减 1 cm。按指定空气层高度，倒入接近 100 ℃的开水，当水温降到 96 ℃时，隔 5 h 后测量水温，并记录数据。

依照数据，列表画图，判断所拟合函数的类型，得出函数解析式，对所得函数的图像和性质进行分析，寻找空气层高度 x 为何值时，可使水的温度 y 最高。

五、实验中我们遇到的问题

问题 1. 实验中怎样测量空气层的高度？

原打算指定空气层高度，但实际操作比较困难，会导致测量时的误差较大。

解决方法：不刻意地指定高度，随机测量，选择 5 组数据。

问题 2. 因为我们是住校生，无法保证初始温度都是 100 ℃。

解决方法：不要求每次初温都是 100 ℃，把初温控制到 96 ℃（如温度高于 96 ℃，我们可将之放置一段时间，到达预定温度）

六、建模过程

1. 数据收集。

	高度/cm	初温/℃	末温/℃
1	2	96	85.1
2	5.7	96	87.2
3	7	96	89.1
4	8	96	89.0
5	10.3	96	85.3

2. 画折线图，选择函数类型，求出拟合函数解析式

$$y = -0.67x^2 + 10x + 51.5。$$

我们利用几何画板软件建立平面直角坐标系，利用测量完的 5 组数据，描点画图，连成折线图，根据折线图的走向，我们认为它是一个二次函数的模型。

找出 3 个点，采用待定系数法试图求函数解析式，但发现运算量比较大，于是寻求帮助，辛老师给我们提供了一个软件（大数计算器），因此，我们很快算出了二次函数的系数，得出函数解析式 $y = -0.67x^2 + 10x + 51.5$。

线性方程组

32.49	X+5.7	Y+1	Z=87	○二元	X= -0.6688963210
49	X+7	Y+1	Z=89	解 出	Y= 10.0334448160
64	X+8	Y+1	Z=89	●三元	Z= 51.5418060200

续表

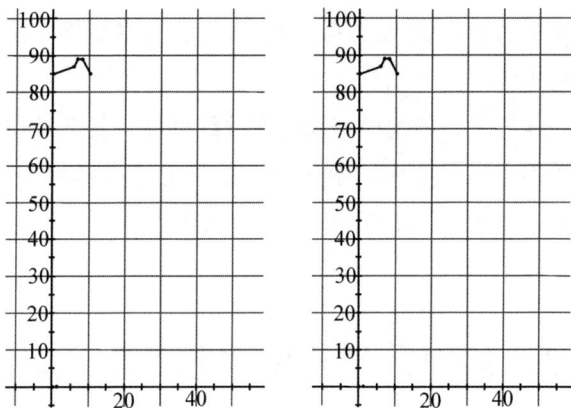

3. 研究性质，得出结论。

我们利用二次函数的性质，判断当 $x=7.5$ cm 时，y 有最大值为 89.3 ℃，即当保温瓶空气层 r 高度为 7.5 cm 左右时，水温为 89.3 ℃，为最高值。

七、可能会出现的误差

1. 测量水面距瓶口(空气层)高度时，会出现误差。

2. 水温的测量可能会有误差。

八、问题的延续性

1. 测量不同保温瓶里空气层高度与瓶身高度的比值是否相同？这一结论是否可推广到不同容积、不同材质的保温瓶？

2. 测量普通杯子空气层高度为何值时，可使相同间隔时间后瓶内水温最高？

九、我们的感受

通过这次数学建模活动，我们的感触都很深，我们明白了 What is cooperation, what is practice and what is success(什么是合作，什么是实践，什么是成功)。我们用合作来克服实践中遇到的困难，从而获得成功……

从最初的选题、开题、做题到最后的结题，我们都一步步地坚持走下来了，结题并不意味着结束，在今后的学习生活中，我们不论做什么都要发挥"数学建模精神"——团结协作、互相鼓励、积极思考、勇于探索、树立信心。

法国影片《放牛班的春天》里有一个场景让我深受感动：面对着一群顽劣的、年龄参差不齐的、被很多老师认为不可能改变的"坏"孩子，音乐老师并没有放弃，他组织了合唱团，班里的每个孩子都分配到一个角色，一个四五岁的小男孩被任命为团长助理，一个实在是五音不全的大男孩被任命为乐谱架(用手拿着乐曲)，我想，只有对学生深深的爱，才能想出这样的角色吧。

建模活动结束了，但建模精神仍在继续发挥着长期效应，正如学生所言：结题并不意味着结束。学生自己总结的建模精神——团结协作、互相鼓励、积极思考、勇于探索、树立信心！

5.3 初中数学建模思想的渗透教学

5.3.1 初中数学建模的梗概

开展初中数学建模活动，对于北京大学附属中学初中组的教师们来说是个新事物，不太可能一步到位，特别是在实施的过程中，无论从教师重视的程度、学生的基本情况以及我们经验的积累等许多方面都是不足的，我们必须要循序渐进，要根据初中生的年龄特点和所具有的知识结构进行，要按照课程标准的要求，结合教材，贴近学生生活，以解决实际问题为突破口，培养学生运用数学模型的意识，建立简单的数学模型，以综合与实践活动的形式进行，逐步过渡到数学建模的教学。

《义务教育数学课程标准(2011年版)》在各学段的教学内容中设置了四个部分，"数与代数""图形与几何""统计与概率""综合与实践"。其中"综合与实践"是一个重要内容，这部分反映了数学课程与数学教学改革的要求，为学生提供了一种通过综合、实践的过程去做数学、学数学、理解数学的机会。《义务教育数学课程标准(2011年版)》指出："综合与实践"是指一类以问题为载体、以学生自主参与为主的学习活动。在学习活动中，学生将综合运用"数与代数""图形与几何""统计与概率"

等知识和方法解决问题。因此"综合与实践"也可以理解为"数学探究"和"数学建模或数学实际应用","数学探究"就是综合运用学习的数学思想、方法、知识、技能解决一些数学问题,"数学建模"就是综合学习的数学思想、方法、知识、技能解决一些生活、社会中的问题,"数学建模或数学实际应用""综合与实践"也可以看作数学教育发展中的新事物。初中数学建模教学就是指在日常数学课堂的教学中,教师结合数学课本的相关知识,使学生通过综合运用理解、观察、比较、分析、综合、归纳、抽象、概括等基本的数学思维方法及运用学生已掌握的数学概念、公式、图形、基本关系等数学知识,以综合与实践活动的形式把实际问题中的非数学信息转换成抽象的数学信息,或把现实数学对象中赋予的信息转化成另一种数学对象的信息,建立相应的数学模型,学生通过数学模型的建立并求解模型从而解决相关问题。

《义务教育数学课程标准(2011年版)》在设计思路中指出,应用意识主要表现在:认识到现实生活中蕴含着大量的数学信息、数学在现实世界中有着广泛的应用;面对实际问题时,能主动尝试着从数学的角度运用所学知识和方法寻求解决问题的策略;面对新的数学知识时,能主动地寻找其实际背景,并探索其应用价值。应用问题的教学绝不等同于解应用题,过去的应用题教学,繁、难、偏、旧现象严重,脱离学生的生活实际,多是"为了应用编问题"。学生更多的是"学会解题"。课标下初中数学将应用课程内容纳入一个新的教材结构中,以改革"传统意义下"的应用题教学弊端。新教材改变了传统应用题的单独编写、集中教学的做法,把"解决实际问题"教学分散于"数与代数""图形与几何""统计与概率""综合与实践"四个领域的教学过程之中,并把传统的"应用题"改成了"解决实际问题"。新课程下的数学应用的主要目标是"学到有用的数学"。课标下的数学应用课程是以"问题"为载体,为问题寻找解决办法。

下面将初中数学中主要涉及数学应用的内容列举如图5-1所示。

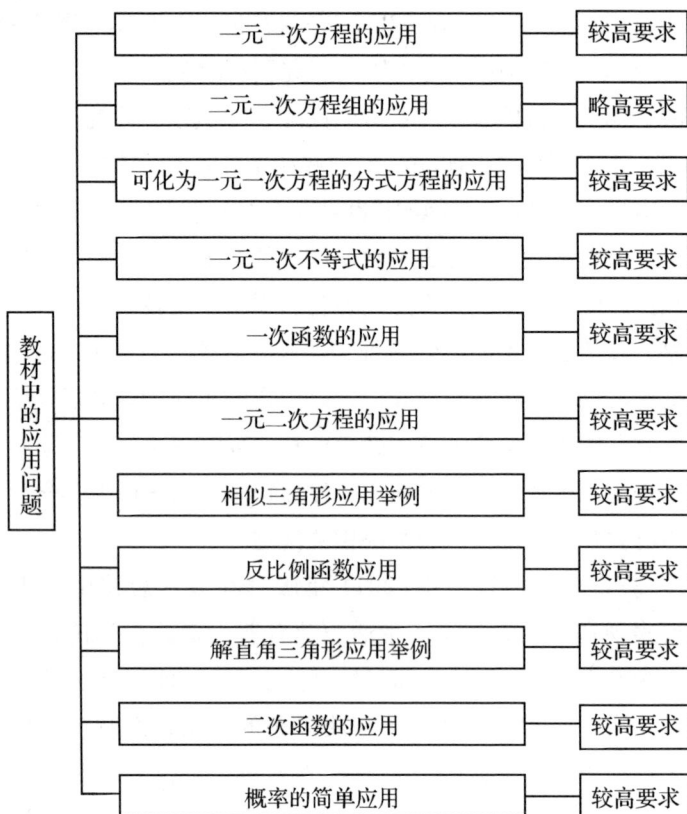

图 5-1

还有一些内容，如圆、变换、勾股定理、统计、概率等，虽然没有在教材中设置专门的应用章节，但都以例题的形式有所体现，而且这些知识的应用在中考中的要求无一例外都是较高要求，可见数学应用内容在初中教学和考试中的重要性。

1. 初中数学建模的价值与意义

(1)初中数学建模的教育价值。

第一，初中数学建模有助于学生的发展。《义务教育数学课程标准(2011 年版)》指出："综合与实践"的实施以问题为载体、以学生自主参与为主的学习活动。在教学建议部分还指出："综合与实践"的教学，重在实践、重在综合。重在实践是指在活动中，注重学生自主参与、全过程参与，重视学生积极动脑、动手、动口。在学生自主、积极主动参与活动的过程中，可以发展学生的动手、动口能力；培养学生学习数学的兴趣；增强学生学习数学的信心等。传统的数学教学过分强调数学知识的抽象性和严谨性，这样使得学生普遍感到数学难懂难学，对数学学习产生了畏惧感。数学建模教学，采用了学生容易理解和接受的以开展综合实践活动的教学方式，注重学生的动手操作和实践活动，这对增强学生学好数学的信心有着重要的作用。在这样的建模教学活动中，加深了学生对所学知识的理解，更锻炼和培养了他们主动获取知识，潜心钻研，认真准备，积极参与课堂教学，将相关知识融会贯通、解决实际问题的能力，体现了学生的教学主体作用，达到了启发思维、学以致用的目的，这种新颖的教学模式能极大地激发学生的学习兴趣、学习动力和创新能力。

第二，初中数学建模有助于学生对数学的全面理解。20 世纪，数学分为很多学科，而且越分越细，有积极的一面，也有需要警惕的问题，太细就会影响对数学整体的认识，开展初中数学建模活动是避免这种倾向的一种有效措施，通过问题让学生把学习的数学整合起来，在解决问题的过程中体会数学，从而比较完整地理解数学。了解数学的应用是全面了解数学的另一个重要方面，数学不仅仅是自成逻辑体系的学科，应用广泛、与其他学科密切联系是数学最主要的特点，开展初中数学建模活动可以帮助学生了解这些，不是字面上的理解，而是感悟、体验数学应用，不做就不能有真切体会，学生需要在这方面积累经验。数学建模教学不仅能为学生创设一个学数学、用数学的环境，而且还可以为学生提供自主学习、自主探索、自主提出问题、自主解决问题的平台。学生在数学建模的过程中能使自己应用所学数学知识解决实际问题的能力得以提高，在问题解决的过程中得到学数学、用数学的实际体验，从而加深对数学的理解。

第三，初中数学建模有助于教师的发展。《义务教育数学课程标准(2011 年版)》在教学建议部分指出：要使学生能充分、自主地参与"综合与实践"活动，选择恰当的问题是关键。这些问题既可来自教材，也可以由教师、学生开发。提倡教师研制、开发、生成出更多适合本地学生特点的且有利于实现"综合与实践"课程目标的好问题。对问题的选择有利于教师开阔视野，提升自己的知识及素养。"综合与实践"重在实践，注重学生自主参与、全过程参与，重视学生积极动脑、动手、动口。开展数学建模活动，本质上是一种问题解决的过程，它的实践性、综合性、探究性、开放性等特点充分体现了新课程倡导的自主、探究、合作、交流的理念。因此，开展数学建模活动有助于教师改变教学方式，转变教育理念，对教师专业化的发展有着重大的意义。

第四，初中数学建模有助于课程的建设。"综合与实践"是数学课程中的一个较新的领域，这一领域的设置沟通了生活中的数学与课堂上的数学的联系，使得数与代数、图形与几何、统计与概率的内容以综合的形式出现，丰富和完善了课程的结构。通过"综合与实践"，可以探索创造一些新的教与学的模式。

(2)初中数学建模的数学教育价值。

第一，综合与实践是培养学生应用意识很好的载体。在义务教育阶段中，应用意识有两个方面的含义：一方面，有意识利用数学的概念、原理和方法解释现实世界中的现象，解决现实世界中的问题；另一方面，认识到现实生活中蕴含着大量与数量和图形有关的问题，这些问题可以抽象成数学问题，用数学方法予以解决。我国著名的数学家华罗庚曾经指出："人们对于数学产生枯燥无味、神秘难懂的印象，原因之一便是脱离实际。"在解决实际问题的过程中，培养学生从问题中抽象出数学问题的能力，建构数学模型的能力，对数学模型进行化归的能力，对数学结果进行评价和推广的能力，自主学习的能力等，开展数学建模活动能够克服传统教学中内容枯燥、方法呆板的缺点，从而可以极大地提高学生的数学学习兴趣。开展数学建模活动可以让学生感受到数学就发生在我们身边，数学是有用的，其应用层次呈递进式提高。每一位数学教师都应该善于挖掘身边的生活实例，将它们作为有效的课程资源，让学生在做数学、体验数学的实践活动中，自主地构建数学模型，感受数学的魅力，提高学生学习数学的兴趣并增强学习数学的自信心。

第二，综合与实践有助于培养学生的创新意识。学生自己发现和提出问题是创新的基础；问题意识、独立思考、学会思考是创新的核心；归纳概括得到猜想和规律，并加以验证，是创新的重要方法。综合与实践为学生自己发现和提出问题、独立思考、归纳猜想等提供了更大的空间。

第三，综合与实践有助于培养学生的模型思想。模型思想的建立是学生体会和理解数学与外部世界联系的基本途径。建立和求解模型的过程包括：从现实生活或具体情境中抽象出数学问题，用数学符号建立方程、不等式、函数等表示数学问题中的数量关系和变化规律，求出结果，并讨论结果的意义。

2. 初中开展数学建模活动的三个关键要素

（1）问题。

开展数学建模活动非常关注学生创新能力的培养，而创新是需要有问题的，是需要解决问题的，是需要在解决问题的过程中，提出自己的想法的，因此在综合与实践活动中，一定要明确需要解决的问题。在第三学段中，问题来源是多方面的，可由教师给出问题，学生尝试解决；也可由学生自己发现和提出问题，特别是在日常生活中，学生从自己的生活经验中，发现一些好的问题，并用我们学过的数学知识来解决。由于初中生的生活经验及所学的数学知识都比较丰富，学生有这个能力了，但是如果教师不引导，学生就可能不去想问题，所以教师如果给予适当的引导，将发现学生会给我们很大的惊喜，实际上不是学生找不到问题，常常是因为我们没有给他这个机会，没有给他指出这条路子，那么一旦我们有意识地放开这件事情，就可能会得到意想不到的东西，因此要培养学生的问题意识，要鼓励学生初步学会在具体的情境中从数学的角度发现问题和提出问题。例如，当学生用统计的方法研究与心率有关的问题时，教师应先提出认识世界应从认识自身开始，给学生一些关于心率的基本知识，让学生掌握正确测定心率的方法。要使学生能充分、自主地参与综合与实践活动，选择恰当的问题是关键。这些问题既可来自教材，也可以由教师、学生共同开发。提倡教师研制、开发、生成出更多适合本地学生特点的且有利于实现"综合与实践"课程目标的好问题。

(2)过程。

有了好问题，不等于有好结果。要特别提倡在解决问题之前，让学生想一想、说一说，各组打算研究与课题有关的哪些问题，打算怎么获取数据，期待研究出什么结论，让学生通过交流，对所要研究问题的价值和意义，以及可能碰到的问题和困难展开充分的讨论，这就是开题的功能。

在活动中，核心是问题。在问题的引领下，综合实践活动要突出的，就是做，不是教师做，而是学生做，所以要围绕着这个做来设计过程。在这个过程中，要让学生更多地参与，有所发现，有所收获，最后要积累经验。因此，关注学生经历活动的整个过程是非常重要的。在活动过程中，学生可以有丰富的表现，可以积累数学活动的经验，从而提升自己的应用意识与创新意识。北京师范大学刘来福教授曾经这样比喻："以往的许多数学知识教学就像做鱼，掐头去尾烧中段。"意思是说以往的许多数学知识的教学和编排，忽略了知识的发生发展的过程，既没有体现出数学知识的"来龙"，也没体现出数学知识的"去脉"，很多知识都是由题目编写者或者是教师亲自代劳完成"数学化"的过程，而本来应该由学生去完成的分析、联想、转化抽象，获得数学模型的过程就这样被轻易地省略掉了。由于过多地关注了结果，而对过程关注不够，在建模活动中，我们更应关注过程。在呈现作为知识与技能的数学结果的同时，重视学生已有的经验，使学生体验从实际背景中抽象出数学问题、构建数学模型、寻求结果、解决问题的过程，过程比结果更重要。

在数学建模教学中，要激励学生积极参与教学活动，在做的过程中要帮助指点学生，发现学生的不足，肯定学生的成绩，尊重学生的人格，帮助学生树立自尊心和荣誉感，使学生自觉主动地参与到教学中来。建模活动的时间有长有短，有一些活动，可能一节课时间就能完成，有些活动需要课上课下相结合，可能需要延续一段时间才能完成，总之要给学生充足的时间，让学生去准备。在活动中，要组织好学生之间的合作，照顾到所有的学生，及时帮助鼓励学生克服困难，让学生自主地得出结果。同时，要提醒学生感悟数学的功能、价值，培养学生学习数学的良好习惯和兴趣。教师不能仅仅关注结果，更要关注过程，不要急于求成，要鼓励引导学生充分利用综合与实践的过程，积累活动经验。

(3)综合。

在开展综合实践活动中，有的是解决数学内部的问题，有的是把数学作为工具解决生活、生产实际，或者是其他学科中的问题，如体育、物理、化学、生物等，而综合是不容忽视的一个主要方面。这里的综合是指：数学内部各分支之间的综合(如几何和代数的综合)；数学和其他学科(物理、化学、生物、地理等)之间的综合，解决其他学科中的数学问题，或沟通各类知识间的联系，拓宽知识面；数学与学生生活实际的综合；学生的能力得到综合的发展。第一，开展建模活动，要非常关注培养学生的实践能力，而要培养学生的实践能力，就需要综合利用知识。如果我们仅仅满足于在每一个具体的领域里，介绍这个领域的知识，可能就不会给学生更多综合使用知识的机会。第二，开展建模活动，也要非常关注应用，用数学去解决其他学科中的问题，用数学去解决其他领域中的问题，用数学去解决我们日常生活中的问题，学生通过数学学习，各方面能力都能得到综合的发展。

5.3.2 初中数学建模教学的设计与实施

1. 初中数学建模教学的主要环节

初中数学建模主要是以综合与实践活动的形式来开展的，这是一类以问题为载体、以学生自主参与为主的学习活动。《义务教育数学课程标准(2011 年版)》对第三学段的综合与实践的要求是：

(1)结合实际情境，经历设计解决具体问题的方案，并加以实施的过程，体验建立模型、解决问题的过程，并在此过程中，尝试发现和提出问题。

(2)会反思参与活动的全过程，将研究的过程和结果形成报告或小论文，并能进行交流，进一步获得数学活动经验。

（3）通过对有关问题的探讨，了解所学过知识（包括其他学科知识）之间的关联，进一步理解有关知识，发展应用意识和能力。

如何结合第三学段的学生特点，落实课标的要求？在活动的设计中怎么做？初中开展数学建模教学，可以在小学的综合与实践活动的四个环节"选一选、问一问；想一想、议一议；试一试、做一做；说一说、评一评"的基础上，把它提升为包含选题、开题、做题、结题这四个环节的一个模拟的"微科研"过程，即初中数学建模教学一般包含下面四个环节：

选题——→开题——→做题——→结题

具体表述如下：

选题——问题引领。教师提出，更希望是由学生提出一些有价值的、学生可以实际参与的问题或问题串。一般情况下，问题可由教师给出或学生自己提出。首先学生要独立阅读、思考，提出问题，并对问题进行研究。在研究过程中，学生根据自己的学习经验对问题进行深入的分解，并逐一解决分解出的每一个小问题，当然，研究中应围绕问题查阅相关资料，整理资料，并根据获得的学习经验，提出新的问题，从而进一步对所研究的问题进行更深入的探究，形成自己的学习经验。初中学生自主学习意识薄弱，阅读能力不强，不善于发现问题、提出问题。长期以来，学生以试题为载体的学习已经成了习惯，问题意识薄弱，怎样打破这种习惯的束缚，将学生的学习意识、探究意识变被动为主动，让学生自主查阅资料，整理资料，分析资料，渐渐学会解决问题和提出问题，这是我们努力寻求的改变。这样的改变，是从好的问题开始的，其中学生感兴趣的问题、乐于参与的问题、密切联系学生生活的问题都是好的问题。

开题——探寻解径。在教师引导下，让学生通过分析、讲解、观察、讨论进一步明确题意，知晓相关数学知识或模型，提出比较合理、可行、有效地解决问题的思路或方案。在这期间，教师要对学生进行深入细致的指导。比如，怎样阅读，怎样发现问题，可能提出什么问题，怎样查阅资料，怎样整理资料，怎样分析资料等都需要指导。在活动中，要逐渐培养学生自主学习的能力和习惯。这种能力和习惯的培养千万急不得，学生之间的差异很大，教师要关注小组成员的合作与分工，及时为学习基础弱、学习能力弱的学生和小组提供信息和帮助。

做题——实践操作。学生们通过自主探究、合作学习、实验操作、观察分享、推证演算等实际操作环节，真实具体地解决问题。

结题——交流评价。在教师的组织下，学生将自己或小组的解题结果、求解过程的说明、求解过程中的学习体会和发现等报告或介绍给大家，使大家能分享成果和收获，给学生一个表达、展示、交流的机会，同时可以方便教师通过学生报告的过程展示，了解学生在解题过程中的思考、遇到的问题、解决问题的能力、学习态度和水平等，最终通过自评、互评，给出评价意见。课堂总结与评价是课堂继续进行下去的生命线，通过一次综合实践活动，解决了什么问题，获得了什么体验，收获了哪些思想和方法，这些方面的系统整理总结对于学生的学习是至关重要的。学科实践活动评价体系的建立也是教师进一步培养学生探究能力、探究习惯的良好契机。教师通过采集、分析和利用学生课前、课后、课堂学习中的信息，据此做出判断或评价教学的活动过程。评价是多维度的，评价不是证明学生的学习能力，而是为学科实践活动提供有效的信息或证据以促进教与学；学科实践活动的评价不是在学生学习结束时实施，而是指向学习的全过程；学科实践活动评价不是由教师一人完成的，而是由师生、家长共同主动参与完成的。特别要鼓励学生在交流展示中，展现思考过程，交流收获体会，表现创造潜能，体现合作成果。教师的评价应积极向上，应形成对学生学习数学所取得进步的激励和肯定。评价时可以参考下面几个指标：基本知识的评价、数学思考的评价、问题解决的评价、情感态度的评价等。可以采用多种方式方法，如观察与谈话、学生成长记录、协商与研讨、展示与答辩等，总之我们应该根据学生的特点、个性差异和学习的内容灵活地选择评价的方式。

这四个环节，很像一个"微型的科研过程"，我们不妨把它称为中学生的"微科研"。综合与实践就是要让学生能有"微科研"的体验，增长"微科研"的能力，在"微科研"中提升问题意识，培养创新精神。

初中阶段数学建模教与学的核心工作，就是要调动学生的参与热情，在选题、开题、做题和结题过程中，挖掘学生自主学习和研究的潜能。例如，学生参观名人故居(如鲁迅博物馆)时，就可以将数学的综合与实践活动融入到这一参观活动中，在活动中发现数学问题，提出数学问题。例如，可以让学生按一定比例建立适当的平面直角坐标系，画出名人故居的平面图，并将主要建筑物(如古树、水井、大门等)用坐标表示出来。在学习函数图像时，学生既可以为寓言故事乌鸦喝水、龟兔赛跑等根据故事内容选择相应的函数图像，也可以根据给出的函数图像自由发挥想象编成故事。学完相似或解直角三角形的知识后，就可以安排一次户外的综合与实践活动——测量高度(如旗杆、大树、楼房等)，由学生自制测角仪并设计测量方案，比较测量结果，分析误差产生的原因，并对比这几种测量方法的适用条件等。学完统计知识后，可以安排学生进行统计调查，分析调查数据等。例如，调查学生零花钱或春节压岁钱的数量及使用情况，调查学生喜爱的书籍类型、学生的体育成绩等，通过一些有价值、有意义的问题给学生搭建开展综合实践活动的平台，给学生充分展示自己的机会。

2. 数学综合与实践活动的课程结构

要使学生能充分、自主地参与"综合与实践"活动，选择恰当的综合与实践的课题是很关键的。课题的选取既可以来源于教材，来源于数学本身，也可以来源于生产实际，还可以由教师、学生生成、积累和开发。总之，初中的综合与实践的内容来源比较广泛。教学形式活泼多样，既可以在课堂上进行综合与实践活动，也可以课堂内外相结合进行综合与实践活动，还可以在特定环境、特定场所进行相应的综合实践活动。与之相对应，课程标准还给出了更丰富的案例作为支撑，开展数学综合与实践活动。从内容及实践方式上划分，主要有下面六种活动类型，这六种类型不是截然分开的。比如，有些活动既可以在课堂上进行也可以课堂内外结合进行，如下表所示。

综合与实践活动结构类型表

内容 方式 案例	解决数学内部问题的 综合与实践活动	解决数学外部问题 （生活、其他学科等） 的综合与实践活动
课堂上进行的	看图像讲故事 三角形中位线	乌鸦喝水的启示 平面密铺
课堂内外结合进行的	直觉的误导 勾股定理	旗杆高度的测量 跑道上的数学
课堂外进行的	圆锥帽的制作 统计调查	你的手机套餐合适吗 设计制作包装盒

由此表可以看出，初中数学综合与实践活动的课题类型是非常丰富的，几乎涉及各方面的内容。例如，数学及其他学科(如信息科技等学科中的问题)，生活中的问题(如打折购物、手工制作等)，总之开展综合与实践活动的课题是丰富多彩的。

3. 数学综合与实践活动的课题选取

初中生积累了较丰富的生活经验，学习了较多的数学知识以及其他学科的相关知识，也有了一定的问题意识，因此相比小学数学，初中数学实践活动的课题来源是多方面的，既可以来源于教材，来源于数学本身，也可以来源于生产实际，来源于其他学科，还可以由教师、学生生成、积累和开发。找问题是我们这次课程改革一个非常大的突破，是培养创新能力的基础。

(1)选题原则。

教师在教学设计中要注意关注学生的情感体验。从设计有效的数学活动入手，把数学问题与现实生活及学生已有的经验有机地结合起来，使学生在参与活动的过程中提高解决问题的能力，在探究过程中感悟数学真谛，并获得愉悦的情感体验，从而获得最大的课堂效益。开展初中数学建模活动，在选取问题时要注意遵循以下几个原则。

第一，关注数学知识的综合运用。

学生的数学学习是以知识为载体的，在学习了一些数学知识后，可以设置综合性强的数学问题。学生不论对概念的深入理解还是对技能的掌握都需要一定的过程，学生积累了数学学习经验之后，可以通过综合运用知识的活动提升对概念的理解和技能的掌握，同时也可以使学生认识数学知识之间的内在联系，形成对数学知识整体的初步认识。例如，在学完了一次函数的内容后，就可以安排一次数学建模活动，如龟兔赛跑与函数图像、砂粒中的数学等。在开展这个建模活动的过程中，学生就要综合运用所学的知识解决问题，如函数的概念、函数的三种表示方法、一次函数的定义、用待定系数法求函数解析式等知识，在解决问题的过程中理解用函数观点看方程、不等式，有助于学生理解函数、方程、不等式等知识之间的内在联系。

第二，关注方法的综合运用。

方法要通过活动获得。在数学活动中，学生综合运用方法，对方法才能有更好的把握。

例如，学习反比例函数的性质时，为了加深对这一模型的认识，更好地理解这一模型的本质，在课内可以安排这样一个探究反比例函数图像的对称性的小课题。这一课题内容的设置与学生的教材同步，可以让学生感到学有所用、乐于探究、善于分析并解决问题，同时，也培养学生对所学知识的迁移及综合运用能力。

问题：下面坐标系中的曲线是反比例函数 $y=\dfrac{k}{x}$（$k\neq0$，且 k 为常数）图像的一支，如图 5-2 所示，请根据这支图像，在给定的坐标系中，画出反比例函数图像的另一支。

解决这个问题的方法是多样的，不同的学生会有不同的方法。例如，

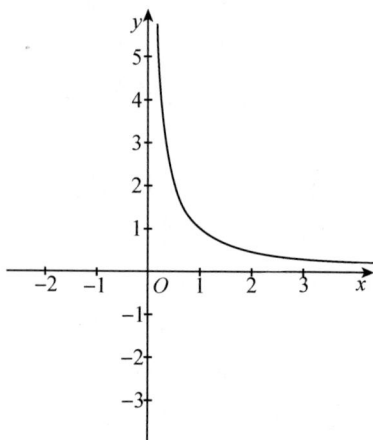

图 5-2

有的学生从形的角度上认为双曲线是两支且关于原点对称，因此可利用中心对称图形的画法画出图像的另一支。有的学生从数的角度进行分析，由解析式 $xy=k=(-x)(-y)=yx$ 可知，如果点(x, y)在反比例函数的图像上，则点$(-x, -y)$也在这个图像上，这两个点是关于原点对称的，利用中心对称图形的画法就可以画出图像的另一支。类似地，如果点(x, y)在反比例函数的图像上，则点(y, x)也在这个图像上，这两个点是关于直线 $y=x$ 对称的，因此也可以用轴对称或沿直线 $y=x$ 折叠的方法画出图像的另一支。还有的同学想找到这个图像表示两个变量之间函数关系的解析式，找到 k 的值。通过综合运用各种方法，加深学生对数学的理解。教学中教师应鼓励学生用多种方法解决问题。在解决问题的过程中，有时需要学生独立思考、自主探索，有时需要小组讨论、合作交流，教师应该充分尊重学生的个性，发展学生的创新思维。

第三，关注问题的探索性。

现代认知心理学家布鲁纳曾经说过："探索是数学教学的生命线。"建模教学所选取的问题应引导学生在做的过程中能不断提出设想、提出新的问题，并经过验证设想、修正设想，最终将问题解决，在这样探索的过程中，学生必须要综合自己所学的知识，经历归纳、演绎、类比、特殊化、联想等多种思维方法，才能完全建模课题。教师在选题时，要注意所选问题要有一定的探索层次和思考的空间，即应具有一定的开放性、探索性、层次性，教师要给学生创造探索的环境和条件，给学生提供可以开展探索活动的平台，使建模教学真正成为培养学生创新能力的重要的教学途径之一。例如，在龟兔赛跑的故事中，给定龟兔的速度与时间关系的图像，要求学生结合图像，编写故事情节，就给学生留有充足的探索空间。例如，如何先从图像中获取信息，如何正确读图，从图像中应关注哪几个关键点，这几个关键点是如何转化成相应故事情节的，如何安排故事情节才能使讲出的故事吸引人，讲述时要注意什么问题，如声音是否洪亮、感情是否丰富、语言是否优美等，在活动过程中学生的个性得以张扬，学生的创新能力得到发展。

第四，关注生活实践问题的真实性。

生活中充满着数学，数学具体运用于生活实践中。在数学教学中，我们要创设运用数学知识的条件，给学生以实践的机会，引导学生学会自觉主动运用所学的知识、方法去分析问题和解决问题，从而让学生更深地体会到数学巨大的应用价值和数学的力量，让学生用数学的眼光观察身边的现象，在平凡的事件中运用数学。生活实践中数学无处不在。根据问题与学生生活距离的远近，问题可以来自学生个人成长、家庭生活、学校生活、社会生活等领域。

个人成长——

在个人成长过程中，有很多问题可以引起学生的关注，从数学的角度，综合运用数学的知识和方法来分析。例如，关于学生的身高，学生就需要运用恰当的工具进行测量，运用统计表等方式记录，还可将几年的身高数据绘制成折线统计图，进行分析。学生的体重是否合乎标准？学生一日三餐食品营养成分的计算、学生的脚长与所穿鞋子的号码、学生喜爱的书籍、运动方式、学生每月零花钱的情况、自行车中的数学问题等，都可以作为讨论研究的问题。

家庭生活——

学生是家庭中的重要成员，多观察、多思考、多关注家庭生活不仅能促进家庭和睦、丰富生活经验，而且有利于学生数学素养的提高。生活中粉刷墙壁时需要计算涂料的用量，学生就要综合运用图形的知识和运算技能等综合起来解决问题。设计有关家庭用电、用水的活动，学生要记录数据，要从资料中查找到水、电的单价，要计算出水费、电费，还可以分析人均用水、用电情况，树立节约用水、用电的意识。家庭中的很多物品中都有数学，如自行车中的数学问题等。家庭旅游等活动的设计、自己家庭储蓄方式所得利息的比较、家庭贷款购房还款方式及还款数额的计算、家庭装修地板砖的铺设等都需要数学。

学校生活——

学生校园生活中处处有数学。例如，学校校园平面图的绘制、操场上旗杆高度的测量、图书馆桌椅的摆放、操场上起跑线的前伸数的计算、打电话产生数学问题等。学校生活中到处可以发现问题，如评选班委、庆祝节日布置教室、板报设计、课桌椅高度配置问题等，学校生活中有很多可以综合运用数学知识和方法解决的问题。

社会生活——

放眼世界，社会生活中有很多问题可以综合运用数学知识和方法来解决。例如，交通问题，学生配合统计的学习，可以统计一个路口各个方向3分钟内通过各种车的数量，进而思考不同方向红、黄、绿信号灯时间长短的设置问题、快递员送货最短路线问题、商场进货问题等，这样的问题比比皆是。

(2)课题来源。

第一，来源于生活实践。

由前所述，与学生生活、生产实际密切相关的数学问题都可以作为中学数学建模的好的问题来源。一般来说，建模教学的内容越贴近社会，贴近生活，就越符合学生的需要，也就越能激发学生的兴趣，学生的注意力也能更加集中。一般最能激发兴趣的事物，也是最能引起注意的事物。要选取对初中生有意义和他们感兴趣的问题，面对社会发展中新的科技问题，面向初中生的整个生活世界等。在教学中，应注重所学内容与现实生活的联系，注重使学生经历观察、操作、推理、想象等探索过程，解决日常生活中的问题，增强应用数学的意识，培养学生运用数学知识解决实际问题的能力，将数学知识应用于生活实践，使学生感到数学知识与生活实际是密切联系的。创设生活情境，让数学贴近学生熟悉的现实生活，通过解决问题，培养学生的探究意识，从而使学生对数学学习产生浓厚的兴趣。例如，学生在社会生活中所接触到的利润、成本、保险、储蓄等，适当地选取这些内容，融入学科实践活动教学中，不仅可以使学生树立正确的商品经济观念，而且还为学生主动利用数学的思想、方法处理实际问题提供了课题来源。所选课题内容与时俱进。能反映时代精神，合理吸收社会发展和科技进步的新成果，反映课程的时代性，加强课程内容与现代社会和科技发展以及学生生活的联系也是课程改革的重要目标。例如，手机套餐问题、水费缴费问题等就是与生活密切相关的案例。

第二，来源于教材、课标等书籍。

在新课程理念下，存在多种版本的教材。教材已不再是唯一的课程资源，也不是学生唯一的学习资源；但是无论何种版本的教材，《义务教育数学课程标准(2011 年版)》要求教材编写时应体现数学知识的形成与应用过程。本学段的教材应体现从具体的问题情境中抽象出数学问题、使用各种数学语言表达问题、建立数学关系式、获得合理的解答、理解并掌握相应的数学知识与技能的有意义的学习过程。教材中学习素材的呈现力求体现"问题情境—建立数学模型—解释、应用与拓展"的模式，围绕所要学习的数学主题，选择有现实意义的、对学生具有一定挑战性的、能够表现重要数学意义、有利于学生一般能力发展的内容，使学生在自主探索和合作交流的过程中建立并求解包含该主题的数学模型，判断解的合理性并将所学的主题应用到其他场合，进而获得相应的数学知识、方法与技能，为有需要的学生提供进一步了解该主题的途径。通过上述过程，学生将逐步掌握基本的数学知识和方法，形成良好的数学思维习惯和应用意识，提高自己解决问题的能力，感受数学创造的乐趣，增进学好数学的信心，获得对数学较为全面的体验与理解。

各个版本的教材中都有许多与实际生活相关的问题，教师可以选取其中的某些问题做背景，设置成学生可以参与的探究活动，引导学生经历知识形成的过程。教材中还有许多供教师们选用的其他栏目资源，如观察、思考、探究、讨论、归纳、课题学习等，数学教学是数学活动的教学，强调"做"数学，注意让学生经历观察、实验、归纳、论证的过程，对某些重点难点知识教师也可以设置成学生乐于参与的小的综合实践活动。

例如，在人教版教材"轴对称"一章中有下面的探究活动，如图 5-3 所示，教师们就可以依据这个活动再结合台球比赛中高手们的打球技巧设计一系列活动，通过学生自己的亲身实验加深对这个"轴对称"的几何模型的认识。再如，可以根据课本的探究活动，再结合学校周围的地理环境，就可以开发一个最短路程的学科实践活动案例。

探究

如图14.2-8(1)，要在燃气管道 *l* 上修建一个泵站，分别向 *A*、*B* 两镇供气．泵站修在管道的什么地方，可使所用的输气管线最短？

你可以在 *l* 上找几个点试一试，能发现什么规律吗？

图 5-3

我们再以函数概念为例，对于函数的认识，各版教材基本按照初步认识一般函数(函数的概念、表示法)→特殊函数(一次函数、反比例函数、二次函数)的线索展开。各个版本教材在讲授函数的概念以及具体的函数时，都注意采用实例。采用的实例注意联系学生当前实际，提供解析式、表格、图像等多种表示法，参见下表。

不同版本教材中关于函数的应用问题表

人教版	路程与时间，售票数与票房收入，弹簧长度与悬挂重物质量，圆面积与半径，心电图，人口数与年份，气温与时间
北师大版	摩天轮高度与时间，堆放物体总数与层数，刹车距离与时间，气温与时间
华师大版	气温与时间，利率与存期，波长与频率，圆面积与半径
河北教育版	飞船高度与时间，折纸厚度与次数，路程与时间，矩形面积与边长、港口水深与时间
江苏科技版	路程与时间，蓄水量与水位，搭小鱼所需火柴数与小鱼条数，圆面积与半径
浙江教育版	圆面积与半径，工资与工作时数，速度与时间，跳远距离与起跳速度

各个版本的教材中都有许多与实际生活相关的问题，教师可以选取其中的某些问题做背景，设置成学生可以参与的建模活动，引导学生经历知识形成的过程。教材中还有许多供教师们选用的其他栏目资源，如观察、思考、探究、讨论、归纳、课题学习等，数学教学是数学活动的

教学，强调"做"数学，注意让学生经历观察、实验、归纳、论证的过程，对某些重点难点知识教师都可以设置成学生乐于参与的小的建模活动。这就需要教师在教学过程中，创造性地使用教材，既要尊重教材，不随意处理教材，甚至抛开教材，使教学无目标，成为无序的随意活动；又不拘泥于教材，唯教材是用，而应该及时、恰当地补充新的教学资源，积极创设教学情境，优化教学过程，合理选取学生需要的感兴趣的学习资源，结合学生的具体情况，使之更贴近学生的生活。书上的探究活动、课后习题、中考中的问题等能不能改进一下，还有没有其他方面需要我们去考虑、去拓展，在某些方面还能不能提高并进一步完善等，我觉得关键是教师们要有问题意识，并随时随地关注问题。

初中建模教学的课题不仅可以来源于课本，还可以来源于课程标准及标准解读等书籍，里面提供了许多案例，可供教师们参考。另外，也可以来源于课本习题、练习册、中考题等，教师利用原有题目的背景，适当改编拓展加深等，就可以成为适合学生探究的建模课题。一道习题，经过师生共同努力，适当拓展加深，就可以变成一个好的综合实践的课题。在教师的引领下，学生的探究热情就可以被调动起来，学习兴趣和能力都能得到提高。

第三，来源于教学活动中的生成性资源。

《义务教育数学课程标准(2011年版)》中提出"教学活动是师生共同参与、交往互动的过程"。教学方案是通过教师对教材的理解、钻研和再创造以及对所教学生学情分析的基础上对教学过程所做的"预设"，而实施教学方案，则是把"预设"转化为实际的教学活动，自《义务教育数学课程标准(2011年版)》颁布以来，在课程实施过程中，由于许多教师努力实践"将学习的主动权交给学生"的课程理念，使得学生真正地成为"学习的主人"：他们在课堂中主动给出自己对数学的理解，努力设计解决问题的方案，积极提出自己对事物的看法和疑问，由于这个过程是在教师与学生、学生与学生合作、交流、互动的课堂教学中展开的，在这种师生双方的互动活动中，使得我们的数学课堂里往往会"生成"一些新的教学资源，这就是"生成性资源"，即"师生交互、生生交流过程中产生的新情境、新问题、新思路、新方法、新结果等"。例如，教学活动中学生提出的问题、学生的作品、学生学习过程中出现的问题等。这就需要教师能够及时把握，因势利导，根据学生的实际情况适时调整教学预案，使学生成为课堂教学的中心，让学生真正地参与教与学过程，真正体现学生的主体性，使教学活动收到更好的效果。

尽管教师课前经历了精心的预测，根据学情，预想了课堂中可能出现的各种可能，但由于课堂教学充满了多元性、不可预测性和不确定性等因素，我们仍然无法预测课堂教学中的所有精彩生成，教师要善于根据学生的具体情况，抓住课堂中的有效生成，使数学课堂具备灵气与活力，学生学习才能在一个生动活泼的、主动的和富有个性的过程中进行。这部分资源由于是在教学过程中实时提出的，而且通常是由学生提出、或教师针对学生的表现而提出的，因此更为学生所关注等。

例如，在教学中教师发现有的个别学生对手中常用的两块三角板的性质掌握不清，特别是含 $30°$ 角的直角三角形的性质。有一次上课时恰好用到了这个定理，教师就让平时学习有点困难的一个学生说说这个定理的内容，结果这个学生就把"$30°$ 角所对的直角边是斜边的一半"错误地说成"$30°$ 角所对的直角边是另一条直角边的一半"，这位学生说："三角形中大角对大边。因此在直角三角形中，如果有一个角是 $30°$，则另一锐角是 $60°$，$60°$ 是 $30°$ 的两倍，则 $30°$ 角所对的边就是 $60°$ 角所对边的一半。"学生这种根深蒂固的错误认识，如果不让学生亲自参与到发现这个定理的数学活动中，很难让学生对这个定理有清晰的认识，更不要说正确地应用了。对于这样的解释，班上一些学生表示不解甚至嘲笑，但也有一部分学生惊讶于该生的想象能力及记忆方法，面对这样的生成资源，教师千万不要轻易放过，要想对策帮助这部分学生理解数学。同样是这个定理，对不少学生来说肯定也是难点，因此教师就可以根据学生的这个错误认识开发出一个教学案例，可以通过画图或折纸动手操作等活动，帮助学生理解相应定理，真正学懂定理，悟出定理的本质。

第四，来源于其他学科。

从其他学科中选择素材，培养学生应用数学知识解决其他学科的能力。随着科学技术的发展和进步，数学促进了各学科的大融合和数学化趋势。初中数学综合实践活动教学中，应广泛选取其他学科的题目，通过构建数学模型，来很好地解决其他学科的问题。通过跨学科的综合应用，培养学生的综合素质。例如，用数学模型研究宏观经济与微观经济，用数学手段进行社会调查与预测，用数理理论进行风险分析和金融投资，在许多国家已被广泛采用；在经济与金融的理论研究上，数学的地位更加特殊，在诺贝尔经济学奖的获奖名单中，数学家或有研究数学经历的经济学家占了一半以上。例如，用微分方程建立生物模型在 20世纪 50 年代曾获得轰动性成果：描述神经脉冲传导过程的数学模型，称为霍奇金-哈斯利方程(1952 年)；描述视觉系统侧抑制作用的模型，建立了哈特莱茵拉特里夫方程(1958 年)，它们是复杂的非线性方程组，这两次工作分别获得了 1963 年、1967 年的诺贝尔生理学奖。在医学中也有广泛的应用，如掌、指骨或掌指关节损伤在临床较为常见，损伤后假体置换疗效可靠，为进一步提高假体设计的准确性并为手术提供个体化数值推算方法，就可以用数学的方法进行研究，建立相关的数学模型，为临床应用提供参考；血管内单位时间的血流量问题的数学模型、传染病的数学模型等都是数学建模在医药学中的应用。气象工作者为了得到准确的天气预报，离不开根据气象站，气象卫星汇集的气压、雨量、风速等数据资料建立的数学模型。随着科学技术及计算机的迅速发展，数学模型这个词汇越来越多地出现在现代人的生产、工作和社会活动中。

总之，要培养学生的问题意识，教师自己先要有问题意识，向书本要问题，向生活环境要问题，向科技前沿要问题，向特定场景要问题……其实问题无处不在，我们要做有发现问题、提出问题、解决问题的意识和能力的人。

5.3.3 初中数学建模教学的案例分析

1. 解决数学内部问题的综合与实践活动

案例 1：课堂内进行的综合与实践活动案例——探索三角形中位线的性质

【主问题】

请你将如图 5-4 所示的三角形纸片沿一条直线剪切一刀，再将剪切下来的这两部分拼成一个平行四边形的纸片，请画出你的剪拼方法，并说明理由。

【案例说明】

选题由来：教材内容及课标要求。

课题属性：课内进行的数学内部的综合实践活动。

适用年级：八年级。

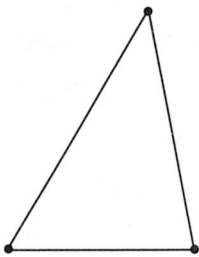

图 5-4

背景分析：三角形中位线定理的教学，是中学几何教学中的一个重要内容。《义务教育数学课程标准(2011 年版)》指出："借助几何直观可以把复杂的数学问题变得简明、形象，有助于探索解决问题的思路，预测结果。几何直观可以帮助学生直观地理解数学，在整个数学学习过程中都发挥着重要作用。"特别强调让学生"经历(感受)、体验(体会)、探索、感悟"。在教学中，要使数学教学成为一种过程教学，让学生在数学活动中发现并获得知识、形成技能和能力；把知识的形成过程转化为学生亲自观察、实验、发现、探索、运用的过程，使学生在获得知识的同时提高兴趣、增强信心、提高能力。教师必须要重视定理的教学，任何知识都有其形成、发展的过程，几何定理亦是如此。新课标要求教师在教学中要注重知识的形成过程，让学生参与知识的探究，感受在探究中获取知识的乐趣。因此教师在进行定理的教学时要充分展现知识的产生、发展和形成的过程，而不仅仅是关注定理的内容和应用。教师要注意挖掘定理的内涵和外延，充分关注学生的年龄特征及情感体验，不急于讲解例题，不忙于让学生做练习题，不搞题海战术，让学生在轻松愉快的环境中学习数学，保持对数学学习的浓厚兴趣，只有这样学生才能够比较深入地理解定理，才能灵活运用定理解决相关问题。定理的教学是几何教学的一个重要组成部分。如果教师在定理的教学环节中存在各种各样的问题，势必将影响学生学习数学的兴趣及教学质量。数学定理的教学一般包括定理的引入、定理的理解、定理的证明、定理的推论以及定理的灵活运用等多个环节。如何引入定理是值得我们研究的。我们知道，在课堂教学中，教师的任务不是教给学生一个又一个结论，而是要引导学生去理解问题、分析问题及解决问题。任何操作行为的背后都有思维活动，教师就是要让这种思维活动能在课堂教学中展示出来，并不断地引向深入。

课堂上开展综合实践活动的过程及教学建议参考如下。

环节 1　选题——问题引领

将三角形纸片沿一条直线剪切一刀，再将剪切下来的这两部分拼成一个平行四边形的纸片，画出你的剪拼方法，并说明理由。

环节 2　开题——探寻解径

为了完成上述主问题，学生以小组为单位进行思考，不能盲目地剪切。如果学生基础比较弱，教师可以引导学生将这个主问题分解成若干个小问题，例如：

如何找到剪切线？（如何计算三角形和平行四边形的面积？）

如何判断一个四边形是平行四边形？

如何剪三角形纸片，可将其拼成平行四边形纸片？如何画出拼成的图形？

如何说明拼成的图形是平行四边形？

……

在动手操作之前，上述问题必须想清楚，如何找到剪切线是解决这个问题的关键。纸片的形状从三角形变成平行四边形，这其中有没有不变的东西呢？面积不变，这是本质。因此应该从面积入手。三角形面积＝底×高÷2，平行四边形面积＝底×高，因此为了剪切方便一般从两个方面入手：一是将底变成原来的一半，高不变；二是将高变成原来的一半，底不变。如果底变高不变，对三角形的形状有特殊要求，一般不容易拼成平行四边形，除非这两部分恰好是全等的三角形，否则不能拼成平行四边形；将底不变高变成原来的一半好实现，只要将三角形的高线"拦腰剪断"，这条剪切线就是三角形的中位线，沿中位线剪开即可。经过这样的分析，一般各组学生都能找到剪切位置了。

环节 3　做题——实践操作

有了前面的思考分析，剪切就容易了，沿三角形的一条中位线剪开，如图 5-5 所示。再将这两块适当拼接，就拼出了平行四边形，如图 5-6所示。剪切前后的示意图如图 5-7 所示。

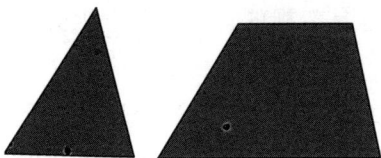

图 5-5　　　　　　　　　　　　　　图 5-6

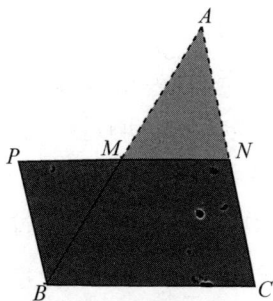

图 5-7

下面还需要说明按上述方法拼成的四边形是平行四边形。

在教学中要避免两个方面：一方面，不能停留在探索阶段，只是通过实验和直观就断言我们获得了图形的某个性质，需要适时地补充论证这一环节；另一方面，要重视引导学生进行探索，而不是简单给出"已知、求证、证明"，单纯通过证明得到图形的某个性质。提高课堂效益是搞好几何教学的根本，搞好定理的教学又是提高课堂效益的保障。数学家克莱因认为，"数学的直观就是对概念、证明的直接把握"。如果拼成的图形真的是平行四边形，我们就得到了三角形中位线的重要性质，即三角形中位线定理。

由此通过简单操作就实现了图形间的转化，这一拼图活动可让学生直观感知三角形中位线定理，或者说这一拼图活动揭示了三角形中位线定理，我们不妨将其称为三角形中位线定理的直观证明。因此下面的重点内容就是如何说明拼成的这个图形是平行四边形。这时我们需要将剪接前后图形的示意图画出来，如图 5-7 所示。

首先，需要说明 P，M，N 三点共线，由对顶角相等及 A，M，B 共线可以得到，但这恰恰是学生容易忽视的，一部分学生会直接默认 P，M，N 三点共线。

其次，还要用到平行四边形的识别方法说明这个四边形是平行四边形。由于 MN 是三角形 ABC 的中位线，可知 $PB=NC$，已经有一组对边相等了，再加上另一个条件就行了，简单分析一下就能够发现 $PB/\!/AN$，当然有 $PB/\!/NC$，即一组对边平行且相等的四边形是平行四边形。

图 5-7 可以看成是三角形中位线定理的直观证明，还需要学生"看图说话"，将三角形中位线定理的证明过程完整地书写下来。证明过程的关键是要说明点 P 的出场方式，比如可以过点 B 作 AC 的平行线、也可以倍长 NM、还可以作角相等……再通过三角形全等或 $APBN$ 是平行四边形(对角线互相平分的四边形是平行四边形)得到 $PB/\!/AN$，即 $PB/\!/NC$，证明方法比较多，教学中注意给学生充足的时间体会辅助线的添加方法及对证明方法的影响。

环节 4　结题——交流评价

在交流评价环节，教师组织各小组把在活动中遇到的问题、收获、体会、经验等进行分享，展示小组的证明过程，讲述小组的思考过程及证明方法。由于每个小组所用三角形纸片的形状各不相同，有锐角三角形、直角三角形、钝角三角形，所以拼出的平行四边形也可能是特殊的平行四边形，还可以进一步思考，如果拼成的四边形恰好是矩形(菱形、正方形)，原三角形应该具有什么特殊性。在小组讲述中一定要重视三种语言(文字语言、图形语言、符号语言)的转化，并对其他小组和本组组员进行评价，通过自评、互评、师评，给出评价，促进学生创新能力及实践能力的提高。真正将定理的直观证明与严谨的逻辑证明对应起来，更好地理解三角形中位线的证明，真正做到对这个定理进行探索并证明。

案例 2：课堂内外结合进行的综合与实践活动案例——直觉的误导

【主问题】

一张 8 cm×8 cm 的正方形的纸片，面积是 64 cm²。把这张纸片按图 5-8 所示剪开，把剪出的 4 个小块按图 5-8 所示重新拼合，这样就得到了一个长为 13 cm，宽为 5 cm 的长方形，这个长方形的面积是 65 cm²，如图 5-9 所示，这是可能的吗？

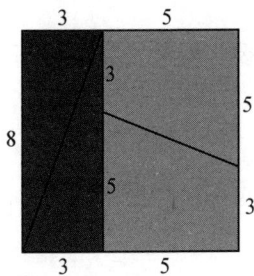

图 5-8

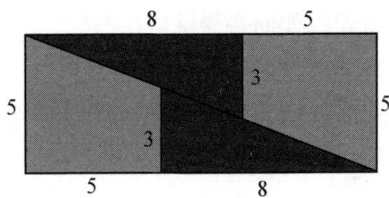

图 5-9

【案例说明】

选题由来：以《义务教育数学课程标准(2011 年版)》中的案例为基础，进行适当改编。

课题属性：课内外结合进行的综合与实践活动。

适用年级：根据教学内容和教学目标的不同可在初中各年级开展。

背景分析：这是一节非常有代表性的综合应用数学知识解决问题的综合与实践活动案例。先抛出问题，引发学生的好奇心及探究的欲望，进而发现问题，然后带着问题去画图、剪拼等动手操作，再经过进一步的逻辑推理、演绎运算等将问题解决。一般来说，学生不会相信图 5-9 中纸片的面积是 65 cm²，但又无法说明为什么观察的结果是错误的。通过这个直觉与逻辑不符的例子，学生充分体会到数学的结论，完全凭借直觉判断是不行的，还需要通过演绎推理来验证。

课堂探究过程及教学建议参考如下。

环节 1　选题——问题引领

在这一教学环节中可引导学生提出下列问题。

(1)重新拼成的四边形是长方形吗？

(2)如果是长方形，为什么会多出来这 1 cm² 呢？

(3)将一正方形如图 5-8 所示进行剪切，能否再拼成一个长方形(非正方形)？

......

当我们把这些问题抛给学生后，首先学生要怀疑教师说的是不是正确，就要想如何去验证。

环节 2　开题——探寻解径

有了问题，学生就要解决它，需要把下面这两个问题弄清楚。

(1)这个图形到底是不是长方形？

(2)如果它是长方形，面积是不是 65 cm²？

学生进行小组讨论，最终会聚焦到这个问题上：到底这 1 cm² 的面积多在哪儿？在问题的引领下学生的思维一直处于活跃状态。

环节 3　做题——实践操作

引导学生先看图，再将图剪开，由"为什么会多出来 1 cm²"引发学生的思考，在教师引导下，让学生拼一拼，亲自动手操作，观察发现其中的奥秘。

首先学生自己动手，亲自体验剪拼的过程(如图 5-10 所示)。

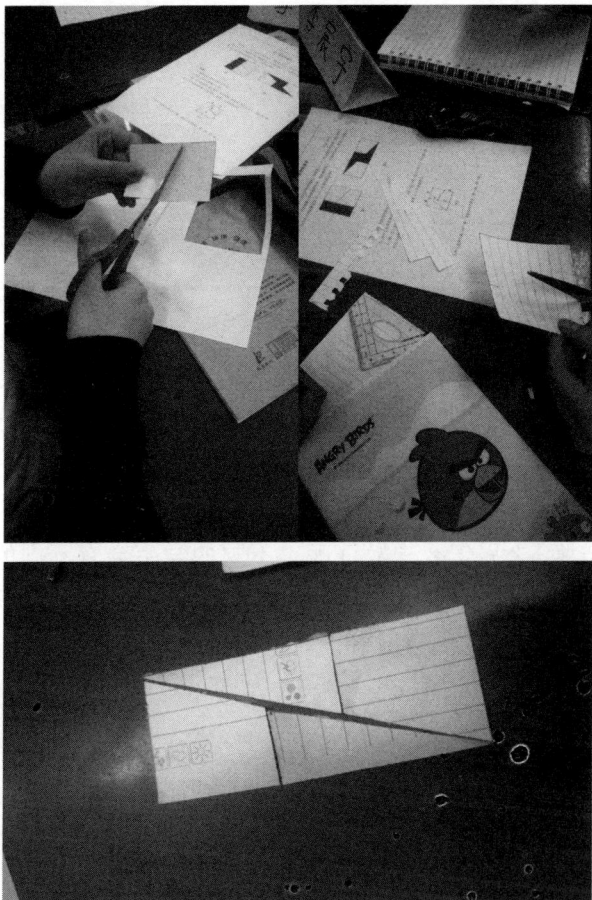

图 5-10

　　进一步引导学生思考，如果观察是错误的，那么错误可能出在哪里呢？学生通过逻辑思考，可以推断一般会有两种可能：图 5-9 中纸片所示的图形不是长方形，因此不能用长方形的面积公式来计算面积。然后，可以引导学生实际测量图形的左上角或者右下角，发现确实不像是直角，也有的同学量出 $\angle KJH$ 与 $\angle HJI$ 的和不是 $180°$，好像是 $181°$，学生的想法是正确的，但需要给出证明。利用三角函数的知识可以算出相应的角度，引导学生经历一个由合情推理到演绎推理的过程；还有的学生可能发现是长方形，但是中间拼不严密，直观上发现有个"缝隙"，也需要严格推理。还有的同学提出图 5-12 中，线段 $KJ+JI$ 不等于线段 KI，通过建立合适的坐标系分别求出各直线的解析式，发现 KJ 与 JI 的解析式不相同，这也就说明了 K，J，L 三点不共线。不同的学生会有不同的解决问题的方法。

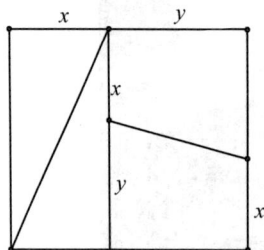

图 5-11

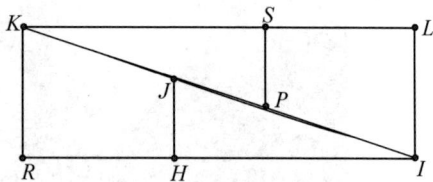

图 5-12

发现"缝隙"之后怎么去验证呢，不同的学生会有不同的方法。例如，有些学生喜欢算，他们自己先假设这个正方形的边长被分成了长度为 x，y 的两条，如图 5-11 所示，把正方形如图剪拼成一个长方形，经过计算，看看 x，y 应该是多少。这就是一个喜欢算的学生的特点，充分发挥了算的特长。也有的学生对直线方程感兴趣，还有的学生喜欢动手操作，即先作一个正方形纸片，再按图示剪拼一下，学生开始做的时候，由于裁剪会有一些误差，拼完了以后，看不到中间有个缝，学生又看不出来，只是觉得挺奇怪的，到底这个"1"多在哪儿了呢？原来是中间有个缝儿！学生的探究欲望一下子就被调动起来了。

如图 5-12 所示，易知 K，S，L 三点共线，R，H，I 三点共线，所以拼出了四边形 $KRIL$。接下来判定四边形 $KRIL$ 的形状。由于 $KL=13=RI$，$KR=5=LI$，由两组对边分别相等的四边形是平行四边形，又 $\angle R$ 是直角，于是四边形 $KRIL$ 是矩形。

经过小组合作探究，最终明白多出来的 1 cm^2 的面积是哪来的了。也就是拼出来的图形有"缝隙"，这个缝隙的面积恰好是 1 cm^2，由于 1 cm^2 的面积太小了，所以不容易被人眼发现。

在上面 $8 \text{ cm} \times 8 \text{ cm}$ 的正方形纸片剪拼问题的解决过程中，可以看出，按这种剪拼方式(将边长分为 $3:5$ 两部分)不可能恰好拼成一个长方形。引导学生继续思考，是不是可以提出下面的问题：将一正方形如图 5-13 所示进行剪切，能否拼成一长方形(非正方形)如图 5-14 所示？如果能，请给出剪拼方案，即求出 $x:y$ 的值；如果不能，请说明理由。

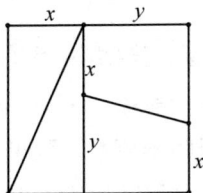

图 5-13

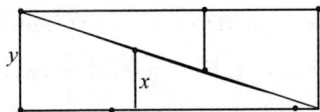

图 5-14

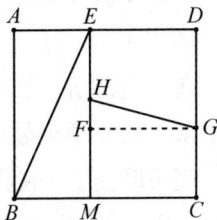

图 5-15

在解决这个问题中，学生会给出多种办法，如利用三角形相似的知识、利用方程的知识、利用一次函数的知识等。

方法一：利用三角形相似的知识。

如能拼成长方形(非正方形)可知 Rt$\triangle EBM$ 与 Rt$\triangle GHF$ 相似，则 $\dfrac{x}{x+y}=\dfrac{y-x}{y}$，于是可得到 $y^2-xy-x^2=0$，求得 $y=\dfrac{\sqrt{5}+1}{2}x$，即 $\dfrac{x}{y}\approx$ 0.618，点 E 是 AD 的黄金分割点。而 $\dfrac{3}{5}=0.6$，与 0.618 比较接近，由于我们的眼睛很难区分 0.018 的差异，因此才会发生这样的问题。

方法二：用方程的知识。

也可以利用方程的思想来解决。利用面积有 $(x+y)^2=y(x+2y)$，同样可得到方程 $y^2-xy-x^2=0$。

可以把问题再开放，刚才主问题中 $x:y=3:5=0.6$，非常接近 0.618，而产生了"以假乱真"的现象，那还有其他类似的情况吗？

请同学们再设计这样一个正方形网格纸，选取适当的 x，y，按相同的剪接方法，也能产生这样以假乱真、不易发现的小缝隙的效果，多找一些 x，y，看看这些数值之间有什么关系？只要 x 与 y 的比值接近 0.618，肉眼就很难发现这微小的差异。例如，13×13 的正方形网格，$x=5$，$y=8$；或者 21×21 的正方形网格，$x=8$，$y=13$……其实在上述 x 与 y 的关系 $y^2-xy-x^2=0$ 中，我们可以发现 $y^2=xy+x^2=$

$x(x+y)$，即 $\dfrac{x}{y}=\dfrac{y}{x+y}$，因此由 $x=5$，$y=8$ 就可以得出另一组具有类似性质的值 8，13，依次可得 13，21；21，34 等。这时，已经有同学说出这是斐波那契数列。

环节 4　结题—交流评价，得出结论

在交流评价这一教学环节中，前面的问题由学生介绍解决过程及相应结果，教学中要鼓励学生运用不同的方法对问题进行解释。

还可以让学生说说体会，有的学生可能会说，眼睛不可靠，眼见不一定为实，说明推理的重要性。对于有些学生，得到方程以后不会解这个二元二次方程，但是学生比较敏感，不妨设 x 为 1，看看 y 是几，这样去算会简单一些，同样可以求出 x、y 的比值。当然这个计算对七年级的孩子还是有一定难度的，但是对七年级的孩子，是可以得到这个长方形的，然后这个 1 是多出来的，直觉是不可靠的，可以更好地体会说理的重要性。老师可以告诉他，将来学完了一元二次方程后就会算了。如果对于八年级的孩子，学完根式以后，或者对于九年级的孩子，再做这个课题就比较容易了。算完以后，又特别神奇，比值近似 0.618，就是我们说的那个黄金分割数，原来有这么好的比例关系。关于黄金分割的内容可以放到课后，供有兴趣的同学做深入的研究。例如，黄金分割比在自然界中的应用；甚至有的学生会敏感地发现这些数值与斐波纳契数列还有关系。

斐波纳契数列源于意大利中世纪数学家斐波纳契在《算盘书》中提出的一个关于兔子的有趣问题：

一般而言，兔子在出生两个月后，就有繁殖能力，一对兔子每个月能生出一对小兔子来。如果所有兔子都不死，那么一年以后可以繁殖多少对兔子？

我们不妨拿新出生的一对小兔子来分析：

第一个月小兔子没有繁殖能力，所以还是一对；

两个月后，生下一对小兔总数共有两对；

三个月以后，老兔子又生下一对，因为小兔子还没有繁殖能力，所以一共是三对；

……

依次可以得出下面的一列数 1，1，2，3，5，8，13，21，34，…
F_n…这个数列有十分明显的特点，即前面相邻两项之和，构成了后一项。斐波那契数列还有许多有趣的性质，例如：

这个数列中的每一项都是正整数，可是它们却是由一些无理数表示出来的；

$F_{n+2} = F_{n+1} + F_n$，而 $F_0 = F_1 = 1$，这个数列的通项可以表示为

$$F_n = \frac{1}{\sqrt{5}}\left[\left(\frac{1+\sqrt{5}}{2}\right)^n - \left(\frac{1-\sqrt{5}}{2}\right)^n\right]。$$

当 n 是正整数时，F_n 都是正整数，但的确是用无理数来表示的。"斐波纳契数列"中的两个连续数之比接近黄金比例。例如，$\frac{5}{8}$，$\frac{8}{13}$，$\frac{21}{34}$，…，$\frac{144}{233}$ 的值都接近 0.618。

利用斐波那契数列的相邻两项可以写出一个新的数列如下：

$\frac{1}{1}$，$\frac{1}{2}$，$\frac{2}{3}$，$\frac{3}{5}$，$\frac{5}{8}$，$\frac{8}{13}$，$\frac{13}{21}$，$\frac{21}{34}$，…，$\frac{F_n}{F_{n+1}}$，…

当 n 无限大时，这个数列的极限是 $\frac{\sqrt{5}-1}{2}$，这个数值称为黄金分割比，它正好是方程 $x^2 + x - 1 = 0$ 的一个根。

有兴趣的同学可以进一步去研究这个数列的性质。许多问题都与斐波纳契数列有关，例如：

①如图 5-16 所示，利用斐波纳契数列可依次组成长方形。

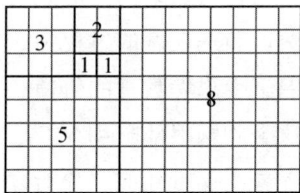

图 5-16

②有一段楼梯有 10 级台阶，规定每一步只能跨一级或两级，要登上第 10 级台阶有几种不同的走法？

这就是一个斐波那契数列：登上第一级台阶有一种登法；登上两级台阶，有两种登法；登上三级台阶，有三种登法；登上四级台阶，有五种登法……

1，2，3，5，8，13，…所以，登上十级，有 89 种走法。

③一枚均匀的硬币掷 10 次，问不连续出现正面的可能情形有多少种？

答案是 144 种。

④现有长为 144 cm 的铁丝，要截成 n 小段($n>2$)，每段的长度不小于 1 cm，如果其中任意三小段都不能拼成三角形，则 n 的最大值为多少？

由于三角形的任何两边之和大于第三边，因此不构成三角形的条件就是任意两边之和不超过最大边。截成的铁丝最小为 1，因此可以放 2 个 1，第三条线段就是 2(为了使得 n 最大，因此要使剩下来的铁丝尽可能长，每一条线段总是前面的相邻 2 段之和)，依次为 1，1，2，3，5，8，13，21，34，55，以上各数之和为 143，与 144 相差 1，因此可以取最后一段为 56，这时 n 达到最大为 10。在这个问题中，三角形的三边关系定理和斐波那契数列发生了一个联系。由于 $144>143$，这个 143 是斐波那契数列的前 n 项和，我们是把 144 超出 143 的部分加到最后的一个数上去，如果加到其他数上，有 3 条线段就可以构成三角形了。

在开展探究活动时，教师挖掘综合与实践活动的问题，要注意给学生留出思考的空间，不只是解决这个剪拼的问题，不要把这个题目变成一道数学题，让学生去做，而是在做的过程中，要引导学生在数学上能进行更多的思考，要提倡学生思考数学的价值、数学证明的价值、观察的价值、发现的价值。这个问题很能吸引学生，眼睁睁地看着 $64=65$，在这个矛盾中学生进行探索，通过几何、代数互相结合，新旧知识互相联系，综合运用所学的知识等将这个问题解决。

让学生经历实验、分析、猜测、交流、推理和反思等一系列过程，认识数量的变化关系和规律，提高学生综合运用知识的能力，培养学生的实践探索能力。

案例 3：课堂外进行的综合与实践活动案例——圆锥帽的制作

【主问题】

冬天到了，天冷了，你的玩具娃娃也该戴上帽子了，现在就请同学们给你的玩具宝宝做顶圆锥形的帽子。

【案例说明】

选题由来：教师提供问题情境，学生自己提出问题。

课题属性：课堂外进行的数学综合实践活动。

适用年级：九年级适用。

背景分析：这是一个与课内知识紧密相联的数学活动。有些学生在学习圆锥与扇形之间的相互转化的数学关系时不太清楚知识的内在联系，计算时总会出错，因此我们就设计了这样一节活动课，活动课结束后，一个学生很高兴也很轻松地说："原来圆锥就是这么回事啊。"

课堂探究过程及教学建议参考如下。

环节 1　选题——问题引领

冬天到了，天冷了，你的玩具娃娃也该戴上帽子了，现在就请同学们给你的玩具宝宝做顶圆锥形的帽子。我们通过这样的综合与实践活动课帮助学生深刻理解数学知识，培养学习数学的兴趣，让学生获得成功的体验、愉悦的享受。

测量及制作，提交活动报告等都可放在课下进行，如果有必要可以在课上进行交流展示评价，并围绕相关问题设计一些小问题，帮助学生更好地理解相关知识，可引导学生思考下列问题。

(1)如何得到成品帽的尺寸？(帽子的底面直径及帽子的高度)

(2)如何剪裁面料(白纸)？如何将接缝在裁剪时预留出来？

(3)如何装饰帽子？(你是如何在面料上设计图案的？用到了哪些数学方法?)

环节 2　开题——探寻解径

可以将学生分成小组，以组为单位，组员之间分工合作。可建议学生根据娃娃头的大小"量体裁衣"，确定测量方案，如可量娃娃的头围，作为圆锥帽的底面周长，再折算成扇形的弧长，通过计算扇形的圆心角，将扇形剪裁出来，并留出接缝。面料裁剪完成后，由于面料为白纸，因此必须要在面料上设计图案并用彩笔着色，才能做出一顶漂亮的帽子。

环节 3　做题——实践操作

学生作品展示，如图 5-17 所示。

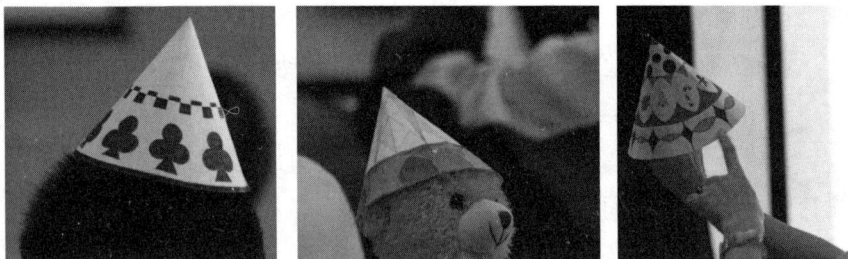

图 5-17

在此环节中可以引导学生用学过的几何图形如三角形、四边形、圆等借助平移、旋转、轴对称等数学知识进行设计。为了更好地加深学生对所学知识的理解及综合运用，还可以再寻找一些与圆锥帽有关的小问题请学生解决，进一步理解从平面到空间及从空间到平面的扇形与圆锥之间的内在联系。

问题 1. 小丽想给玩具宝宝的圆锥形帽子表面镶上一圈金丝线，如图 5-18 所示，即从点 A 沿圆锥表面绕一圈再回到点 A。已知帽子的底面直径是 18 cm，高是 $18\sqrt{2}$ cm，金丝线每米 20 元，小丽最少需花多少钱(精确到元)？

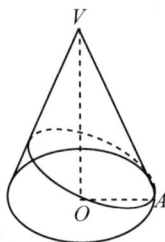

图 5-18

问题 2. 有一块长为 36 cm、宽为 24 cm 的矩形面料 $ABCD$，小红从这块矩形面料中剪出一种扇形，把扇形剪下后卷成一个圆锥，做了一顶帽子。

小红是这样剪的：以 BC 的中点 E 为圆心的圆与 AD 相切，如图5-19 所示。

小红用这样剪裁成的扇形围成了一个圆锥帽，请你算一算，这顶帽子的底面直径是多少，给你的玩具宝宝戴上合适吗？（$\cos 41.41° \approx 0.75$）

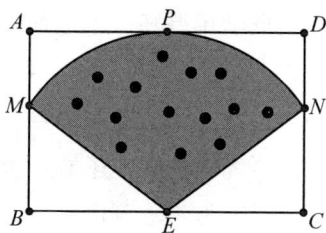
图 5-19

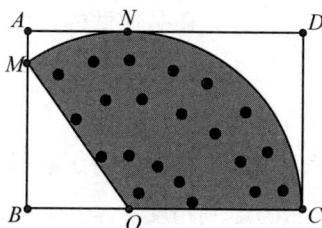
图 5-20

小明是这样剪的：如图 5-20 所示，在 $ABCD$ 内画出一个扇形，扇形的圆心 O 在 CB 上，扇形的半径是矩形的宽⊙ O 与 AD 相切吗？小明把扇形剪下后卷成一个圆锥，做了一顶帽子。

小明与小红做的帽子大小相同吗？赶快动手算算吧。你还有其他的裁剪方法吗？此时可以继续引导学生说一说自己的剪裁过程。

环节 4 结题——交流评价

学生将自己小组的设计方案、制作过程中的心得体会等情感体验介绍给同学们，并将成品帽给自己组的玩具娃娃戴上试试，看看是否合适、是否漂亮。如果不满意，再说说如何修改，给出修改建议及方案等。

在探究活动中，教师们要特别应该关注评价，学生哪些地方做得好，哪些地方做得不好，或者有哪些改进的意见等，在评价中要特别注意从下面几个维度来进行。

第一要关注过程。就是学生能不能完整地完成这个课题，从提出问题到解决问题，经历建模的四个主要环节，在这个过程中进行评价。首先，要关注思路，学生能不能把这个解决问题的思路说清楚，预先打算怎么做，先设计一下，解决问题有哪些主要步骤，可能会遇到哪些问题，再怎么解决，在解决的过程中，会用到哪些数学知识，在真正做之前，能够把这些问题想一想，然后才是具体地去做，还要展示做的结果，万一出了问题，比如做大了或做小了等，应该分析原因，要有改进的一些思考。其次，还要关注拓展、创新。学生能完整地做下来，好样的，学生在某些步骤上有特点，好样的，不管是在最后的展示上好，还是在设计上好，还是在做的过程中好，还是数学用得好，还是有拓展性思维，有创新，有创意等，都可以作为我们评价的基点。

第二要关注数学。在评价中要关注数学思想方法的运用。要看学生的数学用得怎么样，是否正确科学，方法是否简洁巧妙，还能不能再改进，是否考虑到精度，是不是考虑到节约，是不是考虑到优化等，这是评价的一个很重要的角度。

第三要关注情感态度。学生做一件事情的关注度、投入度、兴奋度，也许有些学生做得并不太好，但是他非常专注，遇到不会的地方，会向别人请教，请教的态度也非常好，他还可以向不同的人请教，还可以去翻书，还可以去查资料，做得好的学生是否愿意帮助其他学生等，这些都反映了学生的学习能力、学习态度，所以这也是评价的一个重要的角度。

数学阅读探究课，对学生来说，是一个做问题、积累经验的过程。在这个过程中，学生的个性有一个特别好的机会释放，而纸笔测验，考查的是学生的一种能力，就是单位时间内，按照教师的要求完成的相应任务。在综合与实践活动中，有美术才能的孩子，可能把帽子做得特别漂亮，有计算才能的孩子可能在一张纸上，做了好几个帽子，有人际交往才能的孩子，他可能把自己的想法，让大家都接受，把自己的东西推销出去，那么我们就多了一些评价学生的尺子。综合与实践活动，给了我们一大把尺子，让我们可以从多角度看到学生发展的强项，然后再扬长改短，这样就可以使更多的孩子在做的过程中既得到了激励，也得到了展示。这其中的意义和价值我们看得很清楚，那么对于一些程度比较好的孩子，我们能不能给他们一些弹性更大的探索空间呢？其实就圆锥帽这个问题，我们还可以把这个活动再继续深入下去，看学生还能提出哪些问题。比如有的学生可能会说，这个帽子还不太漂亮，我给它装饰一下，我再给它弄一个金丝边，由于金丝线比较贵，那就有一个最短的问题、最省钱的问题。这时，我们可以给学生一些数据，比如给了圆锥帽的底面直径和高，这个金丝线一米假如 20 元，请学生算算至少需要多少钱，假如说学生算完以后，是 9.2 元，如果要求取钱数是整数，到底是 9 元还是 10 元呢？为什么有人说 9 元，有人说 10 元呢，9 元是四舍五入得来的，10 元才是解决实际问题呢，因为差 2 毛钱肯定是不够的。当然了，如果有的学生说，金丝线不够长我可以加一朵花，多好啊，问题解决了，非常富有创造性！

2. 解决数学外部问题（生活、其他学科等）的综合与实践活动

案例 4：课堂内进行的综合与实践活动案例——乌鸦喝水的启示

【主问题】

一只乌鸦口渴了，到处找水喝。乌鸦看见一个瓶子，瓶子里有水。可是瓶子里水不多，瓶口又小，乌鸦喝不到水，怎么办呢？乌鸦看见旁边有许多小砂粒，它想出办法来了。乌鸦把小砂粒一点一点地放进瓶子里。瓶子里的水面渐渐升高，乌鸦就喝着水了。你能发现其中的函数问题吗？

【探究活动】

问题：瓶子(量筒)里有一些水，但是水面太低，水面与瓶口相距大约 50 刻度，我们知道如果向瓶中放入一些砂粒，水面就会升高。设砂粒的质量为 x g，水面高度为 y 刻度。

请解决下面的问题：

(1)若加入 5 g 砂粒，水面能升高多少刻度？

(2)请你分别再加入 5 g、5 g、10 g、10 g、10 g，并读出水面刻度。

(3)需要往瓶中加入多少克的砂粒才能使水面升高到 65 刻度的位置？

(4)现有砂粒数量不足以使水面升到 90 刻度位置，请你根据实验所得数据推算出升高到此位置还需要砂粒多少克？（从 65 刻度升高到 90 刻度）

【案例说明】

选题由来：由于函数概念的抽象性，部分学生不能很好地理解两个变量之间的关系。由学生学习中存在的问题以及受乌鸦喝水故事的启发，主要由教师提供综合实践活动，在这个主问题下，学生进行实验探究，发现问题，提出问题，解决问题等综合实践活动。

乌鸦喝水的故事是学生们从小就非常喜爱的寓言故事，聪明的乌鸦在困难面前能够积极想办法，认真思考，终于将问题解决。受这个故事的启发，我们开发了这次综合实践活动。

课题属性：课内进行的数学与其他学科之间的综合实践活动。

适用年级：八年级适用。

背景分析：函数是重要的数学概念，在初中、高中以及大学等后续的学习及生活实践中都有广泛的应用。但函数概念又很抽象，因此对函数概念的理解往往需要经历较长时间。而其中的关键是认识变量之间的单值对应关系，函数图像以几何形式直观地表示变量间的单值对应关系，是研究函数的重要工具。一次函数又是初中函数内容的重点知识，学好一次函数对后续的学习很有帮助。应用函数的知识解决实际问题，对发展学生的数学应用能力及建模能力都有着非常重要的作用。因此在一次函数应用的教学中，通过这个实验活动，可以帮助学生更好地理解一个变化过程中的两个变量以及这两个变量之间的关系。这次活动课应该安排在学生已经学习了函数的概念、一次函数的相关知识以后进行。

课堂上开展综合实践活动的过程及教学建议参考如下。

环节1　选题——问题引领

课堂上播放《乌鸦喝水》的动画片，请同学们寻找乌鸦喝水过程中的变量。在这些变量中，哪两个变量之间有函数关系，如何研究某两个变量之间的函数关系。当然瓶子的形状、里面水量的多少等都能影响乌鸦是否能喝到水，为了使问题变得简单，我们可以选取量筒作为实验用的瓶子。于是可以引出下面的问题：

瓶子(量筒)里有一些水，但是水面太低，水面与瓶口相距大约50刻度，需要加入多少克砂粒，才能使水面上升到乌鸦能喝到水的位置(90刻度)呢？如果砂粒数量不足以使水面升到90刻度位置，请你根据实验所得数据推算出升高到此位置所需砂粒的数量。

环节2　开题——探寻解径

为了完成上述主问题，可以分成若干个小问题，如

(1)若加入 5 g 沙粒，水面能升高多少刻度？

(2)请你分别再加入 5 g，5 g，10 g，10 g，10 g，并读出水面刻度。

(3)需要往瓶中加入多少克的砂粒才能使水面升高到 65 刻度的位置？

(4)现有砂粒数量不足以使水面升到 90 刻度位置，请你根据实验所得数据推算出升高到此位置还需要砂粒多少克？（从 65 刻度升高到 90 刻度）

为了完成上述几个小问题，首先要明白实验仪器如何使用，例如：

①瓶里(量桶)水面高度如何读取？

②天平如何使用？称量砂粒有几种方法？哪种方法简便快捷准确？

③如何将砂粒顺利倒入水中而不是挂在瓶壁上？

为了使实验能够顺利进行，实验数据准确可靠，在做实验之前就应该将实验中可能出现的问题预想到，预设得越详细，实验进行得就会越顺利，问题解决得也会更快更好。当然有些问题也可能事先想不到，具体操作中才能想到，或者以为很容易，可实际操作时误差较大。例如，在读水面高度的刻度时，小组不同成员的读数会有误差，如果读取方法错误，误差就会较大，就会影响后面的实验及数据；有的组员没有发现天平的"去皮"功能，每次都需要称砂粒使用前后的质量，再用这两次的质量做差，才得到加入水中的砂粒质量，给实验带来了不必要的麻烦；有的组员将砂粒倒入量桶中的时候不小心洒落在了外面，或者砂粒挂在了瓶壁上，对水面的升高没起作用；甚至有的组员出现了不小心将实验仪器打碎、使砂粒散落地上等诸多问题。如果能够预见到这些问题，实验就会比较顺利，因此一旦确定了研究的问题后，不要急于立即做题，在动手操作之前，在教师引导下，学生应该通过分析、讲解、观察、讨论进一步明确题意，提出比较合理、可行、有效地解决问题的思路或方案，预想到可能遇到的困难和问题等。磨刀不误砍柴工，准备的过程也是一个重要的方法学习、交流和渗透解决问题策略的过程。可以让学生写出具体的实施方案，例如，针对问题(3)及问题(4)，就可以让学生写出"本组实施方案"。

环节3　做题——实践操作

在这个环节中，学生们以小组为单位，组员合理分工，有称重的，有读数的，有记录的，有检验的等，亲自动手实践解决问题，完成相应任务。例如，实验数据的完整记录、实验数据的表示、实验数据的分析、发现的问题等。

在具体的实践操作中，学生可能会遇到各种问题，教师要努力注意观察学生的表现，及时帮助有困难的学生和学生小组。例如，在实验过程记录中，表格填写不规范，如将砂粒质量记录为5 g，5 g，10 g，10 g，10 g，这实际上是每次加入的砂粒质量，而不是总共加入水中的砂粒质量，这时就应该提醒学生，及时改正。

在具体实践中，还有可能会出现新的在预想中没有出现过的问题。例如，对问题(3)，开题预设环节是想着一点一点放入砂粒，当水面恰好到达65刻度时，记录下加入的砂粒，可实际操作时，加入的砂粒使水面刻度高于65了，想把砂粒取出来是不可能了，用什么办法得到水面在65刻度时所需砂粒的质量呢？逼迫学生想出寻找两个变量之间的函数关系，从而对砂粒进行估计的方法。有了这样的意识，问题(4)就顺便解决了。如果问题(3)的实验做得很顺利，到解决问题(4)时，由于不能再使用通过添加砂粒做实验的方法了，学生们就必须要思考创新，寻找新的解决问题的方法。

学生顺利地得到实验数据以后，还要从数据中发现规律，在水面高度变化的过程中，学生通过亲自实践，确实真切地感受到了函数的本质，在一个变化过程中的两个变量，记录实验数据本质就是用列表法表示 y 与 x 的函数关系，如下表所示。

砂粒质量与水面高度之间关系表

砂粒质量 x/g	0	5	10	15	25	35	45
水面高度 $y/$刻度	50	52	54	56.5	60	63.5	67.5

在实验数据分析阶段，有些学生从数据列表中就能发现特点，一般是感觉加入的砂粒越多，水面高度越大，但还不能比较直观地显示二者之间的函数关系，因此有必要进一步用图像法或解析法等其他方法表示二者之间的函数关系，而图像法更直观，因此学生可在平面直角坐标系中描点表示实验数据，用图像法表示水面高度与砂粒质量之间的关系，如图 5-21 所示。

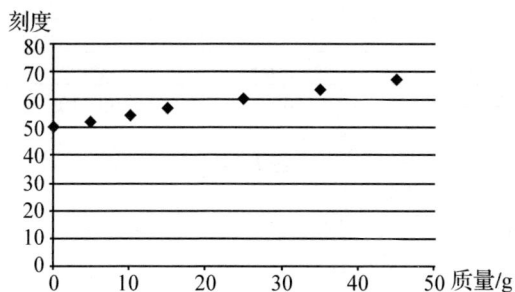

图 5-21

学生很容易发现这些点近似在一条直线上，这两个变量之间存在一次函数关系。

如果散点图中各点的分布大致分布在一条直线的附近，我们就称这两个变量之间具有线性相关关系，这条直线就叫回归直线。如果能够求出这条回归直线的方程，我们就可以比较清楚地了解刻度与质量之间的关系了。有了这样的发现，学生会很惊喜，下面就自然想到应该求出这条直线的解析式了。对于待定系数法，学生们都比较熟悉，可问题是到底选哪两个点代入呢？不同的小组往往会有不同的选法、不同的做法。例如，有的小组是取出很多对点，求出很多条直线，再求这些系数的平均数；还有的学生是找一对点，看其他的点差不多分布在这条直线的两侧；还有的学生实验数据误差较大，使个别点偏离直线，最终导致分析数据时出现困扰。这时教师可以介绍回归直线及最小二乘法的知识，借助计算机直接求出回归直线的解析式，为学有余力的学生提供深入学习的窗口，如图 5-22 所示。

刻度

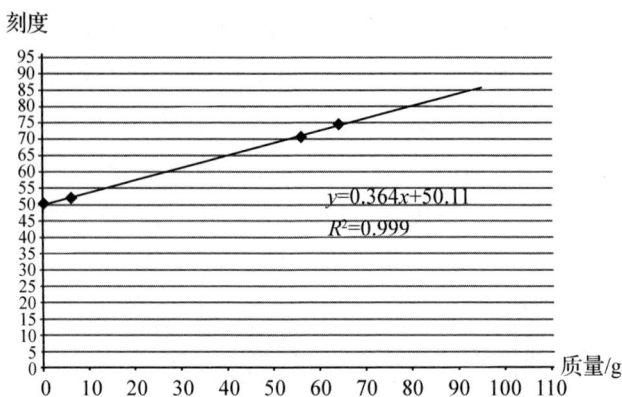

$y=0.364x+50.11$
$R^2=0.999$

质量/g

图 5-22

环节 4　结题——交流评价

在交流评价环节中，在教师的组织下，请各小组在活动中遇到的问题、收获、体会、经验等进行分享，展示小组的实验报告，讲述小组的思考过程，并对其他小组和本组组员进行评价，通过自评、互评、师评，给出评价，促进学生创新能力及实践能力的提高。

案例 5：课堂内外结合进行的综合与实践活动案例——跑道上的数学问题

【主问题】

探究 400 m 标准半圆式跑道上的数学问题。

【案例说明】

选题由来：学生的生活实际。

课题属性：数学与学生生活实际的综合，课内外结合的数学探究活动。

适用年级：初中各年级，根据学生所学知识，提出不同层次的问题，探究相应深浅不同的结论。

背景分析：操场跑道与学生的生活密切相关，学生每天都要在操场上活动，操场上有很多与数学有关的问题，将操场的范围缩小一些，只探究跑道上的数学问题。教师只给出了一个生活场景，探究的内容完全由学生自己提出，并尝试解决。

该课题由于与学生的日常生活关系密切，学生很感兴趣，探究的起点低，是每个学生都能进行或部分能进行的数学探究活动。这一探究活动所需的时间较多，过程比较长，是综合运用所学过的数学知识解决生活中的实际问题，可以课内外相结合，从学生熟悉的生活情景中提出数学问题，让学生体验一个比较完整的问题解决过程，让学生体验到学习的乐趣。对这一课题，要求学生能够综合运用已有的数学知识进行较为深入的探究，要求学生灵活运用所掌握的数学知识的能力较强，用到的数学知识也较多，如果探究得比较深入，用到的数学知识就比较丰富。比如，主要用到了下列知识：圆周长、弧长的计算，切线的性质，解三角形的知识等。

课堂探究过程及教学建议参考说明如下。

环节 1　选题——问题引领

在这个教学环节，可引导学生思考跑道上有哪些与数学有关的问题并尝试提出问题，例如，学生可能会提出下列问题：

· 认识 400 m 标准半圆式跑道。如哪一条跑道的长度是 400 m？直段多长，弯道半径是多少，各分道的长度等。

· 学校操场上的跑道是 400 m 吗？

· 400 m 分道跑起跑线是如何画出来的？

· 800 m 部分分道跑起跑线是如何画出来的？

······

环节 2　开题——探寻解径

在探求解径这个教学环节上，根据学生提出的问题，可以设置下列探究内容。

· 通过课前查阅相关资料、实地测量等方式方法了解一些简单的跑道上的数学知识，特别要了解标准 400 m 跑道及本校现有的跑道，如相关数据，专用术语(实跑线、前伸数、切入差)等。

· 分道跑和部分分道跑项目起点前伸数的计算方法。

· 400 m 分道跑起跑线的画法。

· 切入差的计算方法及 800 m 部分分道跑起跑线的画法。

· 非标准 400 m 跑道的相关问题……

环节 3　做题——实践操作

《国际田联田径场地设施标准手册》规定标准的体育跑道内圈周长为 400 m，其中弯道半径 r 应为 36.5 m，直道要沿南北方向避免太阳位置低时的炫目影响。弯道应有 8 条跑道，每条跑道宽为 1.22 m，直道有 10 条跑道。最内圈为 400 m，其长度等于最内圈非跑道侧边线向跑道侧偏移 0.30 m 那条线的长度。有了上面的介绍，学生就可以计算跑道一个直段的长度及弯道的长度了。

①各分道长度的计算。半圆式场地各分道的直段长都是相等的，但由于各条弯道的半径不同，弯道长度也不相同，运动员所跑的弯道距离不一样。田径竞赛规则规定，跑道第一道弯道计算线(实跑线)周长应距内突沿外缘 0.30 m 计算，第二至八道应距内侧分道线外缘 0.20 m 计算。

归纳第 n 道的弯道总长度，可由学生将各分道总长度计算出来填入下表中(单位：m)。

400 m 标准跑道各分道总长度表

场地半径	直段长	第一分道长度	第二分道长度	第三分道长度	第四分道长度	第五分道长度	第六分道长度	第七分道长度	第八分道长度
36.5	84.39	400	407.04	414.70	422.37	430.03	437.70	445.37	453.03

②起跑线的前伸数。通过刚才的计算可知：两名运动员在不同的弯道上跑进而要到达同一终点时，外道比内道要多跑一些距离。在竞赛时，为使运动员所跑距离相等，外道的起跑线就要前移。起跑线前移的距离，在计算和丈量时称为前伸数。为保证各道运动员在同等条件下比

赛，必须以第一分道运动员的起跑线为基准，分别相应前移，前移的距离需要通过计算得出。

第 n 道起跑线前伸数＝第 n 道弯道长－第一道弯道长。

第 n 道的弯道总长度 $c_n＝2\pi(r+d(n-1)+0.2)$

$$＝2\pi(1.22n+35.48)。$$

第 n 道起跑线前伸数 $y_n＝$ 第 n 道弯道长－第一道弯道长

$$y_n＝2\pi[r+1.22(n-1)+0.2]-2\pi(r+0.3)$$

$$＝2\pi(1.22n-1.32)(n=2,3,4,\cdots,8)。$$

上面的式子表明半圆式场地外圈各道起跑线前伸数与场地半径(r)和周长没有关系，而与分道宽的大小有关。换言之，只要属于半圆式田径场，无论场地的半径和第一道周长是多少，只要分道宽相同，它们外圈各道的起跑线前伸数完全相同。分道越宽，前伸数越大。

由学生将 400 m 比赛各分道起跑线的前伸数计算出来(单位：m)。例如，第一分道的前伸数为 0 m；第二分道的前伸数为 7.04 m；第三分道的前伸数为 14.70 m；第四分道的前伸数为 22.37 m……

③400 m 分道跑起跑线的画法。直道起跑线要垂直于各分道线、弯道起跑线，各起跑线的延长线要通过圆心。以小组为单位讨论画线方案。比如有的小组通过弧长计算圆心角的大小，如图 5-23 所示。也有的小组通过弧长计算线段 CD 的长度；也有小组计算线段 BE 的长度……在多种可选择的画线方案中进行可行性比较，从中选择最好的方法，也是在实际画线中被广泛采用的方法。

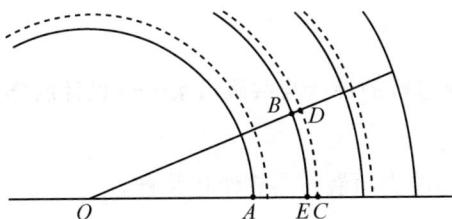

图 5-23

环节 4 结题——交流评价

在教学交流与评价这一教学环节中，要注意评价下面几个方面。

·介绍跑道等相关概念时是否全面正确、语言是否清晰流畅。

·是否能够发现并提出问题。

·组长与组员是否能够很好地分工合作，各项工作有条不紊地进行，是否积极参与整个实践活动。

·探究结果如何，是否能提交探究成果汇报，课后还能否继续提出新的问题并进行探究。

·情感体验如何，在最后的小结环节，做好总结反思，哪些地方做得好，哪些地方还可以进一步完善，还有哪些问题没有解决等。

【课外延伸】

课上时间有限，也许只能完成所提出的一小部分问题，比如课上只能解决 400 m 起跑线是如何画出来的，那剩下的问题就需要同学们课后进行，比如查阅资料、写出分析报告等，如果学校的操场不是标准的 400 m 操场，上述所有的问题又如何解决等，显然这些问题不可能都在课上解决，而学生又很感兴趣，还想继续这个活动，因此大量的工作就需要放在课下进行了，供有兴趣的学生做进一步研究，每个学生在活动中都应该得到最大限度的发展。跑道上的问题弄清楚了，还可以在操场上以操场的背景再提出发现新的问题，并做进一步的探索。有些任务也可以放在课前，由学生做好综合实践课的准备工作，学生在课下利用业余时间查阅资料、实地考察丈量等，比如了解跑道，了解田径比赛的相关规则、相关术语等。

案例 6：课外进行的综合与实践活动——设计制作包装盒

【主问题】

利用立体图形的平面展开图制作包装盒。

【案例说明】

选题由来：人教版七年级课题学习。

课题属性：数学与学生生活实际的综合，动手操作。

适用年级：初中各年级，根据学生所学知识，提出不同层次的问题，探究相应深浅不同的结论。

背景分析：日常生活中，经常可以看到各种形状的包装盒，其中纸盒特点是不使用时可以折叠成片状存放，使用时可以拉开折合成盒装物，便于大批量机械加工生产，方便堆放储运，节省仓位，适于装潢印刷，方便回收等，是现代纸盒、纸箱中应用最广泛、所占比重最大的一类。图 5-24 是学生提供的生活中的各种包装盒。这是一节与生活实际紧密相关的综合与实践活动，可以培养学生观察、实验、分析、判断、归纳和概括的能力，空间想象力、综合应用知识的能力和语言表达能力、审美能力，渗透空间图形和平面图形之间的相互联系、相互转化的数学思想，培养学生的实践意识、创新精神和团队合作的精神，发展学生的个性品质和特长。为了研究方便，我们主要研究给一个指定物品制作尺寸合适的长方体包装盒问题。

图 5-24

课堂探究过程及教学建议参考说明如下。

教学准备：收集一些长方体形状的包装盒，如墨水瓶盒、粉笔盒、饼干盒、牛奶包装盒、牙膏盒、纸板等。

环节 1　选题——问题引领

在这个教学环节中，可引导学生思考包装盒中会有哪些数学问题，如果学生想不出或想不全面，教师可抛出下列问题让学生解决。

·让学生分组收集一些商品的空包装纸盒，请大家分别计算出它们的体积和表面积。

·请学生将这些盒子拆开，看一看它们是怎样裁剪和粘接出来的。

·给一个矩形纸板(如 A4 纸大小)，让学生根据上面的发现，裁剪、折叠出一个无盖长方体的盒子，并计算出它的体积。

·同组同学之间比较结果，分析谁的体积比较大？分析怎样能做一个体积更大(最大)的盒子？(只是实验、比较，不要求证明)。

·结合一种具体的待包装物体(如 5 本书或 2 个茶杯)设计一个包装盒，使这个盒子恰能包容它们，如有可能可以实际做出这个盒子。

这是一个过程比较长的综合实践活动，主要工人可以放在课外进行，引导学生体验一个比较完整的问题解决过程。

环节 2　开题——探寻解径

·观察作为参考物的包装盒，分析其各面、各棱的大小与位置关系。

·拆开盒子，把它铺平，得到表面展开图；观察它的形状，找出对应长方体各面的相应部分；度量各部分的尺寸，找出其中的相等关系。

·把表面展开图复原为包装盒，观察它是如何折叠并粘到一起的。

·多拆、装几个包装盒，注意它们的共同特征，这样能够很好地启发学生如何寻求解决后面问题的思路。

环节 3　做题——实践操作

各组选择物品(如墨水瓶、水杯、玩具)，为该物品设计包装盒。在这个环节中，组员需要合理分工，测量指定物品的尺寸，估计包装盒的实际大小，即长方体盒子的长、宽、高；分析制作包装盒的基本程序，对可能遇到的困难给出解决方案；在纸上画出包装盒表面展开图的草图，通过设计、画图、裁剪、折叠、制作等过程，观察效果。如果发生问题，调整原来的设计，直到达到满意的初步设计；最后再在纸板上真实制作，裁下盒子的平面展开图折叠并粘贴，得到长方体包装盒，做出成品。裁减时要注意预留出黏合处，并减去多余的棱角。如图 5-25 所示，学生在测量、画图、制作包装盒。如图 5-26 所示，学生在展示自己的物品及所做的包装盒。

图 5-25

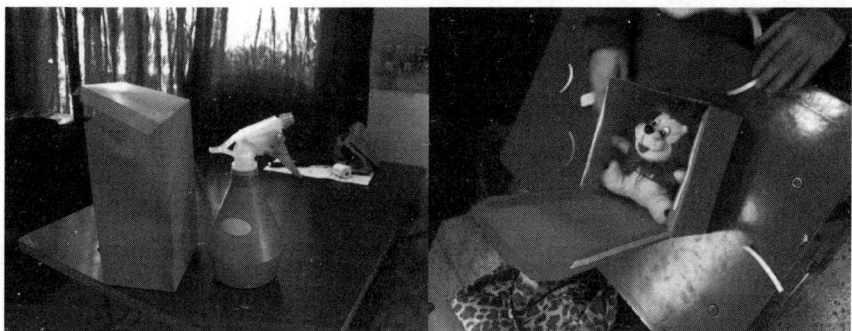

图 5-26

环节 4　结题——交流评价

制作包装盒是一个实际应用的开放性问题，它的结果不唯一，在这一环节的展示交流是非常精彩的。可以交流展示学生的成果，请学生说明制作过程中的关键数据是如何得到的以及裁剪方案是如何形成的，设计灵感的来源等，各组展示本组的作品，并介绍设计思想和制作过程，在制作过程中遇到的主要问题，总结经验教训，交流分享心得体会等。

评价时要关注所制作包装盒的形状是否是长方体，是否合理合适，是否美观等。例如，有的小组提到，物品的摆放如果能充分利用对角线，可以减少包装盒的尺寸，节省资源，有的小组提到测量环节碰到的困难和克服的办法，有的小组第一次没有成功，也分析了失败的原因，还有的小组给包装盒做了装饰，视觉上更美观了。

本案例从研究长方体出发，先把长方体展开成平面图形，再学习制作长方体纸盒。在这样的实践活动中，我们可以体会到：用数学的眼光观察事物，常常能引起"探究"问题的兴趣；研究解决问题之前，要设计方案，并尽量考虑周全；在解决问题过程中，又要根据需要调整原来的方案；问题得到解决以后，要总结经验，相互交流。同时，在这样的过程中，大家要学会互相帮助，团结协作，还要发挥自己的聪明才智和创造能力。本案例主题活动是让同学们为一个给定物体设计能装下它的包装盒，对于程度比较好的班级，还可以使问题更开放。比如，不限定非得用长方体包装指定物体，如果有学生能利用所学知识设计出其他形状的包装盒，更应该给予充分的肯定和表扬，鼓励学生的创新思维。还可以引导学生做更深入的研究，比如，如何制作一个尽可能大的无盖长方体盒子、相同规格的同种商品如何打包更科学、生活中有没有不合理的包装盒，如何改进等问题。

相信通过类似题材的案例学习，同学们一定会认识到学好数学是有用的，而且会有意识地运用数学知识解决生活实践中的问题。

5.3.4　北京大学附属中学综合与实践课程特色及实践效果

1. 课程特色

(1)因材施教、自主研发。

北京大学附属中学数学综合实践活动案例以《义务教育数学课程标准(2011年版)》为基础，根据本校学生数学学习的培养目标和自身特点编写开发。根据日常教学进度，结合学生在学习过程中需要加深、拓展的专题，各年级备课组进行讨论、研究，编写教学案例。例如，七年级学习几何图形初步之后，为了更好地加深立体图形与平面图形之间的关系，备课组开展了设计包装纸盒的学科实践活动，在动手操作与一系列的计算中，更好地体会、理解立体图形的平面展开图；八年级学习函数概念时，由于函数比较抽象，八年级备课组的教师们就开展了以乌鸦喝水为背景的一次函数综合与实践课，帮助学生理解函数概念及一次函数的知识。案例所选用的材料新颖实用，适合学生，综合与实践活动既有别于数学常规课，又符合学生已经掌握的数学知识与技能，学习内容与学生生活实际密切相关，整合学习资源，提供适合学生发展的探究素材，吸引学生深入探究的实践活动，学生乐于参与。比如，在学习了字母代替数、方程等思想和知识之后，设计了"你的手机套餐合适吗"教学案例，学生很有兴趣，选题适合初中生的心理及年龄特点。手机套餐几乎人人都需要，经过课上的讨论、课下的阅读、设计之后，学生最终展示的结果非常丰富，能为自己、同学和家长提供有科学依据的手机套餐，学生有成就，自然也会更投入，更乐于参与。如此一来，学生才真正地体会到数学就在身边，数学可以解决生活中的很多问题。

(2)自主阅读，注重过程。

学生在参与综合与实践活动的过程中，经常需要阅读一些与数学相关的内容，对学习材料也需要仔细阅读，从中发现问题、提出问题，用问题引领，以学生自主学习为主，学生通过自主阅读，经历提出问题、独立思考、深入探索、探讨交流、反思质疑、给出解释等过程，在这个过程中鼓励学生勇敢质疑，在质疑过程中对材料中的很多概念、推理过程都有了好奇，从而展开讨论、动手推导等，从中感悟数学的基本方法和基本思想，积累基本活动经验，不断提高发现问题、提出问题、分析问题和解决问题的能力。数学综合实践活动的基本形式以学生自主学习探究和合作交流为主的学习活动，在数学阅读的基础上，经过独立思考，小组之间可以讨论分析、推导结论，在组内进行交流合作。关注学习过程，在学习过程中不仅培养了学生的阅读和思考能力，还培养了学生的创新意识，积累综合运用所学知识与方法解决实际问题的经验，以及团队合作的能力。在活动过程中学生获得了成功，有了成就感，心情是愉悦的，从而对学习数学产生了浓厚的学习兴趣。经过调查，学生上数学综合与实践课的心情是喜爱、轻松、期待的。

2. 实践效果

(1)师生发展。

从 2012 年开始，综合与实践活动以探究课的形式正式纳入教学课表，经过多年的实践探索，学生通过亲自动手、小组讨论、大胆提问、课堂展示等环节，更关注过程，帮助学生深入理解数学的价值，提高了学习数学的兴趣，增强了学好数学的信心。这种学习方式更适合学生的长期发展，更能体现评价主体的多元化和评价方式的多样化，能更好地促进学生的个性发展。实践表明通过开展综合实践活动，不仅学生能够得到发展，而且教师的教育教学水平也能得到相应的提高，综合与实践活动可以促进学生和教师的共同发展，真正做到了教学相长，提高了学校教科研的水平和能力。

(2)学校发展。

开展综合与实践活动，为教师创造了更多可以弹性设计的自由空间，有助于学校和教师尊重学生个性差异、满足社会需求，同时也丰富了学校的课程体系，形成了学校的特色课程，丰富了北京大学附属中学"自主、多元"的办学特色，促进了学科实践活动教学理念的变革和教学模式的改革。教学理念和教学模式的变革，对学生学习方式的改变和课堂价值的创造性改革起着关键性作用。学校开展综合实践活动，这种教学模式是有国际视野的、可复制、可操作、可推广的，在其他地区其他学校很容易开展综合与实践活动，教学案例可供参考或使用。学校开展综合与实践课程具有重要的实践和指导意义。

5.4 "双课堂"数学建模教学实验项目成果报告

5.4.1 问题的提出——数学建模走进中学课堂的困惑

如何改变学生的学习方式，渗透自主学习、合作学习，培养学生的数学学习兴趣，突破单纯应试教育的樊篱，找出一个激发学生想象力和创造力的平台？这是我们自 1993 年起摸索从国外和大学将数学建模引入中学的初衷。

从那时起，张思明老师在北京大学附属中学就开展了数学建模的教与学的选修课和课外活动，以后的十多年中逐渐带动了一批中学进行数学建模的教学实践活动，产生了较为丰富的教学成果，主要解决了数学建模该不该、能不能进入中学的问题。我们的成果进入了国家高中数学课程标准，"标准"中的每一个数学建模的案例都是我们提供或实践过的。我们的前期成果"中学数学建模的实践和探索"获得"北京市第一届基础教育教学成果一等奖(1999 年)"。

随后张思明老师又在北京大学附属中学进行了一系列的新探索，就数学建模的内容和形式、如何渗透到常规教学中去进行探索，找到了如"数学探究、数学实验、数学主题阅读、数学微科研"等数学建模的拓展、创新形式；主要解决数学建模的活动形式，能不能渗入常规教学，能不能激发学生创造的问题。我们的成果"中学数学教学的创新实践活动"获得"北京市第二届基础教育教学成果一等奖(2004 年)"，张思明老师成为教育部"更新教育观念报告团"的成员，在全国巡回报告了我们的成果，取得了很好的反响。

随之而来的，也是许多数学教师感到困惑的问题——"数学建模虽然在国家课程标准有要求，但没课时、没时间、没条件、没有教材和教参、学生基础差，这些问题导致想做却做不了"等。数学建模要真正进入中学课堂需要实际解决以下这些问题。

· 中学数学建模有没有节省时间的教与学的形式？
· 有没有能真实激发学生自主学习的建模活动平台？
· 能不能让基础差的学生也参与数学建模？
· 作为教师自己没有学过数学建模，又要指导学生做这件事，怎么上手呢？
· 有没有不求人就能找到的、源源不断的建模教学资源？
······

为了回答这些问题，我们加入了北京市重点课题"深化教学方式改革与信息技术的科学应用"项目，利用网络进行建模教学实验作为该项目的数学学科子项目①。4 所学校(北京大学附属中学、北京市第十九中学、北京市第十五中学，北京经济技术开发区实验学校)将中学数学建模课程，发展成依托网络平台、真实课堂和虚拟课堂结合的"双课堂"模式。从 2008 年 10 月到 2010 年 6 月进行了两轮比较完整的教学实验(后来北京大学附属中学、北京市第十九中学、北京市第十五中学坚持了后续的课程实践到现在)。从 2010 年 7 月到 2011 年 10 月，课题组又进行了项目的总结研讨，成果"双课堂的数学建模的实践和探索"获北京市第四届基础教育教学成果一等奖(2013 年)。

5.4.2 解决问题的过程与方法——解读"双课堂"的教育价值和目标

"双课堂"模式是教学方式上的一次新的尝试，实施途径是"虚拟教室"与现实课堂的整合教学，简称"双课堂"模式。"双课堂"的教学模式契合了新课程所倡导的教与学的方式，是新课程理念实现的一条有效途径，其主要特点如下。

"双课堂"结合"虚拟教室"与现实课堂，其"虚拟教室"是凭借网络开发出来的教学专用工具，主要功能包括：为师生提供可选择的资源；为师生提供彰显个性化学习的合作探究空间；师生利用这一空间进行学习整合生成新的供师生共享的教学资源；学生在"虚拟课堂"的学习过程中可得到同步完整、准确的记录。实际操作中能够节省不少于 $30\%\sim50\%$ 的真实课时，同时又有高于实际课堂的学生学习的参与度。借助网络，教育资源不再是高中示范校向普通完中校、农村校单向地输出所谓的"优质资源"。在双课堂的教学实验中，所有专家、教师、学生甚至家长可以共同参与建设课程，这些变化都向我们显露了一种具有开放性、生成性的新的课程形态和课程文化。

"双课堂"的教学模式形成不同于传统课堂的教与学的关系。"双课

---

① 本项目是北京教育学会立项的北京市高中新课程改革重点项目"深化教学方式改革与信息技术的科学应用"的子项目，立项时间 2008 年 8 月，结题时间 2011 年 11 月。

堂"致力于为全体学生提供多样化、可选择的学习内容，倡导积极主动、勇于探索的学习方式；通过双课堂的平台，整合信息技术与数学课程，提高教学效率和学生在学习活动中的参与程度；努力建立更有效、合理、科学的评价体系；发展学生自主的学习能力和创新精神。在教学过程中，教师的角色由"决定者""评判者"转向"帮助者""指导者"，从"重结果"变成"重过程"。这种教学模式，将直接影响到教师的教学观念和教学方式，给教师带来一种全新的教学体验。

"双课堂"数学建模教与学项目已基本实现的目标如下。

1. 实践了国家数学新课程标准中的以下几条核心理念

努力为全体学生提供多样化、可选择的学习内容；倡导积极主动、勇于探索的学习方式；发展学生的数学应用意识；注重信息技术与数学课程的整合；努力建立合理、科学的评价体系。

2. 解决了数学建模进入高中数学课程中的实际困难

探索通过两种课堂的结合，实施数学建模教学活动的可能，积累在较大范围内，特别是对基础相对薄弱的学生开展建模教与学的经验，落实课程标准中对数学建模的要求。

3. 作为一种基于网络的数学活动课程探索，在以下几个方面有所突破

(1)为师生提供了较为丰富的学习资源。充分利用了网络和数学建模过程中生成的大量生动具体的教学、学习资源，形成了校本教研的课题和新的资源包，为课程今后的发展自储能量。

(2)真实地改变教与学的方式，为师生双方的发展搭建有效的创新实践的平台。在实际教学过程中，有效实现人机结合、人网结合，真实地节省约50％的真实课堂的课时，提高课时效率。

(3)作为数学的活动课，探索有效的操作模式、学习模式、指导模式、评价模式、资源筛选扩充模式等，培养学生在生活中发现和提出问题的能力，主动学习、合作学习的能力，更好地理解数学和生活的关系和学科价值。

(4)作为可视的成果，参与的学生已完成数百篇较高质量的数学建模报告。报告中包括问题提出的背景、问题解决方案的设计、问题解决的过程、合作过程、结果的评价以及参考文献等。这既是学生学习成长的记录，又是课程可贵的资源。

5.4.3　高中"双课堂"数学建模实验的总框图和操作步骤

高中"双课堂"数学建模课程如图 5-27 所示。下图中课时数中的50％左右是网上学习的"虚拟课时"，50％左右是"真实课堂"的学习。

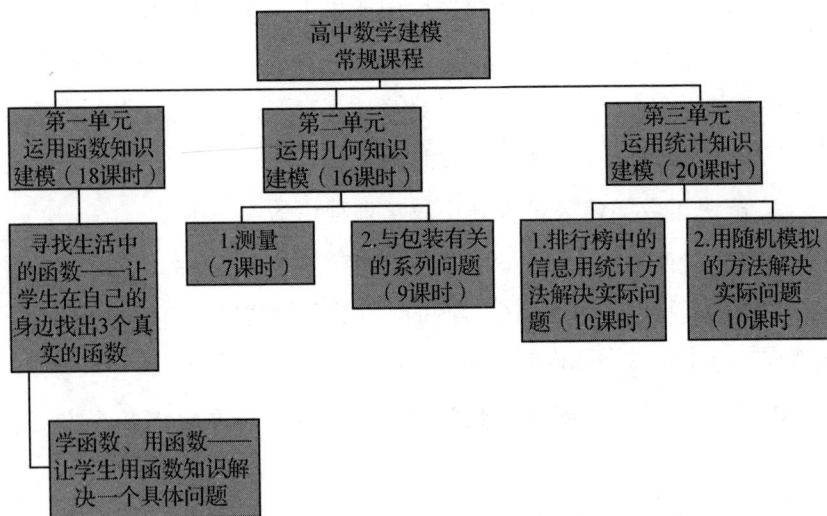

图 5-27

常规课程共有 3 个建模单元，每一个建模单元模块基本由四个操作步骤组成，分别是选题、开题、做题、结题。

选题以虚拟网络课堂为主，任务是学习网上提供的阅读资料包里的相关文献，梳理知识，形成问题，在小组里交流，最后形成小组集体打算做的小课题。

开题以真实课堂为主，现场开题交流，网上评价，任务是经过小组内外的学习讨论，初步梳理出解决本组提出问题的想法，或技术路线，或初步的实施方案，最后形成一个开题报告，在真实课堂中讲演答辩。

　　做题以虚拟课堂为主，师生网上交流解惑，任务是全组分工合作，按前面设计的实施方案真实寻求结果的过程，可以集体多次讨论、网上求助、进一步学习、反复查找相关资料、选择合适的工具、实施测算、撰写报告等，最后形成一系列的成果，如表示结果的数据公式、文字报告，软件、照片或视频、实物模型等。

　　结题以真实课堂，现场开题交流，网上评价为主，任务是将自己小组成果以结题报告或小论文的形式提交，在网上相互交流，回收同学的评价，进一步修改充实成果。在指导教师的指导下，组织现实课堂的交流汇报答辩会，给出评价意见等。评价结果包括两个部分：一是建模过程完成质量的定性评价成绩(等级分数)；二是特色成绩，主要用评语方式表现成果在某些方面的特点、出彩点、创新点，可由指导教师结合学生在网上做出的评价给出。实施环节图如图 5-28 所示。

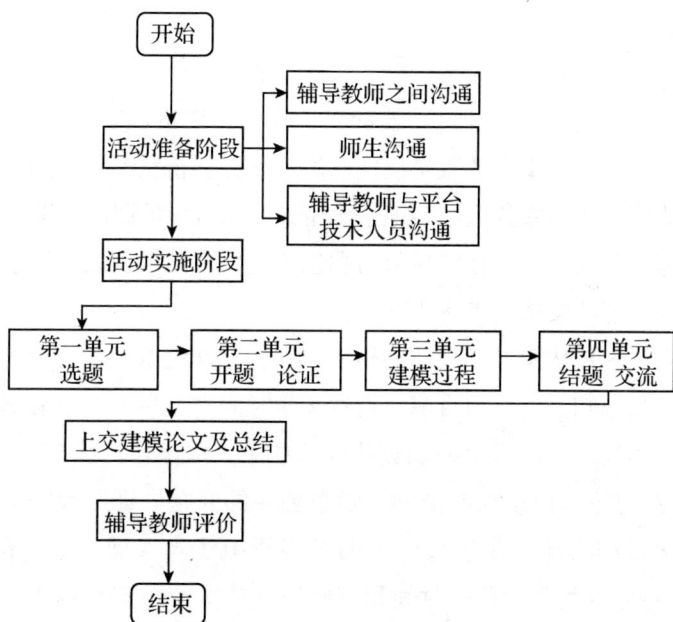

图 5-28　实施环节图

　　经过多次讨论，我们确定了如下中学数学建模"双课堂"课程的核心操作理念：问题引领、先学后做、化教为助、组间碰撞、网上交互、实课解惑、资源累加、共同发展。

双课堂通过在网上建立学习平台，为学生提供学习资源，让学生完成作业并在网上提交，在线交流体会，网上给出对别人成果的分析和评价，在真实课堂里开题，网上、网下的交流等环节推进课程。2008 年12 月月底之前，各学校成立的项目组、实验班、学习小组，完成了启动、动员、网上注册等准备工作，之后将网上提供的学习资源经过讨论、选择、改造后上传到网络学习平台的学习资源区。学生通过网络和真实课堂的学习，加上自己的思考，就可以确定自己建模的主题，大概就能明白数学建模应该怎么做，自己的建模论文应该往哪方面去做。

以北京大学附属中学的"函数建模"为例，2009 年高一年级学生 11 个班均参与其中，学生所分小组数为 122 组。2010 年高一年级学生又有 10 个班参与其中，学生所分小组数为 97 组，高一学生每组课题准备期间，每位学生完成网上作业 8 个，网上参与其他组课题讨论时间约为两个星期。

学生课题内容涉及非常广泛，包括球类、田径运动、商场销售、商品营销、个人消费、银行存贷款利率、股票、期货、交通、地物测量、文学及生活中各种事物数量变化规律等。这种创新意识首先仍然体现在学生的选题上。丰富的选题体现了学生试图用数学的眼光来观察生活问题的努力，以及无所不在的想象力和创新能力。其中，北京大学附属中学学生的建模论文选题就有 176 个。

随后，各校按照教学设计的相关要求，分别组织了 2 课时的真实课堂的建模基础知识的学习讲解。通过 2 学时的网上学习，了解函数建模的内容，学习前几届学生的函数建模的成果，提出自己找到的"真实的函数"，经讨论提出小组要借助于函数解决的问题。进而教师又组织了网上的学习和交流，在班级以上的范围组织了真实课堂的"开题报告会"。学生分组利用课外的时间和寒假进行具体的建模和解决实际问题的工作，2～3 月份各校又组织了网上和真实课堂的交流和辅导，寒假过后，各校组织了学生结题报告会。

在此基础上，北京市教育学会在 2010 年 4 月 14 日组织了一个项目成果交流报告会，教育部、市区教委的领导都参加了这次汇报交流。在结题报告会现场，四个学校的8组学生做了数学建模成果报告。学生们从容、自信地和在场的领导、专家对话，学生之间的交流也高潮迭起——相互学习，相互鼓励，相互质疑，相互提改进建议，有错误大胆承认，不怕揭短，真诚热情，每一组学生的报告都有掌声。

5.4.4 项目成果的主要内容——回答了中学做好数学建模的操作策略和价值

2008年10月，"双课堂"数学建模项目实验正式启动，参加实验的学校有北京大学附属中学、北京市第十五中学、北京市第十九中学、北京经济技术开发区实验学校。仅以各实验学校的课程第一轮进展的相关数据为例，如下表所示(2008年12月—2009年3月)。

实验校	北京大学附属中学	北京市第十五中学	北京市第十九中学	北京经济技术开发区实验学校
注册班数	11	2	1	3
注册学生数	494	83	43	41
网上原始学习资源数	81	40	16	11
学生交流帖数	5383	48	40	216
学生学习小组个数	122	33	8	11
学生自主选择的课题数	122	33	8	6

作为一项长达20多年(从1993年起—双课堂实验—到今天三所学校还坚持开设的数学建模活动课程)的探索实验的成果，可以初步归纳出以下结论。

从教学模式的角度，特别是通过对双课堂项目的教学全过程和实施效果的分析，给出了中学数学建模的"双课堂模式"和核心操作的四个环节：选题、开题、做题、结题。说明中学数学建模的教学是可做的，也是能做好的，即使是基础薄弱校。

从建模操作的角度，给出了双课堂建模的核心操作理念：问题引领、先学后做、化教为助、组间碰撞、网上交互、实课解惑、资源累加、共同发展。这种理念和操作可以渗透到常规课堂。

从建模学习的角度，分析了数学建模的教与学可以对学生自主学习产生积极和正向的影响。十九中参加建模的李响在网上评论说："这不仅是一门数学课，还是一门培养我们自觉意识的课程。开始有点儿不习惯，后来我就由自觉变得自主与自励。这样的学习是我以前从未经历过的，它给我们以最大限度的自由，让我在心情最为适合的时候去进行课程的学习，在随心所欲的同时也不忘还有作业的压力。"与玩网络游戏的最大区别是：在虚拟课堂玩完后心里踏实。

从教师专业发展的角度，证明了数学建模确实可以帮助教师转变观念，拓展教法，转变角色，找到新的发展方向。

从课程资源发展的角度，特别提出了数学建模的网络学习中动态的课程资源观。上百兆的学习资源，6000多条网络交互的评点，学生新产生的一批批新论文，我们不再像建模初期，仅能从国外引入资源，总是发愁讲完了怎么办，而现在我们有了自己的建模资源库。

从评价的角度，提出了数学建模评价需要关注什么(态度、合作、创新等)，网络条件下能做什么(生生、组组、师生互评成为可能)。北京大学附属中学的高一(4)班崔皓同学在网络自评中写下："通过这次数学建模的研究过程，我收获颇丰。第一次知道了这么多高级的数学软件，同时也从其他同学那里学习到了更有创造性的想法。这次活动不但开阔了视野，而且更让我坚信一点：'永远保持一颗好奇的心灵，你会发现世界的奥妙！'正如我在论文的结束语中写道：'正如咖啡的香甜总是要经历一番苦涩一样，纵然研究过程是艰辛的，但是我们却收获了金灿灿的果实。感谢数学给予了我们宝贵的经历！相信当我们步入古稀之年时，蓦然回首这珍贵的记忆，一定会嫣然一笑，乐在其中……'"

从建模课程发展的角度，我们已经成功实践了几种建模的"延拓"形式，如数学实验、数学微科研等。

"双课堂"数学建模教与学实践的创新点如下。

(1)"双课堂"做数学建模，真实地改变了教与学的方式，学生的参与度大幅提升，动态的学习资源的生成与消费滚动发展，评价的多元和过程性评价得以实现，学生创新能力的提升有了一个真实的可操作、可展现的平台。建模不再是少数优秀生的专利，"基础稍差贪玩的'小鸟'也飞回来做数学探究了"。

（2）我们的教学实践真实地回答了许多数学教师提出的"数学建模虽然在国家课程标准有要求，但没时间、没条件、学生基础差做不了"等疑惑。在网络条件下，我们的操作流程节省了一半的"真实课堂"时间，给出了可操作的"双课堂"数学建模学习流程——选题、开题、做题、结题。

（3）"双课堂"模式利用数字化技术的存储功能和网络的交互功能，开发、存储丰富的课程资源，突破了新课程实验中课程资源不足的局限，还突破了时间和空间的限制，可以实现学生跨班级、跨年级、跨学校、跨区域学习，一定程度上解决了校间、区域间发展不均衡问题，建立了优质教育资源的共享机制，为个体学生平等、自由地选择学习提供了可能。它还完整地记录和呈现学生的学习过程，促进综合素质评价的有效实施，也为数学建模网络课程的滚动发展提供了可能。

5.4.5 效果和反思——让数学给孩子们一片美丽的天空

1. 参与双课堂学习的学生成果丰富

到 2010 年 6 月第二轮实验结束，两轮实验参与的教师 20 余名，参与实验学生约 1500 名，共完成了函数建模、统计建模等课程设计包，素材资源包几百个。师生网上交互约 5000 条(含学生做的生成性资源)，学生通过网络学习，探索实践，师生经历选题、开题、做题、结题四个环节，高效完成了 2 倍课时的学习任务，有效改变了学生的学习方式，得到了家长和学生自己的肯定。同时，完成了 300 多件建模论文成果，其中参加部分实验的学生带着他们在双课堂学习的成果，参加北京市数学建模论文竞赛，获奖的论文成果就有 48 项。

我们再看北京经济技术开发区实验学校参与实验的学生，他们的中考分为 400 分左右，这是一个基础明显薄弱的班。他们参与数学建模网络双课堂学习后的效果如何呢？主持该校实验的辛华老师在项目的观察报告中写道：

网络学习注册人数 37，坚持学完的 25 人，占注册人数的 68％。25 名同学中，有 2 个小组，7 名同学参加了北京市高中生数学建模优秀小组汇报，其中有 4 名同学获得 2010 年北京市双课堂"数学建模"实验校数学建模成果二等奖，有 4 名同学获得 2010 年数学建模成果鼓励奖。这些基础比较差的学生通过双课堂的学习，有 21 名同学觉得数学原来是一门有意思的学科，并提高了学好数学的信心，这部分同学占坚持完成人数的 84％；有 4 名同学觉得数学还是蛮难的，但认为自己可以解决一些简单的数学问题，这部分同学占坚持完成人数的 16％。通过活动后期的汇报及感受反馈，100％的同学认为此活动加强了自己与同学的合作能力、沟通能力和信心。有一组同学这样写道："最大的收获就是我们树立了信心，刚开始的时候真的想过要放弃，因为有那么多的事情要做，真的觉得它很难，自己根本就不可能完成。可当我看到我们的开题、结题报告都做得那么精彩，反复修改的 PPT 变得那么漂亮，心里就特别高兴，那种感觉已经不能用语言来形容了，我第一次觉得原来我们也可以这么棒！在今后的学习生活当中，不论我们做什么都一定会继续发扬数学建模精神的！"

两所基础相对弱一点的学校的学生，他们做的题目和结果并不深奥复杂，但他们态度变化、执着的学习探究精神，团队合作、胜不骄败不馁的态度，答辩成功后击掌相拥的情景，感动了现场的领导、教师和同学。教育部基础司的领导在现场观课后，称赞学生的选题关注社会民生，很有社会责任感，建模过程本身就有丰富的教育价值。然而这只是一个起点，在接下来的学习中，他们学习(不仅仅是学习数学)的自信心和兴趣有了很大的提高，对周围的同学也产生了很好的影响。同我们所希望的一样，中学数学建模的开展不只是精英学生的游戏，而是可以使不同程度的学生，通过数学建模的学习获得应用数学的经验，获得成功的体验，这对所有学生都是难能可贵的人生体验，对他们的成长和今后在社会上的发展大有裨益。

2. 数学建模开展促进了学校的特色发展和教师发展

2010 年 7 月至 2011 年 10 月，我们对实验结果进行了认真的反思和总结，完成了项目的研究报告，编辑出版了专著《理解数学：中学数学建模课程的实践案例与探索》①。还在《中国多媒体与网络教学学报》(电子版)②上编辑出版了介绍经验的光盘(内含团队成果的三篇文章，学生优秀成果的六篇论文的节选，采访团队主要成员的视频)。参与实验的北京大学附属中学、北京市第十九中学、北京市第十五中学都把数学建模变成了学校特色、教研组的特色去建设，一直到现在还一直坚持这项课程实验，涌现出了一批开展数学建模的行家能手，实践团队中推出了一批由于数学建模的出色成绩成长起来的特级教师 2 人，市区骨干教师 10 余人，推出了一批优秀成果，并进一步推广到其他学科。

3. 中学数学建模的影响力逐年提高

在北京市数学会和北京师范大学、首都师范大学课程中心一批专家的长期支持和引领下，由于我们的努力和榜样作用，北京市开展数学建模活动的中学由原来的 3 所扩大到 50 多所，还有部分中专、中技学校也参与了进来。2012 年北京市高中数学知识应用论文竞赛参赛的学生已经超过 3000 人，上交的建模论文已经超过 1300 篇。

我们的成果在全国的数学教育界也产生了较大的影响，在谷歌上检索"张思明和数学建模"0.24 秒就有 53800 相关网页，百度上有 26900 个相关网页。在 CNKI 上我们的建模论文被下载 314 次，引用 19 次 (20120910 统计)。北京市教委为此专门编写了特级教师研究丛书《张思明：中学数学建模的拓荒者》③。

在 2010 年"第二届中欧基础教育课程发展大会"上，我们的成果做

---

① 张思明：《理解数学：中学数学建模课程的实践案例与探索》，福州，福建教育出版社，2012。

② 教育部主管，清华大学主办，《中国多媒体与网络教学学报》，2012(1)。

③ 申炜，郑玉飞：《张思明：中学数学建模的拓荒者》，北京，教育科学出版社，2009。

了专题介绍，得到了与会国内外来宾的赞赏和积极反响，并有 3 篇团队成员的论文收入该会议的论文集。从 2009 年起教育部新课程(数学)的远程培训，我们课题组的教师全程参加了网上教学，并介绍了我们的研究和成果。"继教网"专门用我们的教学素材制作了专题的培训节目，受到参训教师的好评。

4. 我们所做项目尚没有很好解决和期待解决的问题

如何将数学建模的教与学的方式更有效融入常规教学中；

如何更有效地利用网络条件，更有效地解决师资、评价的困难；

如何归纳和提炼数学建模对学生创新能力提升的作用点；

如何从数学、数学教育学、一般学习理论等角度，提升数学建模的教与学的策略和课程价值。

……

我们对这些问题的思考还比较粗浅和原始，希望得到专家们的帮助和指导。

在教育部课程中心，首都师范大学课程中心，北京市、海淀区教委、教育学会的支持和指导下，我们团队目前正在制作从小学、初中到高中的数学建模系列教与学用书，并进一步研究、拓展网络学习的新形式和新手段，争取把我们的研究成果进一步拓展、放大，为高效培养会学习、能创新的学生和教师，做出我们的努力和贡献。

结 语

　　中学数学建模是中学数学课程改革的一个重点、热点和难点。数学建模素养是高中数学的核心素养之一。《普通高中数学课程标准(实验)》对中学数学建模教学都已经提出了明确的要求。但实际上，由于各种因素的限制，真正开展数学建模教学的学校数量很有限，开展的方式和效果也相去甚远。中学数学建模要不要"教"？教(做)什么？怎么(做)教？这三个基本问题还没有彻底解决。

　　我们的团队从1993年起参加了北京市开展的各项中学数学建模的活动、教学和研究，取得了初步结果，在2003年版的数学课程标准中都有我们思考和实践的印记。2008年，我们又参加了北京市重点课题——北京市教育学会组织的"深化教学方式改革与信息技术的科学应用"项目，组织实施了该项目的重要组成部分——"数学建模"的内容。我们在四所中学实施了依托网络、真实课堂和虚拟课堂结合的中学数学建模课程，在探索中学数学建模教学的可操作模式方面取得了有价值的实验结果。

　　本书通过理论综述、实证分析、案例解读等方法，结合我和我们团队23年来开展中学数学建模的教学实践，分析归纳给出以下结果。

　　第一，从课程角度，初步得到了中学数学建模课程的理论框架，其中主要结果如下。

　　(1)中学数学建模是一种具有其规定性的课程形态。

　　中学数学建模课程是教师引导下，学生自主进行的综合性学习活动，是基于学生的经验，密切联系学生自身生活实际、学习实际，体现对数学知识的综合应用的实践性课程。它包含数学建模的典型过程(提出问题和假设、建立数学模型、运用数学方法和计算工具求解，给予结果解释或赋予实际意义，判断结果是否符合实际要求，是否需要修订假设和模型、进入新的求解循环)，还包含"选题、开题、做题、结题"这四个典型环节。它是一种以"问题引领、操作实践"为特征的活动型课程。学生要通过经历建模特有的过程，真实地解决一个个实际问题，由此积累做数学、学数学、用数学的经验，提升对数学及其价值的认识。

（2）中学数学建模课程性质和课程目标。

它是一种经验性课程，一种实践性课程，一种"问题引领"、向学生生活领域延伸的课程。它的目标是通过教师对数学建模有目标、有层次的教与学的设计、开展和指导，影响学生的学习过程，改变传统的学习方式，实现激发学生自主思考，促进学生合作交流，提高学生学习兴趣，发展学生创新精神，培养学生应用意识和应用数学的能力，最终使学生提升适应现代社会要求的可持续发展的素养。

（3）课程的特点和核心理念。

第一，中学数学建模课程首先是突出表现了数学学科的特点，主要是应用的广泛性、理性精神和文化内涵。其次，强调学生的自主性和实践性。最后，强调课程本身的开放性和活动性。它的核心理念是：做数学、学数学、用数学；生活化，积累数学经验；给学生体现数学的"源"与"流"的学习过程；让学生动起来；"问题"和"问题意识"是关键。

第二，从文献学习和历史回顾角度，通过数学、应用数学和计算机科学的发展对世界数学课程的影响，数学教育理论在近现代的发展变化，国家和社会对创新型人才的需求，数学建模教学从大学到中学的发展历程和现状分析，我们从事中学数学建模教学 23 年的实践，高中数学新课程标准中加入了数学建模的内容这一事实等方面，证实了数学建模应该而且可以进入我国中学数学课程。

第三，从教学模式角度，通过对北京市 4 所有代表性的学校开展数学建模教学的具体教学模式的介绍，特别是 2008 年至 2011 年在 4 所学校实施数学建模双课堂项目的教学全过程和实施效果的分析，给出了中学数学建模的核心操作的四个环节：选题、开题、做题、结题。说明中学数学建模的教学是可做的，也是能做好的。

第四，从教学角度，给出了函数建模和统计建模比较详细的教学设计和实施说明，给出了中学数学建模教学设计中的核心操作理念是：问题引领、先学后做、化教为助、组间碰撞、网上交互、实课解惑、资源累加、共同发展。

第五，从建模的学习角度，分析了数学建模课程对学生学习方式的影响，通过实验的具体案例，提出了自主、合作、探究是数学建模的主要学习方式。证明了中学数学建模确实可以改变学生的学习方式，实现激发学生自主思考，促进学生合作交流。数学建模学习有利于提升学生的"问题意识"；有利于培养学生的创新精神和实践能力；有利于培养学生积极的情感、态度、价值观，特别是学习兴趣；有利于培养学生的数学应用的意识和能力，提升对数学本质和价值的认识，从而促进学生的发展。

第六，从教师专业发展角度，通过一批实验案例和分析，证明数学建模确实可以帮助教师转变观念，拓展教法，转变角色，找到新的发展方向。

第七，从课程资源发展的角度，特别提出了数学建模的课程资源观：资源不仅仅是一堆文本，一些事先准备好的教案、教参；更有鲜活的生成，如师生、生生交互碰撞产生问题和火花，与建模先行者的交流，实施过程中的失误、反思、拨乱反正、不停修改的中间稿、不断调整的程序等。网络环境是一个良好的资源发展的催化剂。资源发展应该是一个静态和动态结合，注重生成、滚动发展的过程，不仅要重视资源的发展，更要重视资源改造、加工和消费。

第八，从评价的角度，提出了我们在设计评价内容时不仅要关注结果，更要关注过程、关注生生评价、关注学生的差异、学生个性的彰显、学生在建模前后发生的变化。可以从以下几个角度入手观察、评价：学生提出问题是否有新意，操作求解是否有创意，合作学习是否有效率，结果呈现是否有特色，反思拓展是否有眼光，自我感受是否有收获，兴趣动力是否有增强，数学素养是否有提高。

第九，从教学实践的问题和反思角度，提出了我们认识到的一些问题和困难，主要有建模教学经验的理论提升，数学建模融入常规课程在教师观念、资源、学生学法的不适应、过程评价的可操作性、教学内容选择和组合，建模依托的网络平台的技术瓶颈等。

第十，从建模课程发展的角度，说明数学建模和更多学科、更多教育形式的整合还有很大的发展空间。

　　我们希望本书能为在更大范围的中学开展数学建模教学提供实际的参考，有助于数学建模教学经验的总结和提升，有助于数学建模课程理论基础的建立，有助于进一步深化基础教育改革，实践新课程的理念，实现中学数学建模课程的普及和推广。希望用我们的实践和探索，为解决中学数学建模教学中实际存在的问题做一点贡献，从而进一步有效地展开中学数学建模，为我们的学生搭建一个学习、探索、发现、创造的成长舞台。

附　录

张思明团队名师简介

张思明

　　北京大学附属中学。1975 年起工作于北京大学附属中学数学组。1981 年起在职参加北京市高等教育数学专业自学考试。1985 年获得北京大学颁发的数学专业本科毕业证书和理学学士学位。1993 年、2010 年分别在首都师范大学数学学院获硕士、博士学位。1998 年被评为"中学数学特级教师"。1999 年获"苏步青数学教育奖"一等奖。2004 年被评为"全国模范教师"。1999 年、2004 年、2012 年分别获北京市基础教育教学成果奖一等奖。2002 年当选国务院特殊津贴专家。2005 年当选全国十佳中青年教师。2014 年获全国首届基础教育教学成果奖一等奖。

冯海君

　　北京大学附属中学。1999 年毕业于哈尔滨师范大学数学系数学教育专业，获得理学学士学位。中学高级教师，北京市海淀区教师进修学校兼职教研员，北京市海淀区学科带头人。2014 年获全国首届基础教育教学成果奖一等奖。

檀晋轩

　　北京市第十九中学。中学高级教师，副校长，北京市优秀教师，北京市骨干教师，北京市海淀区学科带头人，北京市海淀区兼职教研员，北京师范大学出版社高中新课程教材数学编写组核心成员。参与主持的

"依托网络的中学数学建模"被教育部评为全国基础教育教学成果奖一等奖、第四届北京市基础教育教学成果奖一等奖，曾获第三届全国高中青年数学教师优秀课观摩与评比一等奖。曾主编出版高中数学新课标选修教材《矩阵与变换》，主持并参与"'问题引领——行动推进'校本教研探索与实践""中小学积极心理健康教育实践研究"等多项教育部、市区级教育科研课题研究。

凌艺国

北京市第十五中学。1995年毕业于湖南省师范大学数学系，取得理学学士学位，2005年在北京师范大学教育技术学院获得硕士学位。北京市西城区骨干教师、优秀班主任、优秀教师。一直致力于中学数学教育科研、图形计算器应用于数学教学研究、高中数学建模的教学研究，研究成果丰硕，在全国核心期刊上发表多篇论文，连续三次参加亚洲数学教育技术大会，并在大会上做主题发言。担任北京青少年科技创新学院"翱翔计划"数学基地校导师，首都师范大学数学教育研究生导师。2014年获全国首届基础教育教学成果奖一等奖。

辛　华

北京大学附属中学。2005年9月至2010年7月在北京经济技术开发区实验学校工作，2010年9月至今在北京大学附属中学工作，中学数学高级教师。2010年获北京市东城区教育系统育人奖。2011年获北京市高中新课程改革重点项目"深化教学方式改革与信息技术的科学应用"成绩突出奖。2013年获北京市基础教育教学成果奖一等奖。2014年获全国基础教育教学成果奖一等奖、同年被评为北京大学优秀共产党员。2015年获北京市紫禁杯班主任一等奖。

鲍敬谊

北京大学附属中学。1989年毕业于北京师范大学数学系，获学士学位，毕业后在某大学担任助教工作。1994年获硕士学位，在大学担任讲师，主讲高等数学。1998到北京大学附属中学工作。2006年至今被评为北京市市级骨干教师。多次参与全国各地区初中数学教师的培训工作，如专题讲座、公开课、网上培训答疑、电台电视讲座、农村支教等工作；参与教育部八年级学业质量测评及反馈工作；在各级报刊杂志上发表多篇论文。

白永潇

北京教育学院数学系。副教授，北京师范大学教育学部在读博士生，北京市第二期中小学名师发展工程学术导师，多次承担北京市数学教师培训项目负责人，参与北京师范大学"中小学生区域教育质量健康体检项目"命题和反馈工作。研究专长是数学教育评价、数学建模教学和教师发展。合著《数学课题学习的实践与探索》《课程标准案例式导读与学习内容要点(小学数学)》等3本，参编著作3本；发表论文10余篇。2004年和2014年分别获北京市基础教育教学成果奖一等奖和全国首届基础教育教学成果奖一等奖。

赵　春

北京大学附属中学。2002年起工作于北京大学附属中学数学组。2012年和2016年连续被评为北京市海淀区骨干教师。多次参与教育部"国培计划"培训和授课，是北京市深化教学方式改革与信息技术的科学应用课题组的核心成员。目前首都师范大学在职博士在读。

沈建军

北京市第十九中学。中学数学高级教师，北京市骨干教师，北京市名师发展工程第三批学员，"国培计划"国家远程课程设计中心成员、《中小学数学教学报》高中版的特约编辑，北京市新课程项目实施的先进个人，北京市海淀区数学学科带头人。主要著作：《一题一课高中数学(三角函数与平面向量)》《一题一课高中数学(高一无缝对接)》《穿梭在高中生眼中的数学思想与方法》。

王肖华

北京市第十九中学。中学高级教师，优秀党员。2005年毕业于北京理工大学理学院，获理学硕士学位。2014年获"北京市学生喜爱的班主任"称号。北京市海淀区数学学科带头人。2008年至今多次担任教育部"国培计划"高中数学研修班专家组成员。2010

年教育教学研究成果获区教育科研创新成果奖。2011 年、2012 年、2014 年分别获北京市基础教育教学成果奖一等奖。2008 至今研究论文获国家级一等奖 4 篇、国家级二等奖 8 篇；在国家、市级期刊上发表文章 6 篇，教育教学论文获各级奖项 40 多篇等。

高　磊

　　北京市第十九中学。2002 年毕业于首都师范大学数学教育专业，并获得理学学士学位。2002 年起工作于北京市第十九中学数学组。2011 年"《数学建模》校本课程的实施与开发"获海淀区校本课程开发创新奖。2012 年《数学建模》获北京市基础教育课程建设优秀成果奖二等奖，海淀区基础教育课程建设优秀成果奖二等奖。2013 年《让学生感受数学的价值——数学建模教学探索》获北京市基础教育科学研究优秀论文一等奖，并刊登在《中国校园文化建设概览》一书中。

参考文献

[1][荷兰]弗赖登塔尔．作为教育任务的数学[M]．陈昌平，唐瑞芳，编译．上海：上海教育出版社，1995．

[2]张奠宙．数学教育经纬(张奠宙自选集)[M]．南京：江苏教育出版社，2003．

[3]全美数学教师理事会．美国学校数学课程与评价标准[M]．人民教育出版社数学室，译．北京：人民教育出版社，1994．

[4]中华人民共和国教育部．普通高中数学课程标准(实验)[M]．北京：人民教育出版社，2003．

[5]叶其孝．数学建模教学活动与大学数学教育改革[M]．长沙：湖南教育出版社，2003．

[6]徐利治．数学方法论选讲[M]．武汉：华中工学院出版社，1988．

[7]张思明，白永潇．数学课题学习的实践与探索[M]．北京：高等教育出版社，2003．

[8]潘小明．试论中学数学建模教育[J]．吉安师专学报，1999(6)．

[9]周丹．论后现代课程观及与我国基础教育改革[J]．企业家天地下半月刊(理论版)．2007(8)．

[10]王红宇．新的知识观与课程观[J]．比较教育研究，1995(4)．

[11]胡庆芳，程可拉．当今美国中小学研究性学习的模式研究[J]．教育科学，2003(5)．

[12]娄琦．从美国中学数学课程的发展看美国的教育改革[J]．黑龙江高教研究，2007(1)．

[13]李爱萍，肖玉敏．20世纪美国基础教育改革政策的演进与启示[J]．外国教育研究，2005(4)．

[14]张人红．"研究性学习"在美国[J]．教育发展研究，2001(8)．

[15]全美数学教师理事会．美国学校数学教育的原则和标准[M]．蔡金发，等，译．北京：人民教育出版社，2004．

[16]吴华，武艳，马东艳．国外信息技术与数学课程整合的研究及启示[J]．辽宁师范大学学报(社会科学版)，2008(3)．

[17]项华，邓小玲．深入开展信息技术与理科课程整合刍议[J]．学科教育，2003(9)．

[18]孙晓天．数学课程发展的国际视野[M]．北京：高等教育出版社，2004．

[19]李淑文，张守波．日本中学数学教材中的"课题学习"[J]．数学通报，2004(6)．

[20]孙联荣．日本小学数学新学习指导要领述评[J]．上海教育科研，2001(4)．

[21]陈月兰，欧吉良．日本初中数学新指导要领评析[J]．中学数学月刊，2007(1)．

[22]川口廷，梁威．日本初中数学"课题学习"的构造及其展开——有关实施课题学习的具体方案[J]．数学通报，1994(3)．

[23]杨毅，杨易林．日本教育课程改革的新举措：设立"综合学习"时间[J]．比较教育研究，2002(9)．

[24]霍益萍．国外研究性学习——法国的实施方案[J]．教育发展研究，2001(11)．

[25]霍益萍．法国普通高中物理学科"有指导的学生个人实践活动"评估方案[J]．教育发展研究，2001(8)．

[26]霍益萍．再谈"研究性学习"在法国[J]．教育发展研究，2002(10)．

[27]王淑莲．20 世纪法国中学课程改革与设置探析[J]．教学与管理，2005(12)．

[28]邢克超．法国高中"有指导的个人研究活动"[J]．比较教育研究，2002(7)．

[29]杨敏．法国：三大举措保障研究性学习[J]．上海教育，2006(17)．

[30]黄正瑶，辜伟节．普通高中研究性学习读本[M]．沈阳：辽宁教育出版社，2002．

[31]数学课程标准研制组．全日制义务教育数学课程标准(实验稿)解读[M]．北京：北京师范大学出版社，2002．

[32]数学课程标准研制组．普通高中数学课程标准(实验)解读[M]．南京：江苏教育出版社，2004．

[33]李天佑．浅析高中学生数学建模活动中的困难及对策[J]．当代教育论坛(下半月刊)，2009(3)．

[34]马庆燕．中学数学建模教学的难点及对策[J]．教育科研论坛，2007(4)．

[35]陈雪雯．初中数学建模教学实践研究[D]．桂林：广西师范大学，2007．

[36]范忠良．新课程标准视野下的数学建模研究[D]．北京：首都师范大学，2006．

[37]勾立业．高等数学建模教育研究[D]．长春：吉林大学，2007．

[38]黄芳芳．高中数学课程建设中数学建模的研究[D]．兰州：西北师范大学，2002．

[39]金月波．中学数学建模教学研究[D]．长沙：湖南师范大学，2004．

[40]李波．中外数学建模竞赛比较分析[D]．北京：首都师范大学，2001．

[41]李存保．从课内外结合考虑数学建模[D]．北京：首都师范大学，2006．

[42]李蕙萱．建构主义观点下的中学数学建模教学研究与实践[D]．福州：福建师范大学，2003．

[43]李林．中学数学建模教与学[D]．福建：福建师范大学，2003．

[44]梁邦屏．数学建模在中学研究性学习中的应用研究[D]．武汉：华中师范大学，2006．

[45]刘冬梅．大学生数学建模竞赛与教学策略研究[D]．济南：山东师范大学，2008．

[46]刘连广．中学"数学建模"教学在贫困地区的实践与研究[D]．贵阳：贵州师范大学，2008．

[47]马芳华．高中数学建模教学行动研究[D]．北京：首都师范大学，2006．

[48]秦小龙．利用"数学建模兴趣小组"培养学生数学应用能力的实践研究[D]．上海：华东师范大学，2006．

[49]邵东生．中学数学建模教学研究与实践[D]．福州：福建师范大学，2001．

[50]沈小青．数学建模教学模式论[D]．福州：福建师范大学，2003．

[51]史秀群．将数学建模融入高中日常教学的实践研究[D]．长春：东北师范大学，2007．

[52]苏华．高中数学建模研究课教学的实施策略研究[D]．上海：上海师范大学，2006．

[53]谭玉华．真实情境驱动的高中数学建模教学[D]．上海：华东师范大学，2004．

[54]王畅．新课程下中学数学建模活动的研究[D]．长沙：湖南师范大学，2007．

[55]王奋平．中学数学建模教学研究[D]．兰州：西北师范大学，2005．

[56]王贞玉．高中数学教学中培养学生数学建模能力的探索[D]．济南：山东师范大学，2005．

[57]吴承瑜．高中开展数学建模活动的实验研究[D]．上海：华东师范大学，2006．

[58]余志成．中学数学建模序列化教学的理论与实证研究[D]．南昌：江西师范大学，2006．

[59]张宝塔．中学数学建模及其教学研究[D]．福州：福建师范大学，2001．

[60]张耘．问题情境驱动下的高中数学建模教学研究与实践[D]．济南：山东师范大学，2006．

[61]赵冬歌．关于"高中学生数学建模"的评价[D]．北京：首都师范大学，2005．

[62]朱培．中美高中数学建模竞赛比较研究[D]．上海：上海师范大学，2005．

[63]罗萍.数学课题学习的探索[J].新西部(下半月)，2009(7).

[64]普粉丽，杜先存.初中数学课题学习的理论探讨[J].思茅师范高等专科学校学报，2008(6).

[65]涂德军.盘马弯弓故不发——对义务教育七年级数学课题学习的反思[J].科技信息(学术研究)，2007(18).

[66]蒋鲁敏.数学和计算机信息科学知识教学整合的尝试——《数学建模与算法实现》课程[J].数学教学，2005(8).